高水平专业群教材建设专项项目
新时代新理念职业教育教材
新型活页式融媒体教材

# 高速铁路工程
# 招投标与项目管理

主　编　李东侠　范　伟
副主编　张　坤　王汉平

北京交通大学出版社
·北京·

## 内 容 简 介

本书根据职业教育高速铁路工程及相关专业项目管理与招投标课程教学要求编写，是高校教师与铁路企业专家联合编写的校企“双元”合作教材。本书以立德树人为根本任务，将“思政元素”与专业知识、技能融为一体。本书共分为 9 个项目，分别为高速铁路项目招标、高速铁路项目投标、高速铁路项目管理组织部署、高速铁路项目成本管理、高速铁路项目进度管理、高速铁路项目质量管理、高速铁路项目合同管理、高速铁路项目安全管理、高速铁路项目竣工验收。本书紧密结合我国高速铁路项目管理的实际情况，汲取了最新科研成果，具有科学性、先进性和实用性。

本书可作为高等职业技术院校铁道工程技术、高速铁路施工与维护、工程管理、工程造价等专业的教材，也可作为铁路工程建设类相关人员的岗位培训教材。



**图书在版编目（CIP）数据**

高速铁路工程招投标与项目管理 / 李东侠，范伟主编. —北京：北京交通大学出版社，2023.9

新时代新理念职业教育教材　高水平专业群教材建设专项项目

ISBN 978-7-5121-4906-9

Ⅰ. ① 高…　Ⅱ. ① 李…　② 范…　Ⅲ. ① 高速铁路－铁路工程－招标－高等职业教育－教材　② 高速铁路－铁路工程－投标－高等职业教育－教材　③ 高速铁路－铁路工程－工程项目管理－高等职业教育－教材　Ⅳ. ① U238

中国国家版本馆 CIP 数据核字（2023）第 039358 号

高速铁路工程招投标与项目管理
GAOSU TIELU GONGCHENG ZHAO-TOUBIAO YU XIANGMU GUANLI

项目总策划：陈　颖
责 任 编 辑：严慧明
出 版 发 行：北京交通大学出版社　　电话：010-51686414　　http://www.bjtup.com.cn
地　　　址：北京市海淀区高梁桥斜街 44 号　　邮编：100044
印　刷　者：艺堂印刷（天津）有限公司
经　　　销：全国新华书店
开　　　本：185 mm×260 mm　　印张：15.5　　字数：358 千字
版　印　次：2023 年 9 月第 1 版　　2023 年 9 月第 1 次印刷
定　　　价：58.00 元

本书如有质量问题，请向北京交通大学出版社质监组反映。对您的意见和批评，我们表示欢迎和感谢。
投诉电话：010-51686043，51686008；传真：010-62225406；E-mail：press@bjtu.edu.cn。

# 前　　言

21 世纪以来，中国高速铁路从无到有，从探索到突破，从制造到创造，俨然成为中国经济加速奔跑的代名词。随着“一带一路”建设的推进，中国高速铁路早已迈出“走出去”步伐，为推动世界高速铁路发展作出了巨大贡献。同时，高速铁路在未来将会有更大的发展空间和潜力。在我国高速铁路的建设过程中，吸收了许多先进的管理理论和技术，创造了许多符合我国国情的项目管理方法和技术，积累了丰富的高速铁路项目管理经验。为了满足未来高速铁路项目管理的需要，培养更多的、素质更高的高速铁路项目管理人才，并结合高职院校人才培养目标及专业教学改革的需要，由职业教育专业教师与铁路企业一线专家联合，以培养学生具有高速铁路工程招投标与项目管理职业能力为目标，以高速铁路施工企业项目管理为视角，以高速铁路项目招投标至竣工验收全过程管理为主线，以管理任务和案例为依托编写了本教材。

本教材参照相应的职业资格标准、现行的法律法规及规范，并紧密结合铁路行业规章制度和注册建造师、监理工程师资格考试相关内容，以及工程实际编写而成，可作为高等职业院校铁道工程技术、高速铁路施工与维护、工程管理、工程造价等专业的教材，也可作为铁路工程建设类相关人员的岗位培训教材。

本教材具有以下特点：

（1）本教材的编写以最新颁布的国家和铁路行业标准、规范为依据，体现了我国当前高速铁路工程招投标及项目管理的行业特色。本教材由长期从事工程招投标与项目管理课程教学工作的教师和具有丰富工程现场实践经验的工程师共同编写。

（2）为适应“三教”改革的需要，本教材将以典型工作任务为载体，以职业能力清单为基础，开发设计出活页式教材，在形式上更加新颖，在内容上更加精练，这不但降低了学生的理论学习难度，而且又可以让学生的职业能力得到充分锻炼。

（3）本教材融入了课程思政，贯彻立德树人根本任务，将“思政”元素和职业技能传授相融合，完成学生人生观、价值观、世界观的塑造。

本教材是集体智慧的结晶，全书由吉林铁道职业技术学院李东侠、范伟担任主编，吉林铁道职业技术学院张坤、吉林铁道勘察设计院有限公司王汉平担任副主编。具体的编写分工如下：全书由李东侠统稿并定稿；张坤编写项目 1 和项目 2；范伟编写项目 3 至项目 7；王汉平编写项目 8 及案例；吉林铁道职业技术学院徐伟伦编写项目 9。

本教材在编写过程中，得到了编者所在学校和相关铁路企业的大力支持，借鉴了许多铁路工程项目管理的成功经验，引用了一些专家学者的精辟论述和见解，在此表示衷心感谢。

由于编者水平所限，书中难免有不足和疏漏之处，敬请批评指正，以便再版时修正。

编　者

2023 年 2 月

# 目　　录

# 项目1

# 高速铁路项目招标

## 项目描述

本项目是高速铁路工程招投标中最重要的内容之一，主要有：高速铁路项目招标程序；高速铁路项目招标的方式、高速铁路项目评标方法、高速铁路项目招标文件、资格预审文件的内容构成和编制等。

招标流程

## 学习目标

### 能力目标

- 能够明确高速铁路项目资格预审文件的编制过程；
- 能够掌握高速铁路项目招标文件的编制过程；
- 能够明确铁路项目招标标底的编制；
- 能够明确铁路项目招标评标定标办法的编制。

### 知识目标

- 了解高速铁路项目资格预审文件、高速铁路项目招标文件的编制要求、编制方法；
- 熟悉项目招标的方式、项目招标的程序及内容、项目评标方法；
- 掌握项目招标的内容构成和编制。

### 素质目标

- 培养学生具有一定的铁路建设工程招标意识。
- 树立规则、规矩意识。
- 培养学生熟悉《中华人民共和国招标投标法》，养成严谨、认真的工作作风。
- 掌握公开、公平、公正、诚实守信原则，明确行业的规范。保密标底，恪守法律。

# 任务 1.1　高速铁路项目招标方式确定

## 任务情境

拓展学习　思政园地

某高速铁路站房项目经国家发展和改革委员会批准，概算总投资为 67 800 万元。资金来源为政府投资与国内银行贷款，项目出资比例分别为 30%和 70%，资金已落实。为加快项目推进，招标方式拟采用委托代理招标方式招标设计标。根据工程内容，划分为四个标段：标段一，基坑工程；标段二，站房主体工程；标段三，站房装饰装修工程；标段四，幕墙工程。

## 任务要求

根据任务情境，分析回答：

（1）项目是否具备招标资格？应采用何种招标方式进行招标？

（2）分析项目标段划分是否合理，并给出合理的建议标段。

## 知识链接

### 1. 高速铁路项目招标条件

在高速铁路建设工程招标之前，招标人必须完成必要的准备工作，具备招标所需的条件。高速铁路项目招标时应该具备以下条件。

（1）具有法人资格，建设单位（或项目管理机构）依法成立。

（2）有相应的资金或资金来源已经落实。

（3）招标申请报告业已审批同意。

（4）建设项目的特殊重点控制工程可以分段实施。

（5）法律、法规、规章规定的其他条件。

### 2. 高速铁路项目招标范围

#### 1）必须招标的项目

根据《中华人民共和国招标投标法》第三条和《必须招标的工程项目规定》（国家发展和改革委员会令第 16 号）中的有关规定，下列工程建设项目，必须进行招标。

（1）大型基础设施、公用事业等关系社会公共利益、公众安全的项目。

（2）全部或者部分使用国有资金投资或者国家融资的项目：

① 使用预算资金 200 万元人民币以上，并且该资金占投资额 10%以上的项目；

② 使用国有企业事业单位资金，并且该资金占控股或者主导地位的项目。

（3）使用国际组织或者外国政府贷款、援助资金的项目：

① 使用世界银行、亚洲开发银行等国际组织贷款、援助资金的项目；

② 使用外国政府及其机构贷款、援助资金的项目。

（4）不属于以上（2）、（3）项规定情形的大型基础设施、公用事业等关系社会公共利益、公众安全的项目，必须招标的具体范围由国务院发展改革部门会同国务院有关部门按照确有必要、严格限定的原则制订，报国务院批准。

（5）以上（2）～（4）项规定范围内的项目，其勘察、设计、施工、监理，以及与工程建设有关的重要设备、材料等的采购达到下列标准之一的，必须招标：

① 施工单项合同估算价在400万元人民币以上；

② 重要设备、材料等货物的采购，单项合同估算价在200万元人民币以上；

③ 勘察、设计、监理等服务的采购，单项合同估算价在100万元人民币以上。

同一项目中可以合并进行的勘察、设计、施工、监理，以及与工程建设有关的重要设备、材料等的采购，合同估算价合计达到上述规定标准的，必须招标。

任何单位和个人不得将依法必须进行招标的项目化整为零或者以其他任何方式招标。

#### 2）邀请招标的项目

依法必须进行公开招标的项目，有下列情形之一的，经批准可以进行邀请招标：

（1）项目技术复杂或有特殊要求，只有少量几家潜在投标人可供选择的；

（2）受自然地域环境限制的；

（3）涉及国家安全、国家秘密或者抢险救灾，适宜招标但不宜公开招标的；

（4）拟公开招标的费用与项目的价值相比，不值得的；

（5）法律、法规不宜公开招标的。

所有适合邀请招标的项目都必须正式行文主管部门审批，讲明采取邀请招标的理由，经批准后方可按邀请招标方式进行招标。

#### 3）可不进行招标的项目

依法必须进行招标的铁路建设工程项目有下列情形之一的，可以不进行招标：

（1）涉及国家安全、国家秘密、抢险救灾或者属于利用扶贫资金实行以工代赈需要使用农民工等特殊情况，不适宜进行招标；

（2）施工主要技术采用不可替代的专利或者专有技术；

（3）已通过招标方式选定的特许经营项目投资人依法能够自行建设；

（4）采购人依法能够自行建设；

（5）在建工程追加的附属小型工程或者主体加层工程，原中标人仍具备承包能力，并且其他人承担将影响施工或者功能配套要求；

（6）国家规定的其他情形。

### 3. 高速铁路项目招标方式

我国规定国内工程招标应采用公开招标和邀请招标两种方式。

#### 1）公开招标

公开招标是一种由招标人按照法定程序，在公共媒体（指报刊、广播、网络等）上发布招标公告，所有符合条件的供应商或者承包商都可以平等参加投标竞争，招标人从中择优选择中标者的招标方式。

公开招标的优点是能为潜在的投标人提供均等的机会，能最大限度地引起竞争，达到节约建设资金、保证工程质量、缩短建设工期的目的。但是公开招标也存在工作量大，周期长，花费人力、物力、财力多等方面的不足。

我国规定，对国民经济或本地经济和社会发展有重大影响的大中型重点项目，应当采用公开招标的方式。对于有些不适宜公开招标的重点项目，经批准可采用邀请招标的方式。

2）邀请招标

邀请招标又称有限竞争性招标，是一种由招标人选择若干符合招标条件的供应商或承包商，向其发出投标邀请，由被邀请的供应商、承包商投标竞争，从中选定中标者的招标方式。邀请招标的特点是：

（1）为了保证招标的竞争性，邀请招标必须向三个以上具备承担招标项目能力并且资信良好的投标人发出邀请书；

（2）邀请招标不需发布公告，招标人只要向特定的投标人发出投标邀请书即可。

## 任务实施

### 任务实施单

<table>
<tr><td colspan="6">项目 1　高速铁路项目招标</td></tr>
<tr><td>任务 1.1</td><td colspan="5">高速铁路项目招标方式确定</td></tr>
<tr><td>班级</td><td></td><td>姓名</td><td></td><td>学号</td><td></td></tr>
<tr><td>任务分析</td><td colspan="5">实施方案</td></tr>
<tr><td>任务实施</td><td colspan="5">1. 项目是否具备招标资格？应采用何种招标方式进行招标？<br><br>2. 分析项目标段划分是否合理，并给出合理的建议标段。</td></tr>
</table>

## 任务实施单

<table>
<tr><td colspan="7">项目 1　高速铁路项目招标</td></tr>
<tr><td>任务 1.1</td><td colspan="6">高速铁路项目招标方式确定</td></tr>
<tr><td>学习总结</td><td colspan="6">学习到的技能：<br><br>学习到的知识：<br><br>谈谈素质能力及思想意识方面的提升：</td></tr>
<tr><td rowspan="2">学生自评<br>（20 分）</td><td>课前学习</td><td>时间概念</td><td>实施方法</td><td>职业素养</td><td>成果质量</td><td>分值</td></tr>
<tr><td></td><td></td><td></td><td></td><td></td><td></td></tr>
<tr><td rowspan="2">小组互评<br>（20 分）</td><td>任务承担</td><td>时间概念</td><td>团队合作</td><td>能力素养</td><td>成果质量</td><td>分值</td></tr>
<tr><td></td><td></td><td></td><td></td><td></td><td></td></tr>
<tr><td>教师点评<br>（60 分）</td><td colspan="6"></td></tr>
<tr><td>反思提高</td><td colspan="6">通过完成本次任务，结合自评、互评结果，说说自己还有哪些需要加强的方面：</td></tr>
</table>

# 任务 1.2　高速铁路项目招标程序认知

## 任务情境

某建设单位新建高速铁路项目，初步设计审批完成，有招标所需的设计图纸及技术资料，拟采用公开招标的方式进行招标。

拓展学习　思政园地

## 任务要求

根据任务情境，明确如何进行该项目的公开招标，并绘制招标工作流程图。

## 知识链接

### 1. 高速铁路项目招标计划

铁路建设项目具备招标条件后，招标人应严格按照标段划分原则划分标段，并按照国铁集团相关规定编制招标计划，招标计划报国铁集团审批。委托代建工程应在代建协议签订后，由代建单位上报招标计划。

招标计划应包括：工程概况、招标依据、招标范围、承包方式、标段划分（含标段起讫里程、长度、主要工程内容、重点控制工程、招标预算）、时间安排、资格审查方式、评委会组成方案、评标办法、交易场所、签字背书材料等。

建设项目分期分批招标的，建设单位应在招标计划中说明已招标内容、本次招标内容及剩余招标内容安排。

### 2. 高速铁路项目招标程序

高速铁路项目招标程序是指招标工作在时间和空间上应遵循的先后顺序。邀请招标程序可参照公开招标程序进行。

#### 1）建设工程项目报建

高速铁路项目立项批准文件或年度投资计划下达后，招标人应向国铁集团建设管理部报建备案。报建备案交验资料包括：

（1）立项批准文件或年度投资计划；

（2）固定资产投资许可证；

（3）铁路工程规划许可证；

（4）资金证明等。

#### 2）审查招标人资质

招标申请前，招标投标管理机构要审查招标人是否具备招标条件，不具备有关条件的招标人，须委托具有相应资质的具有招标代理资质的中介机构代理招标。招标人应与中介机构签订委托代理招标的协议，并报招标投标管理机构备案。

#### 3）招标申请

“建设工程招标申请表”由招标人填写，并经上级主管部门批准后，连同“工程建设项目报建审查登记表”报招标投标管理机构审批。申请表的主要内容包括工程名称、建设地点、招标建设规模、结构类型、招标范围、招标方式、要求施工企业的等级、施工前期准备情况等。

4）资格预审文件、招标文件编制与报审

公开招标时，只有通过资格预审的施工单位才可以报名参加投标。资格预审文件和招标文件须报招标投标管理机构审查，审查同意后可刊登资格预审（投标报名）通告、招标公告。

5）刊登资格预审通告、招标公告

公开招标应通过报刊、广播、电视、网络等新闻媒介发布资格预审通告或招标公告。

6）资格预审

潜在投标人在报名参加投标前，其相关资质应按资格预审条件由招标人或招标代理机构进行审查，审查合格者方可允许其报名。

7）发售招标文件

将招标文件、图纸和有关技术资料发售给通过资格预审获得投标资格的投标人。投标人收到招标文件、图纸和有关技术资料后，应认真核对，并以书面形式予以确认。

8）现场踏勘

对于建设施工项目，招标人应组织投标人进行现场踏勘，以便投标人了解工程场地和周围环境情况。

9）投标预备会

投标预备会的目的是澄清招标文件中的疑问，解答投标人对招标文件和勘察现场中所提出的疑问和问题。

10）投标文件的编制与送交

投标人根据招标文件的要求编制投标文件，并在密封和签章后，于投标截止时间前送达规定的地点。

11）开标

在投标截止后，按规定时间、地点在投标人、法定代表人或授权代理人在场的情况下进行开标，把所有投标者递交的投标文件启封公布，对标书的有效性予以确认。

12）评标

由招标人及招标人邀请的有关经济、技术专家组成评标委员会，在招标代理机构和公证机构监督下，依据评标原则、评标方法，对投标人的技术标和商务标进行综合评价，确定中标候选单位，并排定优先次序。

13）定标

在中标候选单位确定后，招标人可对其进行必要的询标，然后根据情况最终确定中标单位。但在确定中标人之前，招标人不得与投标人就投标价格、投标方案等实质性内容进行谈判。同时，依法必须招标的项目，招标人应当确定排名第一的中标候选人为中标人。排名第一的中标候选人放弃中标、因不可抗力提出不能履行合同，或者招标文件规定应当提交履约保证金而在规定的期限内未能提交的，招标人可以确定排名第二的中标候选人为中标人。

14）中标通知

中标单位选定后由招标投标管理机构审查，审查合格后，招标人向中标单位发出“中标通知书”，并把结果通知其他投标人。未中标单位在接到通知后，把有关图纸资料退还给招标人，索回投标保证金。

15）合同签订

中标单位在接到“中标通知书”后，应在招标文件规定的时间内与建设单位签订承包合同。中标单位应按招标文件规定及时交纳招标文件规定交纳的履约保证金，未按招标文件规定及时交纳履约保证金和签订合同的，将被没收投标保证金，并承担违约的法律责任。

## 任务实施

**任务实施单**

<table>
<tr><td colspan="5">项目 1　高速铁路项目招标</td></tr>
<tr><td>任务 1.2</td><td colspan="4">高速铁路项目招标程序认知</td></tr>
<tr><td>班级</td><td></td><td>姓名</td><td></td><td>学号</td></tr>
<tr><td>任务分析</td><td colspan="4">实施方案</td></tr>
<tr><td>任务实施</td><td colspan="4">1. 明确该项目如何进行公开招标。<br>2. 绘制招标工作流程图。</td></tr>
</table>

## 任务实施单

<table>
<tr><td colspan="7">项目 1　高速铁路项目招标</td></tr>
<tr><td>任务 1.2</td><td colspan="6">高速铁路项目招标程序认知</td></tr>
<tr><td>学习总结</td><td colspan="6">学习到的技能：<br><br>学习到的知识：<br><br>谈谈素质能力及思想意识方面的提升：</td></tr>
<tr><td rowspan="2">学生自评<br>（20 分）</td><td>课前学习</td><td>时间概念</td><td>实施方法</td><td>职业素养</td><td>成果质量</td><td>分值</td></tr>
<tr><td></td><td></td><td></td><td></td><td></td><td></td></tr>
<tr><td rowspan="2">小组互评<br>（20 分）</td><td>任务承担</td><td>时间概念</td><td>团队合作</td><td>能力素养</td><td>成果质量</td><td>分值</td></tr>
<tr><td></td><td></td><td></td><td></td><td></td><td></td></tr>
<tr><td>教师点评<br>（60 分）</td><td colspan="6"></td></tr>
<tr><td>反思提高</td><td colspan="6">通过完成本次任务，结合自评、互评结果，说说自己还有哪些需要加强的方面：</td></tr>
</table>

# 任务 1.3 高速铁路项目资格预审

## 任务情境

拓展学习 思政园地

某铁路新建工程采用委托招标方式组织施工招标。根据相关规定，资格预审文件依照《铁路工程标准施工招标资格预审文件》(国铁工程监〔2020〕50 号)编制。招标人共收到了 22 份资格预审文件，其中有 3 份资格预审文件是在资格预审申请截止时间后 2 分钟收到的。招标人按照以下程序组织了资格审查：

(1) 组建资格审查委员会，审查委员会由 5 人组成，其中招标人代表 1 人，招标代理机构代表 1 人，从政府相关部门组建的专家库中抽取的技术、经济专家 3 人。

(2) 对资格预审文件外封装进行检查，发现 1 份文件的封装、1 份文件的封套盖章不符合资格预审文件的要求，这 2 份资格预审文件为无效文件。审查委员会认为只要在资格审查会议开始前送达的申请文件均为有效，因此，3 份在资格预审申请截止时间后送达的申请文件，为有效资格预审文件。

(3) 对资格预审文件进行初步审查，发现有 1 家申请人使用的施工资质为其子公司资质，还有 1 家申请人为联合体申请人，其中 1 个成员又单独提交了 1 份资格预审文件。审查委员会认为这 3 家申请人不符合相关规定，不能通过初步审查。

(4) 审查委员会经过上述审查程序，确认了 17 份资格预审文件通过了审查，并向招标人提交了资格预审书面审查报告，确定了通过资格审查的申请人名单。

## 任务要求

根据任务情境，明确资格预审程序，并绘制资格预审工作流程图。试分析以上资格预审程序的不妥之处。

## 知识链接

招标人通过资格预审，能够了解潜在投标人的资质等级情况，掌握其业务承包的范围和规模，了解其技术力量及近几年来的工程业绩情况、财务状况、履约能力、信誉情况，可以排除不具备相应资质和技术力量，没有相应的业务经营范围，财务状况和企业信誉很差，不具备履约能力的投标人参与竞争，以降低招标成本、提高招标效率。

### 1. 资格预审程序

#### 1) 初步审查

审查委员会依据规定的审查标准，对资格预审文件进行初步审查，包括审查人名称、申请函签字盖章、申请文件格式、联合体申请人（如有）等因素，其中若有一项因素不符合审查标准的，不能通过资格预审。

审查委员会可以要求申请人提交有关证明和证件的原件，以便核验，其中包括营业执照、资质证书、安全生产许可证、财务会计报表、近年完成的类似项目情况表、正在施工和新承接的类似项目情况表等。

**2）详细审查**

只有通过了初步审查的申请人可进行详细审查。审查委员会依据规定的标准，对通过初步审查的资格预审文件进行详细审查，包括资质等级、财务状况、类似项目业绩、信誉、项目经理和技术负责人资格、联合体申请人（若有）、利害关系等审查因素，其中若有一项因素不符合审查标准的，不能通过资格预审。

**3）澄清**

在审查过程中，审查委员会应以书面形式要求申请人对所提交的资格预审文件中不明确的内容进行必要的澄清或说明。申请人的澄清或说明采用书面形式，并不得改变资格预审文件的实质性内容。申请人的澄清和说明内容属于资格预审文件的组成部分，招标人和审查委员会不接受申请人主动提出的澄清或说明。

**4）通知、确认与资格改变**

招标人在规定的时间内，以书面形式将资格预审结果通知申请人，并向通过资格预审的申请人发出投标邀请书。

通过资格预审的申请人在收到投标邀请书后，应在规定的时间内以书面形式明确表示是否参加投标。在规定时间内未表示是否参加投标或明确表示不参加投标的，不得再参加投标。因此造成申请人数量不足 3 个的，招标人重新组织资格预审或不再组织资格预审而直接招标。

### 2. 编制资格预审文件

国家铁路局颁布的《铁路工程标准施工招标资格预审文件》（国铁工程监〔2020〕50 号）规范了铁路工程施工招标资格预审文件的格式，资格预审文件包括以下内容。

**1）资格预审公告**

资格预审公告应按照实际发布的资格预审公告编入出售的资格预审文件中，作为资格预审邀请。其中，资格预审公告应同时注明发布本公告的媒介名称。资格预审公告主要包含：① 招标条件；② 项目概况与招标范围；③ 申请人资格要求；④ 资格预审方法；⑤ 资格预审文件获取；⑥ 资格预审文件递交；⑦ 发布公告媒介；⑧ 联系方式。

**2）申请人须知**

申请人须知的前附表由招标人根据招标项目具体特点和实际需要进行填写，但不得与“申请人须知正文”的内容相抵触。

**3）资格审查办法**

资格审查办法的前附表审查或评审因素、标准，招标人可根据招标项目的具体特点和实际要求进行填写。前附表没有列明的因素和标准不得作为资格审查的依据。

资格审查办法分为合格制和有限数量制两种审查方法，招标人应根据招标项目的具体特点和实际需要选择使用，原则上采用合格制。

**4）资格预审文件**

资格预审文件包括：资格预审申请函、法定代表人身份证明或附有法定代表人身份证明的授权委托书、联合体牵头人授权委托书及联合体协议书、申请人基本情况表、近年财务状况表、近年完成的类似项目情况表、正在施工和新承接的项目情况表、近年发生的诉讼及仲裁情况、其他材料。

5）项目建设概况

（1）项目说明：主要包含工程主要技术标准及主要工程内容。

（2）建设条件：建设条件指铁路建设工程所在地条件（包括地理位置，气象、水文、地貌与地质条件，进出现场交通情况及其他设施情况等）。

（3）建设要求：建设要求是招标人对铁路建设工程工期、质量、安全等方面的要求。

（4）其他需要说明的情况。

## 任务实施

### 任务实施单

<table>
<tr><td colspan="6">项目 1　高速铁路项目招标</td></tr>
<tr><td>任务 1.3</td><td colspan="5">高速铁路项目资格预审</td></tr>
<tr><td>班级</td><td></td><td>姓名</td><td></td><td>学号</td><td></td></tr>
<tr><td>任务分析</td><td colspan="5">实施方案</td></tr>
<tr><td>任务实施</td><td colspan="5">1. 绘制资格预审工作流程图。<br><br>2. 试分析上述资格预审程序的不妥之处。</td></tr>
</table>

## 任务实施单

<table>
<tr><td colspan="7">项目 1　高速铁路项目招标</td></tr>
<tr><td>任务 1.3</td><td colspan="6">高速铁路项目资格预审</td></tr>
<tr><td>学习总结</td><td colspan="6">学习到的技能：<br><br>学习到的知识：<br><br>谈谈素质能力及思想意识方面的提升：</td></tr>
<tr><td rowspan="2">学生自评<br>（20 分）</td><td>课前学习</td><td>时间概念</td><td>实施方法</td><td>职业素养</td><td>成果质量</td><td>分值</td></tr>
<tr><td></td><td></td><td></td><td></td><td></td><td></td></tr>
<tr><td rowspan="2">小组互评<br>（20 分）</td><td>任务承担</td><td>时间概念</td><td>团队合作</td><td>能力素养</td><td>成果质量</td><td>分值</td></tr>
<tr><td></td><td></td><td></td><td></td><td></td><td></td></tr>
<tr><td>教师点评<br>（60 分）</td><td colspan="6"></td></tr>
<tr><td>反思提高</td><td colspan="6">通过完成本次任务，结合自评、互评结果，说说自己还有哪些需要加强的方面：</td></tr>
</table>

# 任务 1.4　高速铁路项目招标文件编制

拓展学习　思政园地

## 任务情境

某高速铁路项目经国家发展和改革委员会批准，概算总投资为 67 800 万元。资金来源为政府投资与国内银行贷款，项目出资比例分别为 30%和 70%，资金已落实。为加快项目推进，招标方式拟采用委托代理招标方式公开招标，招标文件采用《铁路工程标准施工招标文件》文本。

## 任务要求

根据任务情境，列举《铁路工程标准施工招标文件》文本需要确定的各类条款内容。

## 知识链接

招标文件是铁路工程建设招投标活动的重要法律文件，招标正式文件是评标委员会对投标文件评审的依据，也是业主与中标人签订合同的基础，同时也是投标人编制投标文件的重要依据。为规范铁路工程建设项目施工招标文件编制，提高文件编制质量，保障招标投标活动当事人的合法权益，促进铁路工程建设招标投标活动有序健康发展，国家铁路局在《标准施工招标资格预审文件》《标准施工招标文件》基础上，结合铁路工程建设项目施工招标特点和实际需要，发布了《铁路工程标准施工招标资格预审文件》和《铁路工程标准施工招标文件》（以下简称《铁路文本》）（国铁工程监〔2020〕50 号）。

《铁路文本》自 2021 年 3 月 1 日起施行。自施行之日起，依法必须进行招标的铁路工程建设项目施工招标应当使用《铁路文本》编制招标文件。

### 1. 招标文件构成

由招标文件正式文本、对招标文件正式文本的澄清、对招标文件正式文本的修改三部分内容构成。

#### 1）招标文件正式文本

招标文件正式文本规定了招标的完整程序、各项技术标准、合同的主要条款。铁路工程建设项目施工招标采用《铁路文本》。

#### 2）对招标文件正式文本的澄清

招标人以书面形式对投标人的答疑，向所有投标人做出答复，其具体形式是招标文件答疑或投标预备会会议记录等。

#### 3）对招标文件正式文本的修改

在投标截止日前，招标人可以对已发出的招标文件进行修改、补充，并且要保证这些修改和补充发出之日距投标截止时间应有一段合理的时间。

### 2.《铁路文本》的主要内容

《铁路文本》由四卷组成。

#### 1）第一卷

第一卷包括招标公告或投标邀请书、投标人须知、评标办法、合同条款及格式与工程量清单等组成。

（1）招标公告或投标邀请书。

招标人按照《铁路文本》要求的格式发布招标公告或投标邀请书后，将实际发布的招标公告或实际发出的投标邀请书编入出售的招标文件中，作为投标邀请。招标公告或投标邀请书的内容主要包括招标条件、项目概况与招标范围、投标人资格要求、招标文件的获取、投标文件的递交、联系方式等。其中，招标公告应同时注明发布所在的所有媒介名称。

（2）投标人须知。

投标人须知是投标人的投标指南，主要包括对于项目介绍与招标过程的各种具体要求。投标人须知一般包括两部分：一部分为投标须知前附表，另一部分为“投标人须知”正文。

招标人在根据《铁路文本》编制招标文件时，不得修改“投标人须知”正文。根据有关法律法规规章、招标项目具体特点和实际需要在前附表中对“投标人须知”进行补充的，补充内容不得与“投标人须知”正文内容相抵触。

① 投标人须知前附表。

投标人须知前附表包括：招标人，招标代理机构，项目名称，建设地点，资金来源，出资比例，资金落实情况，招标范围，计划工期，投标人资质条件、能力和信誉，是否接受联合体投标，踏勘现场，投标预备会，投标人提出问题截止时间，招标人书面澄清的时间，分包，构成招标文件的其他材料，投标人要求澄清招标文件截止时间、投标截止时间，投标人确认收到招标文件澄清的时间，投标人确认收到招标文件修改的时间，构成投标文件的其他材料，投标有效期，投标保证金，近年财务状况的年份要求，近年完成的类似项目的年份要求，近年诉讼及仲裁情况的年份要求，签字或盖章要求，投标文件副本份数、装订要求，封套上写明内容的要求，递交投标文件地点，是否退还投标文件，开标时间和地点，开标程序，评标委员会组建，履约担保等内容。

②“投标人须知”正文。

“投标人须知”正文主要包括以下几个部分。

- 总则。包括项目概况、资金来源和落实情况、招标范围、工期和质量要求、资格要求、费用承担、踏勘现场与投标预备会、分包等。
- 招标文件。主要包括对招标文件的组成、澄清、修改、异议等问题所作的说明。
- 投标文件。主要包括投标文件的组成，投标报价的编制要求，投标有效期和投标保证金的规定，资格审查资料，是否允许提交备选投标方案，投标文件的编制格式要求。
- 投标。主要包括投标文件的密封和标记、递交、修改和撤回的规定，以及电子投标文件的解密等要求。该部分中投标文件的标记，指的是投标文件的正本与副本分开包装的标记、封条及封口处投标单位盖章的标记。

- 开标。包括开标的时间和地点、开标的程序及开标异议的处理程序。
- 评标。包括评标委员会对评标内容的保密、投标文件的澄清、投标文件的符合性鉴定、错误的修正、投标文件的评价与比较等的规定。有关澄清的要求与答复，应以书面形式进行，但不允许更改投标报价和投标的其他实质性内容。但是校核时发现的算术错误，应予更正。

投标文件的符合性鉴定。在详细评标之前，评标组织将首先审定每份投标文件是否在实质上响应了招标文件的要求。实质上响应要求的投标文件，应该与招标文件中规定的要求、条件、条款和规范相符，无显著差异或保留。如果投标文件实质上不响应招标文件的要求，招标人将予以拒绝。

投标文件的评价与比较。评标组织将仅对通过符合性鉴定的投标文件进行评价与比较。

- 授予合同。

合同授予标准。招标人将把合同授予其投标文件在实质上响应招标文件要求和按招标文件规定的评标方法评选出的投标人。

中标通知书。确定出中标人后，招标人以书面形式通知中标的投标人。中标通知书中应包括中标合同价格、工期、质量和有关合同签订的日期、地点等内容。中标通知书将成为合同的组成部分。

合同的签署。中标人按中标通知书中规定的时间和地点，由法定代表人或其授权代表前往与招标人代表进行合同签订。

履约担保。中标人应按规定向招标人提交履约担保。投标人应使用招标文件中提供的履约担保格式。

（3）评标办法。

评标办法为经评审的最低投标价法和综合评估法两种。

（4）合同条款及格式。

合同条款分为三部分：第一部分是通用条款（或称标准条款），是运用于各类铁路工程项目的具有普遍适应性的标准化的条件，其中凡双方未明确提出或者声明修改、补充或取消的条款，就是双方都要履行的；第二部分是专用条款，是针对某一特定工程项目，对通用条件的修改、补充或取消；第三部分为合同附件格式，主要包括合同协议书、履约担保格式、支付担保格式、安全生产协议书、廉政协议书、甲供材料设备一览表、工程质量保修协议书。

（5）工程量清单。

工程量清单中所列工程量是依据招标文件“技术标准和要求”列明的工程量清单计量规则、“图纸”和 “合同条款及格式”约定方式计算的数量。应与投标人须知、通用合同条款、专用合同条款、技术标准和要求及图纸等文件同时阅读与理解。招标人提供的工程量清单应按照《铁路工程工程量清单规范》编制，如对有关清单子目的作业内容做了调整应予专项说明；工程量清单中所列工程量是投标人报价的参考，不作为最终结算与支付的依据。

#### 2）第二卷

第二卷是铁路工程项目图纸。

铁路建设工程招标人在招标阶段给出的图纸是招标文件的重要组成部分，是投标人在拟定施工方案、确定施工方法、计算或校核工程量、计算投标报价时不可缺少的资料。招标人应对其所提供的图纸资料的正确性负责。

3）第三卷

第三卷是技术标准和要求，主要包括本工程采用的技术规范和特殊项目的施工工艺标准和要求。

技术标准反映的是招标人对工程项目的技术要求，也是指导承包商正确施工确保铁路建设工程质量的重要文件，由招标人根据招标项目具体特点和实际需要编制。技术标准和要求中的各项技术标准应符合国家强制性标准，不得要求或标明某一特定专利、商标、名称、设计、原产地或生产供应者，不得含有倾向或者排斥潜在投标人的内容。如果必须引用某一生产供应者的技术标准才能准确或清楚地说明拟招标项目的技术标准，则应当在参照后面加上“或相当于”字样。

4）第四卷

第四卷是投标文件格式。包括投标函及投标函附录、法定代表人身份证明或授权委托书、联合体协议书、投标保证金、已标价工程量清单、施工组织设计、项目管理机构、拟分包项目情况表、资格审查资料、其他资料。

3.《铁路文本》填写要求

（1）《铁路文本》以《中华人民共和国招标投标法》《中华人民共和国招标投标法实施条例》《铁路工程建设项目招标投标管理办法》等法律法规和部门规章为依据，以《中华人民共和国标准施工招标文件》为基础，结合铁路工程施工招标特点编制而成，适用于依法必须进行招标的铁路工程建设项目施工招标。招标人可根据工程承包模式，在招标文件和合同中标明“总价承包”或“单价承包”。

（2）《铁路文本》用相同序号标示的章、节、条、款、项、目，供招标人选择使用；以空格标示的由招标人填写的内容，招标人应根据招标项目具体特点和实际需要具体化，确实没有需要填写的，在空格中用“/”标示。

（3）招标人按照《铁路文本》第一章的格式发布招标公告或发出投标邀请书后，将实际发布的招标公告或实际发出的投标邀请书编入出售的招标文件中，作为投标邀请。其中，招标公告应同时注明发布所在的所有媒介名称。

（4）招标人在根据《铁路文本》编制招标文件时，不得修改第二章“投标人须知”正文。根据有关法律法规规章、招标项目具体特点和实际需要在前附表中对“投标人须知”进行补充的，补充内容不得与“投标人须知”正文内容相抵触。

（5）《铁路文本》第三章“评标办法”分别规定了经评审的最低投标价法和综合评估法两种评标办法，供招标人根据招标项目具体特点和实际需要选择使用。两种评标办法内的评审因素的具体量化指标由招标人自主确定。“评标办法”前附表应列明全部评审因素和评审标准，并标明投标人不满足其要求即导致被否决投标的全部条款。

（6）《铁路文本》第四章“合同条款及格式”，第二节“专用合同条款”中的空格由招标人结合招标项目具体特点和实际需要填写；除此之外，招标人不得违反法律、行政法规和平等、自愿、公平、诚信原则，设定增加承包人义务责任、损害承包人权利的条款。

（7）《铁路文本》第五章“工程量清单”由招标人根据《铁路工程工程量清单规范》、招标项目具体特点和实际需要编制，并与“投标人须知”“通用合同条款”“专用合同条款”“技术标准和要求”“图纸”相衔接。

（8）《铁路文本》第六章“图纸”由招标人根据招标项目具体特点和实际需要编制，并与“投标人须知”“通用合同条款”“专用合同条款”“技术标准和要求”相衔接。

（9）《铁路文本》第七章“技术标准和要求”由招标人根据招标项目具体特点和实际需要编制。不得要求或标明某一特定的专利、商标、名称、设计、原产地或生产供应者，不得含有倾向或者排斥潜在投标人的其他内容。如果必须引用某一生产供应者的技术标准才能准确或清楚地说明拟招标项目的技术标准，则应当在“参照”后面加上“或相当于”字样。

（10）采用资格预审方式的，招标人应将投标人的资格预审申请文件和投标文件一并提供给评标委员会。

（11）《铁路文本》中分别用“A”和“B”表示传统招标投标和电子招标投标方式下相应条款，供招标人选用。

（12）《铁路文本》中涉及合同计价方式的条款，分别用“Ⅰ”和“Ⅱ”表示总价承包模式和单价承包模式，供招标人选用。

## 任务实施

**任务实施单**

<table>
<tr><td colspan="6">项目 1　高速铁路项目招标</td></tr>
<tr><td>任务 1.4</td><td colspan="5">高速铁路项目招标文件编制</td></tr>
<tr><td>班级</td><td></td><td>姓名</td><td></td><td>学号</td><td></td></tr>
<tr><td>任务分析</td><td colspan="5">实施方案</td></tr>
<tr><td>任务实施</td><td colspan="5">列举《铁路工程标准施工招标文件》文本需要确定的各类条款内容。</td></tr>
</table>

## 任务实施单

<table>
<tr><td colspan="7">项目 1　高速铁路项目招标</td></tr>
<tr><td>任务 1.4</td><td colspan="6">高速铁路项目招标文件编制</td></tr>
<tr><td>学习总结</td><td colspan="6">学习到的技能：<br><br>学习到的知识：<br><br>谈谈素质能力及思想意识方面的提升：</td></tr>
<tr><td rowspan="2">学生自评<br>（20 分）</td><td>课前学习</td><td>时间概念</td><td>实施方法</td><td>职业素养</td><td>成果质量</td><td>分值</td></tr>
<tr><td></td><td></td><td></td><td></td><td></td><td></td></tr>
<tr><td rowspan="2">小组互评<br>（20 分）</td><td>任务承担</td><td>时间概念</td><td>团队合作</td><td>能力素养</td><td>成果质量</td><td>分值</td></tr>
<tr><td></td><td></td><td></td><td></td><td></td><td></td></tr>
<tr><td>教师点评<br>（60 分）</td><td colspan="6"></td></tr>
<tr><td>反思提高</td><td colspan="6">通过完成本次任务，结合自评、互评结果，说说自己还有哪些需要加强的方面：</td></tr>
</table>

# 任务1.5 高速铁路项目招标标底或控制价确定

## 任务情境

拓展学习 思政园地

某铁路建设项目，业主委托某具有相应招标代理和造价咨询资质的招标代理机构编制该项目招标控制价，并采用公开招标方式进行施工招标。为了加大竞争，以减少可能的围标而导致竞争不足，招标人（业主）要求招标代理人对已经根据计价规范、行业主管部门颁发的计价定额、工程量清单、工程造价管理机构发布的造价信息或市场造价信息等资料编制好的招标控制价再下浮10%。

## 任务要求

根据任务情境，试分析上述过程不妥之处，并对比招标标底与招标控制价的区别。

## 知识链接

### 1. 高速铁路项目招标标底编制

#### 1）高速铁路项目招标标底的主要内容

标底一般由下列内容组成：

（1）标底的综合编制说明。

（2）标底报审表、标底价格计算书、带有价格的工程量清单、现场因素、各种施工措施费的测算明细及采用固定价格工程的风险系数测算明细等。

（3）主要材料用量。

（4）标底附件。如各项交底纪要，各种材料及设备的价格来源，现场的地质、水文、地上情况的有关资料，编制标底价格所依据的施工方案或施工组织设计等。

#### 2）高速铁路项目招标标底的编制步骤和方法

（1）标底的编制方法。

铁路工程施工招标标底主要采用工料单价法和综合单价法来编制。

① 工料单价法。

- 根据施工图纸及技术说明，按照预算定额规定的分部分项工程子目，逐项计算出工程量；
- 再套用相应项目定额单价（或单位估价表单价）确定定额直接费；
- 然后按规定的费用定额确定其他直接费、现场经费、间接费、计划利润和税金，还要加上材料调价系数和适当的不可预见费；
- 汇总后即可作为工程标底价格的基础。

② 综合单价法。

按工料单价法中的工程量计算方法，计算出工程量后，应确定其各分项工程的单价，包括人工费、材料费、机械费、管理费、材料调价、利润、税金及采用固定价格的风险金等全部费用，即称之为综合单价。综合单价确定后，再与各分项工程量相乘汇总，加上设备总价、现场因素费用、措施费等，即可得到标底价格。如发包人要求增报保险费和暂定金额的，标底中应包含。

（2）编制标底的主要依据。

① 招标文件。

② 工程施工图纸、工程量计算规则。

③ 施工现场地质、水文、地上情况的有关资料。

④ 施工方案或施工组织设计。

⑤ 现行工程预算定额、工期定额、工程项目计价类别及取费标准。

⑥ 国家或地方有关价格调整文件规定。

⑦ 招标时建设安装材料及设备的市场价格。

⑧ 标底价格计算书、报审的有关表格。

（3）标底的编制步骤。

① 确定标底的编制单位。

② 按第（2）项的要求提供完整的资料，以便进行标底计算。

③ 参加交底会及现场踏勘。

④ 编制标底。

（4）标底的审定。

工程施工招标的标底价格应按规定报招标投标管理机构审查，招标投标管理机构在规定时间内完成标底的审定工作，未经审查的标底一律无效。

① 标底审查时应提交的各类文件。包括工程招标文件、施工图纸、填有单价与合价的工程量清单、标底计算书、标底汇总表、标底报审表、采用固定价格的工程的风险系数测算明细及现场因素费用、各种施工措施费测算明细、主要材料用量、设备清单等。

② 标底审定内容。对采用工料单价法编制的标底价格，主要审查以下内容：工程量计算是否准确、项目套用是否正确、费用计取是否正确等。对采用综合单价法编制的标底价格，主要审查以下内容：标底计价内容、综合单价组成分析、设备市场供应价格、措施费、现场因素费用等。

③ 标底的审定时间。

④ 标底的保密。

标底审定完后应及时封存，直至开标时。

### 2. 高速铁路项目招标控制价编制

按《建筑工程工程量清单计价规范》（GB 50500—2013）及《铁路工程工程量清单规范》（TZJ 1006—2020），招标控制价是招标人根据国家或省级、行业建设主管部门颁发的有关计价依据和办法，以及拟定的招标文件和招标工程量清单，结合工程具体情况编制的招标工程最高投标限价，又称拦标价。

招标控制价应由具有编制能力的招标人编制，当招标人不具有编制招标控制价的能力时，可委托具有相应资质的工程造价咨询人编制。工程造价咨询人不得同时接受招标人和投标人对同一工程的招标控制价和投标报价进行编制。

1）招标控制价的主要作用

（1）招标人有效控制项目投资，防止恶性投标带来的投资风险。

（2）增强招标过程的透明度，有利于正常评标。

（3）有利于引导投标方投标报价，避免投标方无标底情况下的无序竞争。

（4）招标控制价反映的是社会平均水平，为招标人判断最低投标价是否低于成本提供参考依据。

（5）可为工程变更新增项目确定单价提供计算依据。

（6）作为评标的参考依据，避免出现较大偏离。

（7）投标人根据自己的企业实力、施工方案等报价，不必揣测招标人的标底，提高了市场交易效率。

（8）减少了投标人的交易成本，使投标人不必花费人力、财力去套取招标人的标底。

（9）招标人把工程投资控制在招标控制价范围内，提高了交易成功的可能性。

2）招标控制价的编制及使用原则

《建设工程工程量清单计价规范》（GB 50500—2013）及《铁路工程工程量清单规范》（TZJ 1006—2020）中规定了国有资金投资的建设工程项目编制和使用招标控制价的原则。

（1）我国对国有资金投资项目实行的是投资概算审批制度，国有资金投资的工程原则上不能超过批准的投资概算。因此，在工程招标发包时，当编制的招标控制价超过批准的概算时，招标人应当将其报原概算审批部门重新审核。

（2）《中华人民共和国招标投标法实施条例》第二十七条规定：招标人可以自行决定是否编制标底。一个招标项目只能有一个标底。标底必须保密。接受委托编制标底的中介机构不得参加受托编制标底项目的投标，也不得为该项目的投标人编制投标文件或者提供咨询。招标人设有最高投标限价的，应当在招标文件中明确最高投标限价或者最高投标限价的计算方法。招标人不得规定最低投标限价。

（3）国有资金投资的工程，招标人编制并公布的招标控制价相当于招标人的采购预算，同时要求其不能超过批准的概算，因此，招标控制价是招标人在工程招标时能接受投标人报价的最高限价。国有资金中的财政性资金投资的工程在招标时还应符合《中华人民共和国政府采购法》相关条款的规定。如该法第三十六条规定："在招标采购中，出现下列情形之一的，应予废标：……（三）投标人的报价均超过了采购预算，采购人不能支付的。"所有国有资金投资的工程，投标人的投标报价不能高于招标控制价，否则，其投标将被拒绝。

3）招标控制价的编制依据

招标控制价的编制依据如下：

（1）现行的《建设工程工程量清单计价规范》（GB 50500—2013）。

（2）《铁路工程工程量清单规范》（TZJ 1006—2020）。

（3）国家或省级、行业建设主管部门颁发的计价定额和计价办法。

（4）建设工程设计文件及相关资料。

（5）拟定的招标文件及招标工程量清单。

（6）与建设项目相关的标准、规范、技术资料。

（7）施工现场情况、工程特点及常规施工方案。

（8）工程造价管理机构发布的工程造价信息，当没有发布工程造价信息时，参照市场价。

（9）其他的相关资料。

4）招标控制价的编制内容

采用工程量清单计价时的招标控制价应包括分部分项工程费、措施项目费、其他项目费、规费和税金等。

（1）分部分项工程费。

分部分项工程和措施项目中的单价项目，应根据拟定的招标文件和招标工程量清单项目中的特征描述及有关要求，按招标控制价的编制依据计算综合单价。综合单价应当包括招标文件中招标人要求投标人所承担的风险内容及其范围（幅度）产生的风险费用。招标文件提供了暂估单价的材料、工程设备，应按招标工程量清单中的暂估单价计入综合单价。

（2）措施项目费。

措施项目中的总价项目，应根据拟定的招标文件和常规施工方案采用综合单价形式进行计算，措施项目费中的安全文明施工费应当按照国家或省级、行业建设主管部门的规定标准计算，不得作为竞争性费用。

（3）其他项目费。

① 暂列金。

其他项目费中的暂列金金额应按招标工程量清单中列出的金额填写。为保证工程施工建设的顺利实施，应对施工过程中可能出现的各种不确定因素对工程造价的影响，在招标控制价中需要估算一笔暂列金。暂列金可以根据工程的复杂程度、设计深度、工程环境条件（包括地质水文、气候条件等）进行估算，一般可按分部分项工程费的10%～15%作为参考。

② 暂估价。

其他项目费中的暂估价包括材料（工程设备）暂估价和专业工程暂估价。编制招标控制价时，材料暂估单价应按工程造价管理机构发布的工程造价信息中的材料单价计算，对于工程造价信息中未发布单价的材料，其单价参考市场价格估算。专业工程暂估价应分不同的专业，按有关计价规定进行估算。

③ 计日工。

计日工包括人工、材料和施工机械三项费用。在编制招标控制价时，对计日工中的人工单价和施工机械台班单价应按省级、行业建设主管部门或其授权的工程造价管理机构公布的单价计算。材料应按工程造价管理机构发布的工程造价信息中的材料单价计算，对于工程造价信息中未发布材料单价的材料，其价格应按市场调查确定的单价计算。

④ 总承包服务费。

对于其他项目费中的总承包服务费，在编制招标控制价时，总承包服务费应按照省级或行业建设主管部门的规定计算，如无规定可参考下列标准计算：

a）当招标人仅要求对分包的专业工程进行总承包管理和协调时，按分包的专业工程估算造价的1.5%计算；

b）当招标人要求对分包的专业工程进行总承包管理和协调，并同时要求提供配合服务时，根据招标文件列出的配合服务内容和提出的要求，按分包的专业工程估算造价的3%～5%计算；

c）招标人自行供应材料的，按招标人供应材料价值的1%计算。

（4）规费和税金。

规费和税金应按国家或省级、行业建设主管部门规定的标准计算。

## 任务实施

### 任务实施单

<table>
<tr><td colspan="6">项目 1　高速铁路项目招标</td></tr>
<tr><td>任务 1.5</td><td colspan="5">高速铁路项目招标标底或控制价确定</td></tr>
<tr><td>班级</td><td></td><td>姓名</td><td></td><td>学号</td><td></td></tr>
<tr><td>任务分析</td><td colspan="5">实施方案<br><br><br><br>成果检验<br><br></td></tr>
<tr><td>任务实施</td><td colspan="5">1. 试分析上述过程不妥之处。<br><br><br><br><br><br><br>2. 对比招标标底与招标控制价的区别。<br><br><br><br><br><br><br><br></td></tr>
</table>

## 任务实施单

<table>
<tr><td colspan="7">项目 1　高速铁路项目招标</td></tr>
<tr><td>任务 1.5</td><td colspan="6">高速铁路项目招标标底或控制价确定</td></tr>
<tr><td>学习总结</td><td colspan="6">学习到的技能：<br><br>学习到的知识：<br><br>谈谈素质能力及思想意识方面的提升：</td></tr>
<tr><td rowspan="2">学生自评<br>（20 分）</td><td>课前学习</td><td>时间概念</td><td>实施方法</td><td>职业素养</td><td>成果质量</td><td>分值</td></tr>
<tr><td></td><td></td><td></td><td></td><td></td><td></td></tr>
<tr><td rowspan="2">小组互评<br>（20 分）</td><td>任务承担</td><td>时间概念</td><td>团队合作</td><td>能力素养</td><td>成果质量</td><td>分值</td></tr>
<tr><td></td><td></td><td></td><td></td><td></td><td></td></tr>
<tr><td>教师点评<br>（60 分）</td><td colspan="6"></td></tr>
<tr><td>反思提高</td><td colspan="6">通过完成本次任务，结合自评、互评结果，说说自己还有哪些需要加强的方面：</td></tr>
</table>

# 任务 1.6　高速铁路项目评标办法

## 任务情境

拓展学习　思政园地

有一工程施工项目采用邀请招标方式，经研究考察，确定邀请 5 家具备资质等级的施工企业参加投标，各投标人按照技术、商务分为两个标书，分别装订报送，经招标领导小组研究确定评标原则为：

（1）技术标占总分 30%。

（2）商务标占总分 70%，其中报价占 30%、工期占 20%、企业信誉占 10%、施工经验占 10%。

（3）各单项评分满分均为 100 分，计算中取小数点后 1 位。

（4）报价评分原则为：以标底的 ±3%为合理报价，超过则认为是不合理报价，计分以合理报价的下限为 100 分，标价每上升 0.5%扣 5 分。

（5）工期评分原则为：以定额工期为准提前 15%为 100 分，每延后 2.5%扣 5 分，超过定额工期者被淘汰。

（6）企业信誉评分原则为：以企业近 3 年工程优良率为准，100%为满分；如有国家级获奖工程，每项加 20%；如有省市级优良工程奖，每项加 10%；此项以 100 分为上限。

（7）施工经验评分原则为：按企业近 3 年承建的类似工程与承建总工程百分比计算，100%为 100 分。

表 1–1 为投标单位业绩汇总表。

表 1–1　投标单位业绩汇总表

| 投标单位 | 报价/万元 | 工期/月 | 企业信誉 | 施工经验 |
|---|---|---|---|---|
| A | 5 970 | 36 | 50%，获省优工程 1 项 | 30% |
| B | 5 880 | 37 | 40% | 30% |
| C | 5 850 | 34 | 55%，获国家级奖工程 1 项 | 40% |
| D | 6 150 | 38 | 40% | 50% |
| E | 6 090 | 35 | 50% | 20% |

业主期望的报价是 6 000 万元，工期 40 个月。

## 任务要求

根据任务情境，完成以下问题：

（1）根据上述评分原则和各投标单位情况，计算各投标单位的各项评价因素得分。

（2）按综合评分法确定各投标单位的综合分数值。

（3）择优确定中标单位。

## 知识链接

### 1. 高速铁路项目招标评标定标组织

工程招标过程中，评定标是一个非常核心的环节。在评标、定标过程中一般应组建评标定标组织、确定评标定标活动原则和程序、制定评标定标的具体办法等。

评标委员会是在招标投标管理机构的监督下，由招标人设立、负责评标定标的临时组织，它负责对所有投标文件进行评定，提出书面评标报告，推荐或确定中标候选人等工作。

评标委员会的人员构成由招标人或其委托的招标代理机构的代表，以及有关技术、经济等方面专家组成。成员人数应为 5 人以上单数，其中经济、技术方面的专家不得少于成员总数的 2/3，该专家一般应从省级以上人民政府有关部门提供的专家名册或者招标代理机构的专家库中相应专家名单中确定。评标委员会成员名单应在开标前确定，并且在中标结果确定前应保密。

### 2. 高速铁路项目评标的程序

高速铁路项目评标定标过程分两个阶段进行，第一阶段为评标的准备与初步评审，第二阶段为详细评审。

#### 1）评标的准备与初步评审

（1）评标的准备。

评标委员会成员在正式对投标文件进行评审前，应当认真研究招标文件，评标委员会成员应当重点了解招标文件规定的评标标准和方法。

（2）初步评审。

初步评审的内容包括对投标文件的符合性评审、技术性评审和商务性评审。

① 符合性评审。投标文件的符合性评审包括商务符合性和技术符合性鉴定。投标文件应实质上响应招标文件的所有条款、条件，无显著的差异或保留。

② 技术性评审。投标文件的技术性评审包括：方案可行性评估和关键工序评估；劳务、材料、机械设备、质量控制措施、工期保证措施、安全保证措施评估及对施工现场周围环境污染的保护措施评估。

③ 商务性评审。投标文件的商务性评审包括：投标报价校核，审查全部报价数据计算的正确性，分析报价构成的合理性，并与标底价格进行对比分析。如果报价中存在算术计算上的错误，应进行修正。修正后的投标报价经投标人确认后对其起约束作用。

（3）投标文件的澄清和说明。

评标委员会可以要求投标人对投标文件中含意不明确、对同类问题表述不一致或者有明显文字和计算错误的内容做必要的澄清或者说明，但是澄清或者说明不得超出投标文件的范围或者改变投标文件的实质性内容。投标文件中的大写金额和小写金额不一致的，以大写金额为准；总价金额与单价金额不一致的，以单价金额为准，但单价金额小数点有明显错误的除外；对不同文字文本投标文件的解释发生异议的，以招标文件规定的主要语言为主为准。

（4）应当作为废标处理的情况。

① 弄虚作假。

② 报价低于其个别成本。投标人的报价明显低于其他投标报价或者在设有标底时明显低于标底，应当要求该投标人作出书面说明并提供相关证明材料。投标人不能合理说明或者不能提供相关证明材料的，评标委员会认定该投标人以低于成本报价竞标，其投标应作废标处理。

③ 投标人不具备资格条件或者投标文件不符合形式要求，其投标也应当按照废标处理。

a）未密封。

b）无单位和法定代表人或其代理人的印鉴，或未按规定加盖印鉴。

c）未按规定的格式填写，内容不全或字迹模糊、辨认不清。

d）逾期送达。

e）投标人未参加开标会议。

f）未能在实质上响应的投标。

g）投标偏差。

#### 2）详细评审

详细评审是指在初步评审的基础上，对经初步评审合格的投标文件，按照招标文件确定的评标标准和方法，对其技术部分和商务部分进一步评审、比较。

（1）技术性评审。

主要包括对投标人所报的施工方案或组织设计、关键工序、进度计划、人员和机械设备的配备、技术能力、质量控制措施、安全措施、文明施工方案、临时设施的布置，以及临时用地情况、施工现场周围环境污染的保护措施等进行评审。

（2）商务性评审。

指对投标文件中的报价进行评审，包括对投标报价进行校核，审查全部报价数据是否有计算上或累计上的算术错误，分析报价构成的合理性等。

设有标底的招标项目，评标委员会在评标时应当参考标底。

### 3. 高速铁路项目评标的具体方法

目前常用的评标办法有经评审的最低投标价法、综合评估法等。

#### 1）经评审的最低投标价法

经评审的最低投标价法一般适用于具有通用技术、性能标准，或者招标人对于其技术、性能没有特殊要求的招标项目。即该方法主要适用于小型工程，是一种只对投标人的投标报价进行评议，从而确定中标人的评标办法。

采用经评审的最低投标价法对投标报价进行评议的方法有以下几种。

（1）将投标报价与标底价相比较的评议方法有 3 种具体做法：① 投标报价最接近标底价的（即为合理低标价），即可中标；② 投标报价与低于标底价某一幅度值之差的绝对值最小或为零的（即为合理低标价），即可中标；③ 允许投标报价围绕标底价按一定比例浮动，投标报价在这个允许浮动范围内的最低价或次低价的（即为合理低标价），即可中标。

（2）将各投标报价相互进行比较的评议方法（又称无标底招标），这种方法采用得较少。

（3）将投标报价和标底价结合与投标人报价进行比较的评议方法。指综合考虑标底价和投标报价这两方面的因素，将其结合起来，形成一个复合的标底，再将各投标报价和复合标底相比较的方法。

2）综合评估法

综合评估法是对价格、施工组织设计（或施工方案）、项目经理的资历和业绩、质量、工期、企业的信誉、业绩和实力等因素进行综合评价从而确定中标人的评标定标方法。它是应用最广泛的评标定标方法。

综合评估法按其具体分析方式的不同，又可分为定性综合评估法和定量综合评估法。

（1）定性综合评估法。

由评标组织对工程报价、工期、质量、施工组织设计、主要材料消耗、安全保障措施、业绩、信誉等评审指标，分项进行定性比较分析，综合考虑，经评议后，选择其中被大多数评标组织成员认为各项条件都比较优良的投标人为中标人，也可用记名或无记名投票表决的方式确定中标人。

（2）定量综合评估法。

又称打分法、百分制计分评议法（百分法）。通常的做法是，事先在招标文件或评标定标办法中将评标的内容进行分类，形成若干评估因素，并确定各项评估因素在百分之内所占的比例和评分标准，开标后由评标委员会中的每位成员按照评分规则，采用无记名方式打分，最后统计投标人的得分，得分最高者（排序第一名）为中标人。

定量综合评估法中所有评标因素的总分值，一般都是 100 分。其中各个单项评标因素的分值分配，一般是：投标报价 30～70 分；工期 0～10 分；质量 5～25 分；施工组织设计 5～20 分；企业信誉和业绩 5～20 分；其他 0～5 分。

① 高速铁路项目采用综合评估法时，评标基准价为

$$Z=B\times K\times 0.4+[(D_1+D_2+\cdots+D_i+\cdots+D_n-D_{\max}-D_{\min})/(n-2)]\times 0.6 \tag{1-1}$$

式中：$B$——招标人公布的标段最高投标限价；

$K$——调整系数，从 0.98、0.985、0.99、0.995、1.0 这 5 个系数中随机抽取一个系数；

$D_i$——第 $i$ 个投标人的有效报价；

$D_{\max}$——有效报价最高的投标人报价；

$D_{\min}$——有效报价最低的投标人报价；

$n$——本标段有效报价投标人总数。

当标段有效报价只有 2 家，如评标委员会认为投标具备竞争可继续评审时：

$$Z=B\times K\times 0.4+[(D_1+D_2)/2]\times 0.6 \tag{1-2}$$

投标人报价与评标基准价相比，在 0～0.3%之间为满分，高于评标基准价或低于评标基准价 0.3%的予以扣分，具体扣分值由招标人在招标文件中载明。高于评标基准价的，每超过 0.5%扣 20 分；低于评标基准价 0.3%的，每低于 1%扣 10 分。

② 投标报价评分。

通常采用投标报价偏差率来衡量，投标报价的评分等于评标基准价的投标报价的

满分，每高于或低于评标基准价一个百分点扣除一定分值，可用以下公式计算：

$$P = Q - \frac{|D_1 - D|}{D} \times 100\% \times E \tag{1-3}$$

式中：$P$——投标报价得分；

$Q$——投标报价的权重；

$\frac{|D_1 - D|}{D} \times 100\%$——投标报价偏差率；

$D$——投标人投标报价；

$D_1$——投标基准价；

$E$——设定投标报价高于或低于评标基准价一个百分点应扣除的分值。

③ 单项评分后，按下式计算总分：

$$D = \sum_{i=1}^{n} P_i \tag{1-4}$$

式中：$D$——总分；

$P_i$——单项评分（$i$=1，2，…，6）。

## 任务实施

### 任务实施单

<table>
<tr><td colspan="6">项目 1　高速铁路项目招标</td></tr>
<tr><td>任务 1.6</td><td colspan="5">运用高速铁路项目评标方法</td></tr>
<tr><td>班级</td><td></td><td>姓名</td><td></td><td>学号</td><td></td></tr>
<tr><td>任务分析</td><td colspan="5">实施方案</td></tr>
<tr><td>任务实施</td><td colspan="5">计算各投标单位各项评价因素得分和综合得分。</td></tr>
</table>

## 任务实施单

<table>
<tr><td colspan="7">项目 1　高速铁路项目招标</td></tr>
<tr><td>任务 1.6</td><td colspan="6">运用高速铁路项目评标方法</td></tr>
<tr><td>学习总结</td><td colspan="6">学习到的技能：<br><br>学习到的知识：<br><br>谈谈素质能力及思想意识方面的提升：</td></tr>
<tr><td rowspan="2">学生自评<br>（20 分）</td><td>课前学习</td><td>时间概念</td><td>实施方法</td><td>职业素养</td><td>成果质量</td><td>分值</td></tr>
<tr><td></td><td></td><td></td><td></td><td></td><td></td></tr>
<tr><td rowspan="2">小组互评<br>（20 分）</td><td>任务承担</td><td>时间概念</td><td>团队合作</td><td>能力素养</td><td>成果质量</td><td>分值</td></tr>
<tr><td></td><td></td><td></td><td></td><td></td><td></td></tr>
<tr><td>教师点评<br>（60 分）</td><td colspan="6"></td></tr>
<tr><td>反思提高</td><td colspan="6">通过完成本次任务，结合自评、互评结果，说说自己还有哪些需要加强的方面：</td></tr>
</table>

## 知识测试和能力训练

### 一、知识测试

1. 公开招标和邀请招标的区别有哪些？
2. 可以不招标的项目有哪些？
3. 招标的主要流程有哪些？
4. 资格预审的技巧有哪些？
5. 招标文件包含哪些内容？
6. 什么是标底？

### 二、能力训练

某铁路项目全长 224 km，本工程采取公开招标的方式，共分 20 个标段，招标工作从 2022 年 7 月 2 日开始，至 8 月 30 日结束，历时 60 天。招标工作的具体步骤如下。

（1）成立招标组织机构。

（2）发布招标公告和资格预审通告。

（3）进行资格预审。7 月 16—20 日出售资格预审文件，47 家省内外施工企业购买了资格预审文件，其中的 46 家于 7 月 22 日递交了资格预审文件。经招标工作委员会审定后，45 家单位通过了资格预审，每家被允许投 3 个以下的标段。

（4）编制招标文件。

（5）编制标底。

（6）组织投标。7 月 28 日，招标单位向上述 45 家单位发出资格预审合格通知书。7 月 30 日，向各投标人发出招标文件。8 月 5 日，召开标前会。8 月 8 日，组织投标人踏勘现场，解答投标人提出的问题。8 月 20 日，各投标人递交投标书，每标段均有 5 家以上投标人参加竞标。8 月 21 日，在公证员出席的情况下，当众开标。

（7）组织评标。评标小组按事先确定的评标办法进行评标，对合格的投标人进行评分，推荐中标单位和后备单位，写出评标报告。8 月 22 日，招标工作委员会听取评标小组汇报，决定中标单位，发出中标通知书。

（8）8 月 30 日，招标人与中标单位签订合同。

**问题：**

1. 上述招标工作内容的顺序作为招标工作先后顺序是否妥当？如果不妥，请确定合理的顺序。

2. 简述招标工作的实施步骤。

项目 2

# 高速铁路项目投标

## 项目描述

本项目是高速铁路项目招投标中最重要的内容之一，主要内容有：高速铁路项目投标程序；高速铁路项目投标策略与技巧、高速铁路项目投标报价、高速铁路项目投标文件编制等。

投标流程

## 学习目标

### 能力目标

- 能够掌握高速铁路项目投标程序；
- 能够明确高速铁路项目投标报价的编制方法；
- 能够明确高速铁路项目投标策略与方法；
- 能够掌握高速铁路项目投标文件的编制。

### 知识目标

- 掌握高速铁路项目投标文件的编制要求、编制方法；
- 掌握高速铁路项目投标程序；
- 了解高速铁路项目投标报价的编制方法，了解投标策略。

### 素质目标

- 培养学生具有一定的铁路建设工程投标意识。
- 树立规则、规矩意识。
- 培养学生熟悉《中华人民共和国招标投标法》，养成严谨认真的工作作风。
- 掌握公开、公平、公正、诚实守信原则，明确行业的规范。

# 任务 2.1 高速铁路项目投标程序认知

## 任务情境

拓展学习　思政园地

某建设单位拟建设一条铁路，慎重考虑下，采用公开招标方式选择施工单位，投标保证金有效期同投标有效期，提交投标文件截止时间为 2023 年 6 月 30 日。该公司于 2023 年 4 月 6 日发出招标公告，后有 A、B、C、D、E 共 5 家建筑施工单位参加了投标，E 单位由于工作人员疏忽于 7 月 2 日提交投标保证金。开标会于 7 月 3 日由招标代理主持，D 单位在开标前向招标公司要求撤回投标文件。经过综合评选，最终确定 B 单位中标。双方按规定签订了施工承包合同。

## 任务要求

根据任务情境，小组讨论上述招标投标程序中存在的不妥之处。

（1）E 单位的投标文件按要求应如何处理？为什么？

（2）对 D 单位撤回投标文件的要求应当如何处理？为什么？

## 知识链接

### 1. 投标的前期工作

投标的前期工作包括获取招标信息和前期投标决策两项内容。

#### 1）获取招标信息

目前投标人获得招标信息的渠道，最普遍的是通过大众媒体所发布的招标公告获取招标信息。投标人验证所获信息的真实可靠性，并证实其招标项目确实已立项批准和资金已经落实等。

#### 2）前期投标决策

投标人在证实招标信息真实、可靠后，还要对招标人的信誉、实力等方面进行了解，正确做出投标决策，以减少工程实施过程中承包方的风险。

### 2. 参加资格预审

一般按招标人所编制的资格预审文件内容进行审查。投标人提供以下资料：① 投标企业概况；② 财务状况；③ 拟投入的主要管理人员情况；④ 目前剩余劳动力和施工机械设备情况；⑤ 近 3 年承建的工程情况；⑥ 目前正在承建的工程情况；⑦ 两年来涉及的诉讼案件情况；⑧ 其他资料（如各种奖励和处罚等）。只有经审查合格的投标人，才具备参加投标的资格。

### 3. 购买和分析招标文件

#### 1）购买招标文件

投标人在通过资格预审后，就可以在规定的时间内向招标人购买招标文件。

#### 2）分析招标文件

在购买到招标文件之后，投标人应认真阅读招标文件中的所有条款。注意投标过程中的各项活动的时间安排，明确招标文件中对投标报价、工期、质量等的要求。同时对招标文件中的合同条款、无效标书的条件等主要内容应认真进行分析，理解招标文件隐含的意思。对可能发生疑问或不清楚的地方，应向招标人书面提出。

### 4. 收集资料、准备投标

投标准备包括以下工作内容。

#### 1）组建投标班子

投标班子中的人员应包括施工管理、技术、经济、财务、法律法规等方面的人员。

#### 2）参加现场踏勘

投标人应按照招标文件规定的时间，对拟施工的现场进行考察。现场踏勘时应从以下 5 个方面详细了解工程的有关情况：

（1）工程的性质及与其他工程之间的关系；

（2）投标人投标的那一部分工程与其他承包商之间的关系；

（3）工地地貌、地质、气候、交通、电力、水源、有无障碍物等情况；

（4）工地附近有无住宿条件、料场开采条件、其他加工条件、设备维修条件等；

（5）工地附近治安情况。

#### 3）参加投标预备会

投标预备会又称答疑会或标前会议，一般在现场踏勘之后的 1～2 天内举行，目的是解答投标人对招标文件及现场踏勘中所提出的问题，并对图纸进行交底和解释。

#### 4）计算或复核工程量

现阶段我国进行工程施工投标时，工程量有以下两种情况：

一种是招标人给出具体的工程量清单，供投标人报价时使用。投标人在进行投标时，应根据图纸等资料对给定工程量的准确性进行复核，为投标报价提供依据。

另一种情况是，招标人不给出具体的工程量清单，只给相应工程的施工图纸。这时，投标报价应根据给定的施工图纸，结合工程量计算规则自行计算工程量。

#### 5）询价及市场调查

为了能够准确确定投标报价，投标时应认真调查了解工程所在地的人工工资标准、材料来源、价格、运输方式、机械设备租赁价格等和报价有关的市场信息。

#### 6）确定施工方案

施工方案的主要内容有：① 选择和确定施工方法；② 对大型复杂工程则要考虑几种方案，进行综合对比；③ 选择施工设备和施工设施；④ 编制施工进度计划等。

### 5. 编制和提交投标文件

投标人编制投标文件时，应按照招标文件的内容、格式和顺序要求进行。投标文件编写完成后，应按招标文件中规定的时间、地点提交投标文件。

### 6. 出席开标会议，接受评标期间的澄清询问

开标会议由投标人的法定代表人或其授权代理人参加。

在评标过程中，评标组织根据情况可以要求投标人对投标文件中含义不明确的内

容做必要澄清或者说明，但投标人的澄清说明，不得超出投标文件范围或者改变投标文件中的工期、报价、质量、优惠条件等实质性内容。

### 7. 接受中标通知书、签订合同、提供履约担保

我国规定招标人和中标人应当自中标通知书发出之日起 30 日内订立书面合同。招标文件要求中标人提交履约保证金的，中标人应按招标人的要求提供。

## 任务实施

### 任务实施单

<table>
<tr><td colspan="6">项目 2　高速铁路项目投标</td></tr>
<tr><td>任务 2.1</td><td colspan="5">高速铁路项目投标程序认知</td></tr>
<tr><td>班级</td><td></td><td>姓名</td><td></td><td>学号</td><td></td></tr>
<tr><td>任务分析</td><td colspan="5">实施方案</td></tr>
<tr><td>任务实施</td><td colspan="5">1. E 单位的投标文件按要求应如何处理？为什么？<br><br>2. 对 D 单位撤回投标文件的要求应当如何处理？为什么？</td></tr>
</table>

## 任务实施单

<table>
<tr><td colspan="7">项目 2　高速铁路项目投标</td></tr>
<tr><td>任务 2.1</td><td colspan="6">高速铁路项目投标程序认知</td></tr>
<tr><td>学习总结</td><td colspan="6">学习到的技能：<br><br>学习到的知识：<br><br>谈谈素质能力及思想意识方面的提升：</td></tr>
<tr><td rowspan="2">学生自评（20 分）</td><td>课前学习</td><td>时间概念</td><td>实施方法</td><td>职业素养</td><td>成果质量</td><td>分值</td></tr>
<tr><td></td><td></td><td></td><td></td><td></td><td></td></tr>
<tr><td rowspan="2">小组互评（20 分）</td><td>任务承担</td><td>时间概念</td><td>团队合作</td><td>能力素养</td><td>成果质量</td><td>分值</td></tr>
<tr><td></td><td></td><td></td><td></td><td></td><td></td></tr>
<tr><td>教师点评（60 分）</td><td colspan="6"></td></tr>
<tr><td>反思提高</td><td colspan="6">通过完成本次任务，结合自评、互评结果，说说自己还有哪些需要加强的方面：</td></tr>
</table>

# 任务 2.2　高速铁路项目投标报价确定

## 任务情境

某铁路局集团有限公司新建某高速铁路项目，某施工单位计划参与该项目投标，目前已通过资格预审并购买了招标文件。施工单位在对现场踏勘后，组建了投标报价小组，并完成了投标文件的研究和工程量复核工作。

拓展学习　思政园地

## 任务要求

根据任务情境，分组讨论并回答：

（1）案例中确定投标报价的流程是什么？

（2）投标报价应包含哪些费用？

## 知识链接

投标报价是投标文件编制过程中的核心内容之一。投标报价前，投标人应该根据有关法规、取费标准、市场价格、施工方案等，并考虑到上级企业管理费、风险费用、预计利润和税金等来确定承揽该工程的价格。投标报价的编制和确定是市场竞争的体现。

### 1. 高速铁路项目投标报价依据及内容

#### 1）投标报价的主要依据

（1）《建设工程工程量清单计价规范》（GB 50500—2013）。

（2）《铁路工程工程量清单规范》（TZJ 1006—2020）。

（3）招标文件、工程量清单及其补充通知、答疑纪要。

（4）建设工程设计文件及相关资料。

（5）施工现场情况、工程特点及拟定的投标施工组织设计或方案。

（6）与建设项目相关的标准、规范等技术资料。

（7）市场价格信息或工程造价管理机构发布的工程造价信息。

（8）竞争态势的预测和盈利期望，投标企业的成功经验。

（9）其他相关资料。

#### 2）工程量清单报价文件组成

（1）封面。

（2）投标报价总额。

（3）已标价工程量清单投标报价总表。

（4）已标价工程量清单章节表。

（5）工程量清单子目综合单价分析表。

（6）计日工费用计算表。

（7）甲供材料设备表。

（8）自购设备费计算表。

### 2. 高速铁路项目投标报价的编制方法

我国规定的编制投标报价的方法有两种：一种是工料单价法；另一种是综合单价法。最常用的是综合单价法，高速铁路项目采用的是工程量清单综合单价法。工程量清单计价采用综合单价法计价。

综合单价反映完成最低一级的清单子目计量单位全部具体工程（工作）内容所需的人工费、材料费、施工机具使用费、价外运杂费、填料费、施工措施费、特殊施工增加费、间接费、税金及招标文件和合同中明确的一定范围内风险费用。

#### 1）综合单价组成

（1）人工费。

直接从事建筑安装工程施工的生产工人开支的各项费用。

（2）材料费。

施工过程中耗费的构成工程实体的原材料、辅助材料、构配件、零件、半成品、成品所支出的费用，以及不构成工程实体的一次性材料消耗费用和周转材料摊销费用等。

（3）施工机具使用费。

施工作业所发生的施工机械、仪器仪表的使用费或其租赁费。

（4）价外运杂费。

需在材料费之外单独计列的材料运杂费，包括材料自指定交货地点运至工地发生的运输费、装卸费、其他有关运输费用，以及以该运输费、装卸费、其他有关运输费用之和为基数计算的采购及保管费。

（5）填料费。

购买不作为材料对待的土方、石方、渗水料、矿物料等填筑用料所支出的不含增值税可抵扣进项税额的费用。

（6）施工措施费。

为完成铁路建设工程施工，发生于该工程施工前和施工过程中的需综合计算的费用。

（7）特殊施工增加费。

在特殊地区及特殊施工环境下进行建筑安装工程施工时，所增加的费用。

（8）间接费。

施工企业为完成承包工程而组织施工生产和经营管理所发生的费用。

（9）税金。

按照国家税法等有关规定计算的增值税。

（10）一定范围内风险费用。

一定范围内风险费用指投标人在计算综合单价时充分考虑不限于已包括费用的明示或暗示的风险、责任、义务或有经验的投标人都可预见并应该预见的费用，包括招标文件明确应由投标人考虑的一定幅度范围内的物价上涨风险，工作量增加或减少对综合单价的影响风险，采用新技术、新工艺、新材料的风险，投标人未填写单价和合价的项目已含在其他项目的单价和合价中的风险费用等。

已标价工程量清单表中，合价=工程数量×综合单价。

#### 2）综合单价调整

工程量清单中的综合单价应按招标文件和清单规范的相关规定编制，包含完成清单子目全部工程（工作）的费用。

当工程量清单中的综合单价因工程数量变化或技术标准变更等因素需调整时，应由合同约定。

### 3. 高速铁路项目投标报价的编制步骤

编制工程量清单报价文件，须依据招标文件的要求，依据国家或行业建设主管部门颁发的计价办法，结合企业自身的施工技术管理水平，计算分析完成工程量清单所列项目的全部费用。投标报价的编制步骤如下所述。

#### 1）熟悉招标文件

招标文件是投标报价的重要依据，是投标人参与投标活动、进行投标报价的行动指南。招标文件一般包括前附表、投标人须知、合同通用条款、合同专用条款、技术规范、图纸、评标和定标办法、工程量清单及必要的附表，如各种担保或保函的格式等。工程量清单是招标文件中重要的组成部分，是招标人提供给投标人用于报价的具体内容和工程量，也是最终结算和支付的依据。在清单报价文件编制时要认真对工程量清单进行校核。因而，若出现清单工程量与图纸不符之处，应按招标文件的有关规定请业主澄清，切勿自行修改工程量清单的内容和数量，以免造成废标。

招标文件中的设计图纸，是清单报价文件编制工作中进行工程项目拆分和计算工程数量的重要依据。认真进行设计图纸审核，尽早发现图纸中存在的问题，分析图纸和清单在施工中发生变化的可能性，分析预测变更可能性，对可能变化的报价采用相应策略以规避风险并获得较大利润。

在编制投标报价前，必须全面熟悉并理解招标文件。要结合招标文件对拟建工程的质量要求、工期要求、计量支付及风险的分担等方面规定进行综合分析。重点把握合同专用条款、计量与支付条款、调价条款等合同条款，并反映在工程量清单报价文件中。

#### 2）现场考察和标前会议

现场考察是编制投标报价的必要环节。现场考察的内容包括对拟建项目周边的地形地质、气候、水文、运输道路及人文情况进行调查了解。尽量做到全面准确，为编制科学合理的报价打下良好基础。标前会议是招标人按投标须知规定的时间、地点召开的会议，也是招标投标前的一次非常重要的会议。

#### 3）确定施工组织设计、核实工程量

编制先进合理的施工组织设计有助于准确报价，施工组织设计中涉及施工方法、施工进度安排、劳动力的安排计划、施工机具的配置、施工现场平面布置等内容，尤其对临时便道、制（存）梁场、混凝土拌和站、材料场、混凝土构件预制场等大型临时设施的布置情况，都与清单报价有密切关系。施工方案不仅是套用定额依据，也是投标人确定工程量的依据之一，还是施工措施费、临时项目计价的最基本依据。

根据设计图纸和工程量清单复核工程量，对于采用施工总价承包合同的工程，承包商要承担“量”的风险。清单子目数量不仅是报价依据，还是计量支付的依据。如果发现设计工程量与清单工程量有重大误差，可以要求业主修改，或调整清单子目的

综合单价以保证清单合价至少能够保证成本费用。

4）收集和调查各种资源的市场价格

工程量清单综合单价报价中人工费、材料费和施工机具使用费的分析计算是主要环节，收集人工、材料、机具台班的价格是准确进行计价的前提。目前铁路人工工日单价执行《铁路基本建设工程设计概（预）算费用定额》（TZL 1001—2017）规定的综合工资标准，机械台班费按《铁路基本建设工程设计概（预）算费用定额》的费用构成分析或采用租赁价，材料价格采用铁路造价信息网发布的市场调查价，并分析主材到工地的价格运杂费。

收集调查资源市场价格，包括对主要材料、燃料、水、电等价格的调查，还包括对主要材料的供应方式、运输方式、运费的调查，尤其是对于自购的主要材料和设备的调查。除此之外，还要根据招标文件的调价条款，对建设期的材料设备价格的变化进行科学的预测。材料的调查价格参照铁路工程造价信息网发布的信息价，也可向生产厂家询价。

5）编制报价原始数据表

工程量清单项目的设置较综合，需结合招标设计图纸进行工程项目拆分并计算预算工程量，编制报价原始数据表。工程量清单计价是企业根据自有的企业定额及市场因素对工程进行报价的计价方法。施工企业编制报价时，应使用企业定额，以此来反映本企业的施工技术管理水平。但目前许多企业还没有建立起自身的定额体系，仍参考使用铁路行业的消耗量定额（如预算定额）作为工料分析、计算成本和投标报价的依据。在投标报价时，施工企业可根据实际生产管理水平，对铁路工程预算定额的消耗量进行适当调整。

6）编制劳材机统计表

按工程量清单子目（最低一级），通过套用预算定额，进行人工、材料、机具台班数量统计计算，填写“劳材机统计表”。

7）分析计算工程量清单子目的综合单价

对工程量清单子目结合施工工序进行拆分，依据人工、材料、机具台班价格的市场询价及企业自身施工管理水平决定的综合取费水平，结合本企业以往的经验，进行综合单价分析。若施工企业还没有建立起自身的企业定额体系，仍参考铁路行业的预算定额作为清单投标报价的依据的，其综合单价的费用与《铁路基本建设工程设计概（预）算编制办法》（TZJ 1001—2017）中建筑安装工程费的构成基本一致，综合单价的各项费用的计算与设计（概）预算的费用编制程序相同，即利用“单项概（预）算表”来分析清单子项的建筑安装工程费用单价。两者的区别在于，清单报价的各项费用要结合对招标文件中合同条款的理解分析、市场情况、企业自身情况来进行取费。

清单综合单价中各项费用的构成，要以《铁路工程工程量清单规范》（TZJ 1006—2020）和《铁路基本建设工程设计概（预）算编制办法》（TZJ 1001—2017）的费用构成规定为依据进行计算。综合单价的取费标准，是包括施工措施费、特殊施工增加费、间接费、税金在内的各项费用。除税金要采用国家规定的法定税率以外，其他各项费用都可以根据工程特点、企业经营管理水平和市场竞争状况综合取定。《铁路基本建设工程设计概（预）算编制办法》（TZJ 1001—2017）中规定了各工程项目的各项费用的取费办法和最高取费标准，投标单位在编制报价时同样要参考这些取费标准，结合本企业的情况和工程所在地的实际做适当调整。

在进行工程量清单报价时，要依据《铁路工程工程量清单规范》（TZJ 1006—2020）中的工程量清单计价规则进行清单工程数量的核算，还要结合招标文件及工程量清单中的计价规则确定所需完成的全部工作内容的费用。

8）编制工程量清单章节表

将所有的清单子目的综合单价与清单工程量相乘，然后按照工程量清单的章、节设置汇总计算总价，每章单独编制一个清单章节表，并汇总计算每章的清单报价总额。

9）编制投标报价总表

将第一章～第十章各章费用总额填入工程量清单投标报价总表，安全生产费按招标文件所列金额报价，按招标文件的规定，计算激励约束考核费、计日工及暂列金额（单价合同）或施工总承包风险费（总价合同）。各章费用总额和上述其他各项费用，形成投标报价总额。

10）选择报价决策，确定最终报价

在进行投标报价时，需要对投标竞争对手进行调查研究，收集其参加投标的资料。对投标工程有关情况进行分析，了解工程所在地的地理、周边料场情况等，同时还要了解评标、定标办法。

根据收集的招标人与其他竞争对手的信息，适当调整总价，以提高报价的竞争力。在投标总价确定的情况下，通常采用一定的报价技巧，对清单项目综合单价进行适度调整，以提高中标概率，也有利于中标后项目可以取得更好的经济效益。

11）填写总价、封面及装订、盖章

投标报价总额应按工程量清单投标报价汇总表的“投标报价总额”填写，封面必须按招标文件的规定内容填写、签字、盖章、装订。

## 任务实施

**任务实施单**

<table>
<tr><td colspan="6">项目 2　高速铁路项目投标</td></tr>
<tr><td>任务 2.2</td><td colspan="5">高速铁路项目投标报价确定</td></tr>
<tr><td>班级</td><td></td><td>姓名</td><td></td><td>学号</td><td></td></tr>
<tr><td>任务分析</td><td colspan="5">实施方案</td></tr>
<tr><td>任务实施</td><td colspan="5">1. 案例中确定投标报价的流程是什么？<br><br>2. 投标报价应包含哪些费用？</td></tr>
</table>

## 任务实施单

<table>
<tr><td colspan="7">项目 2　高速铁路项目投标</td></tr>
<tr><td>任务 2.2</td><td colspan="6">高速铁路项目投标报价确定</td></tr>
<tr><td>学习总结</td><td colspan="6">学习到的技能：<br><br><br><br>学习到的知识：<br><br><br><br>谈谈素质能力及思想意识方面的提升：<br><br><br><br></td></tr>
<tr><td rowspan="2">学生自评<br>（20 分）</td><td>课前学习</td><td>时间概念</td><td>实施方法</td><td>职业素养</td><td>成果质量</td><td>分值</td></tr>
<tr><td></td><td></td><td></td><td></td><td></td><td></td></tr>
<tr><td rowspan="2">小组互评<br>（20 分）</td><td>任务承担</td><td>时间概念</td><td>团队合作</td><td>能力素养</td><td>成果质量</td><td>分值</td></tr>
<tr><td></td><td></td><td></td><td></td><td></td><td></td></tr>
<tr><td>教师点评<br>（60 分）</td><td colspan="6"></td></tr>
<tr><td>反思提高</td><td colspan="6">通过完成本次任务，结合自评、互评结果，说说自己还有哪些需要加强的方面：<br><br><br><br><br><br></td></tr>
</table>

# 任务 2.3　高速铁路项目投标策略与技巧识别

## 任务情境

拓展学习　思政园地

某承包商通过资格预审后，对招标文件进行了仔细分析，发现业主所提出的工期要求过于苛刻，且合同条款中规定每拖延 1 天工期罚款合同价的 1%，若要保证实现该工期要求，必须采取特殊措施，从而增加成本；还发现原设计结构方案采用框架剪力墙体系过于保守。因此，该承包商在投标文件中说明业主的工期要求难以实现，因而在工期方面按自己认为的合理工期（比业主要求的工期增加 6 个月）编制施工进度计划并据此报价；还建议将框架剪力墙体系改为框架体系，并对这两种体系进行了技术经济分析和比较，证明框架体系不仅能保证工程结构的可靠性和安全性，增加使用面积，提高空间利用灵活性，而且还可以降低造价约 3%。

该承包商将技术标和商务标分别封装，封口处经签字、盖章处理后，在投标截止日前 1 天上午将投标文件报送业主。次日（即投标截止日当天）下午，在规定的开标时间前 1 h，该承包商又递交了一份补充材料，其中声明将原报价降低 4%。

## 任务要求

根据任务情境，分小组讨论该承包商运用了哪几种报价技巧。试分析以上报价技巧运用得是否妥当。

## 知识链接

高速铁路项目投标策略和技巧，是铁路工程投标活动中另一个重要方面，采用一定的策略和技巧可以增加投标的中标率，又可以获得较大的期望利润，它是投标活动的关键环节。

### 1. 高速铁路项目投标策略

高速铁路项目投标策略，是指建设工程承包商为了达到中标目的而在投标过程中所采用的手段方法。

#### 1）知己知彼，把握情势

投标人要通过各种渠道，广泛、全面地收集招标项目情况、市场动态、建设材料行情、工程背景和条件、竞争对手情况等与投标密切相关的信息，并对各种投标信息进行深入调查，综合分析，去伪存真，准确把握情势，做到知己知彼，百战不殆。

#### 2）以长制短，以优胜劣

在投标竞争中，必须学会和掌握以长处胜过短处，以优势胜过劣势。

#### 3）随机应变，争取主动

承包商要结合自己的实力、信誉、技术、管理、质量水平等各个方面做出正确的估价，在竞争中，面对复杂的形势，要准备多种方案和措施，善于随机应变，掌握主动权，真正做投标活动的主人。

### 2. 高速铁路项目投标技巧

投标技巧在投标过程中，主要表现在通过各种操作技能和诀窍，确定一个好的报价，常见的投标技巧有以下几种。

#### 1）扩大标价法

它是指除按正常的已知条件编制标价外，对工程中变化较大或没有把握的工作项目，采用增加不可预见费的方法，扩大标价，减少风险。这种做法的优点是中标价即为结算价，减少了价格调整等麻烦，缺点是总价过高。

#### 2）不平衡报价法

它又叫前重后轻法，是指在总报价基本确定的前提下，调整内部各个子项的报价，以期既不影响总报价，又在中标后满足资金周转的需要，获得较理想的经济效益。不平衡报价法的通常做法有：

（1）对能早日结账收回工程款的土方、基础等前期工程项目，单价可适当报高些；对机电设备安装、装饰等后期工程项目，单价可适当报低些。

（2）对预计今后工程量可能会增加的项目，单价可适当报高些；而对预计今后工程量可能减少的项目，单价可适当报低些。

（3）对设计图纸内容不明确或有错误，估计修改后工程量要增加的项目，单价可适当报高些；而对工程内容不明确的项目，单价可适当报低些。

（4）对没有工程量只填报单价的项目，或招标人要求采用包干报价的项目，单价宜报高些；对其余的项目，单价可适当报低些。

（5）对暂定项目（任意项目或选择项目）中实施的可能性大的项目，单价可报高些；预计不一定实施的项目，单价可适当报低些。

#### 3）多方案报价法

即对同一个招标项目除了按招标文件的要求编制了一个投标报价以外，还编制了一个或几个建议方案。采用多方案报价法，通常主要有以下两种情况：

（1）如果发现招标文件中的工程范围很不具体、明确，或条款内容很不清楚、很不公正，或对技术规范的要求过于苛刻，可先按招标文件中的要求报一个价，然后再说明假如招标人对合同要求做某些修改，报价可降低多少。

（2）如发现设计图纸中存在某些不合理并可以改进的地方或可以利用新技术、新工艺、新材料替代的地方，可以先按设计图纸的要求报一个价，然后再另附上一个修改设计的比较方案，或说明在修改设计的情况下，报价可降低多少。

#### 4）突然降价法

通常的做法是，前期按一般情况报价或准备报高价等，等临近投标截止日期前，突然前往投标，并降低报价，以期战胜竞争对手。

#### 5）先亏后盈法

在实际工作中，有的承包商为了打入某一地区或某一领域，依靠自身实力，采取一种不惜代价、只求中标的低报价投标方案，以期中标之后，可以承揽这一地区或这一领域更多的工程任务，达到总体盈利的目的。

#### 6）其他投标技巧

主要有：聘请投标代理人；寻求联合投标；许诺优惠条件；等等。

## 任务实施

**任务实施单**

<table>
<tr><td colspan="6">项目 2　高速铁路项目投标</td></tr>
<tr><td>任务 2.3</td><td colspan="5">高速铁路项目投标策略与技巧识别</td></tr>
<tr><td>班级</td><td></td><td>姓名</td><td></td><td>学号</td><td></td></tr>
<tr><td>任务分析</td><td colspan="5">实施方案<br>成果检验</td></tr>
<tr><td>任务实施</td><td colspan="5">1. 讨论该承包商运用了哪几种报价技巧。<br>2. 试分析以上报价技巧运用得是否妥当。</td></tr>
</table>

## 任务实施单

<table>
<tr><td colspan="7">项目 2　高速铁路项目投标</td></tr>
<tr><td>任务 2.3</td><td colspan="6">高速铁路项目投标策略与技巧识别</td></tr>
<tr><td>学习总结</td><td colspan="6">学习到的技能：<br><br>学习到的知识：<br><br>谈谈素质能力及思想意识方面的提升：</td></tr>
<tr><td rowspan="2">学生自评<br>（20 分）</td><td>课前学习</td><td>时间概念</td><td>实施方法</td><td>职业素养</td><td>成果质量</td><td>分值</td></tr>
<tr><td></td><td></td><td></td><td></td><td></td><td></td></tr>
<tr><td rowspan="2">小组互评<br>（20 分）</td><td>任务承担</td><td>时间概念</td><td>团队合作</td><td>能力素养</td><td>成果质量</td><td>分值</td></tr>
<tr><td></td><td></td><td></td><td></td><td></td><td></td></tr>
<tr><td>教师点评<br>（60 分）</td><td colspan="6"></td></tr>
<tr><td>反思提高</td><td colspan="6">通过完成本次任务，结合自评、互评结果，说说自己还有哪些需要加强的方面：</td></tr>
</table>

# 任务 2.4　高速铁路项目投标文件编制

## 任务情境

拓展学习　思政园地

某高速铁路新建工程采用公开招标，招标文件采用《铁路工程标准施工招标文件》标准文本，某施工单位参与项目投标。根据投标工作任务需求，该施工单位组建了技术标组和商务标组，共同完成该项投标工作任务。

## 任务要求

根据任务情境，分组模拟技术标组和商务标组，各组讨论本组任务内容及注意事项。

## 知识链接

### 1. 高速铁路项目投标文件的组成

投标文件是由一系列有关投标方面的书面资料组成的。一般来说，投标文件由以下几个部分组成。

（1）投标函及投标函附录、价格指数和权重表（如果有）。

（2）法定代表人身份证明或授权委托书。

（3）联合体协议书。

（4）投标保证金。

（5）已标价工程量清单。

（6）施工组织设计。

（7）项目管理机构。

① 项目管理机构人员组成表。

② 拟投入本工程主要人员简历表。

（8）拟分包项目情况表。

（9）资格审查资料。

① 投标人基本情况表。

② 投标人年营业收入及营运资金表。

③ 企业财务状况表。

④ 银行信贷证明。

⑤ 近年完成的类似项目情况表。

⑥ 正在施工和新承接的项目情况表。

⑦ 近年发生的诉讼及仲裁情况表。

⑧ 近年违法及质量、安全重大责任事故情况表。

（10）其他材料。

① 保密承诺书。

② 投标人承诺书。

注：上述（1）、（2）、（3）、（4）、（7）、（8）、（9）、（10）项内容为商务标内容，（5）项为报价标内容，（6）项为技术标内容。（7）、（9）项内容，在资格预审后所涉及的内容无变化的，可不提供相关资料，标题下可注明“无更新，同资格预审申请文件”；如果有变化，评标委员会将重新进行资格审查。

### 2. 编制高速铁路项目投标文件的步骤及注意事项

#### 1）编制投标文件的步骤

（1）编制投标文件的准备工作。

① 熟悉招标文件、图纸及其他相关资料，对图纸等资料有不清楚、不理解的地方，可以用书面形式向招标人询问、澄清；

② 参加招标人组织的施工现场踏勘和答疑会；

③ 调查当地材料供应和价格情况；

④ 了解交通运输条件和有关事项。

（2）实质性响应条款的编制。包括对合同主要条款的响应、对提供资质证明的响应、对采用的技术规范的响应等。

（3）复核、计算工程量。

（4）编制施工组织设计，确定施工方案。

（5）计算投标报价。

（6）装订成册。

#### 2）编制投标文件的注意事项

（1）投标人编制投标文件时必须使用招标文件中提供的投标文件表格格式。填写表格时，凡要求填写的空格都必须填写，否则，即被视为放弃该项要求。重要的项目或数字（如工期、质量等级、价格等）未填写的，将被作为无效或作废的投标文件处理。

（2）编制的投标文件“正本”仅一份，“副本”则按招标文件中要求的份数提供，同时要明确标明“投标文件正本”和“投标文件副本”字样。投标文件正本和副本如有不一致之处，以正本为准。

（3）投标文件正本与副本均应使用不能擦去的墨水打印或书写。投标文件的书写要字迹清晰、整洁、美观。

（4）所有投标文件均由投标人的法定代表人签署、加盖印鉴，并加盖法人单位公章。

（5）填报的投标文件应反复校核，保证分项和汇总计算均无错误。全套投标文件均应无涂改和行间插字。修改处应由投标文件签字人签字证明并加盖印鉴。

（6）如招标文件规定投标保证金为合同总价的某百分比，不要太早开具投标保函，以防泄露报价。

（7）投标文件应严格按照招标文件的要求进行包封，避免由于包封不合格造成废标。

（8）认真对待招标文件中关于废标的条件，以免被判为无效标而前功尽弃。

3. 高速铁路项目投标文件的提交

投标人应在招标文件规定的投标截止日期前将投标文件提交给招标人。在投标截止日期以后送达的投标文件，招标人将拒收。

投标人可以在提交投标文件以后，在规定的投标截止时间之前，采用书面形式向招标人递交补充、修改或撤回其投标文件的通知。根据招标文件的规定，在投标截止时间与招标文件中规定的投标有效期终止日之间的这段时间内，投标人不能撤回其投标文件，否则投标保证金将不予退还。

# 任务实施

## 任务实施单

<table>
<tr><td colspan="6">项目 2　高速铁路项目投标</td></tr>
<tr><td>任务 2.4</td><td colspan="5">高速铁路项目投标文件编制</td></tr>
<tr><td>班级</td><td></td><td>姓名</td><td></td><td>学号</td><td></td></tr>
<tr><td>任务分析</td><td colspan="5">实施方案</td></tr>
<tr><td>任务实施</td><td colspan="5">1. 讨论技术标组工作内容及注意事项。<br><br>2. 讨论商务标组工作内容及注意事项。</td></tr>
</table>

## 任务实施单

<table>
<tr><td colspan="7">项目 2　高速铁路工程投标</td></tr>
<tr><td>任务 2.4</td><td colspan="6">高速铁路项目投标文件编制</td></tr>
<tr><td>学习总结</td><td colspan="6">学习到的技能：<br><br>学习到的知识：<br><br>谈谈素质能力及思想意识方面的提升：</td></tr>
<tr><td rowspan="2">学生自评<br>（20 分）</td><td>课前学习</td><td>时间概念</td><td>实施方法</td><td>职业素养</td><td>成果质量</td><td>分值</td></tr>
<tr><td></td><td></td><td></td><td></td><td></td><td></td></tr>
<tr><td rowspan="2">小组互评<br>（20 分）</td><td>任务承担</td><td>时间概念</td><td>团队合作</td><td>能力素养</td><td>成果质量</td><td>分值</td></tr>
<tr><td></td><td></td><td></td><td></td><td></td><td></td></tr>
<tr><td>教师点评<br>（60 分）</td><td colspan="6"></td></tr>
<tr><td>反思提高</td><td colspan="6">通过完成本次任务，结合自评、互评结果，说说自己还有哪些需要加强的方面：</td></tr>
</table>

## 知识测试和能力训练

### 一、知识测试

1. 投标的主要程序有哪些？
2. 什么是突然降价法？
3. 投标保证金的含义是什么？
4. 什么是决策树分析法？
5. 招标文件的组成有哪些？
6. 投标文件的编制步骤是什么？

### 二、能力训练

某企业只能在 A 和 B 两个工程项目上选择，对 A 和 B 两个项目方案的预测结果见表 2–1。已知投标文件编制费用为 5 万元，中标期望利润已记入投标文件编制费，试采用“决策树分析法”选择最佳投标方案。

**表 2–1　方案预测结果表**

| 方案 | A 高（中标概率 0.5） | | | A 低（中标概率 0.6） | | | B 高（中标概率 0.3） | | | B 低（中标概率 0.4） | | | 不投 |
|---|---|---|---|---|---|---|---|---|---|---|---|---|---|
| 效果 | 优 | 一般 | 赔 | 优 | 一般 | 赔 | 优 | 一般 | 赔 | 优 | 一般 | 赔 | |
| 利润/万元 | 500 | 100 | −100 | 400 | 50 | −120 | 700 | 300 | −150 | 600 | 100 | −100 | 0 |
| 中标概率 | 0.3 | 0.5 | 0.2 | 0.2 | 0.6 | 0.2 | 0.3 | 0.5 | 0.2 | 0.3 | 0.6 | 0.1 | 1 |

# 项目 3

# 高速铁路项目管理组织部署

## 项目描述

高速铁路项目管理组织架构是项目管理的基础，是高速铁路项目顺利建设的重要保证条件。本项目主要从施工管理视角，通过识别高速铁路项目管理的主要内容、构建组织机构与架子队人员配置等任务，锻炼学生项目管理组织部署的能力。

## 学习目标

### 能力目标

- 能够部署高速铁路项目管理的管理机构；
- 能够按照高速铁路施工任务合理配置施工架子队。

### 知识目标

- 了解高速铁路项目任务分解；
- 熟悉项目管理的组织机构；
- 掌握项目部关键人员的责权与任务；
- 掌握高速铁路项目施工架子队人员配置。

### 素质目标

- 培养学生分析问题、解决问题的能力；
- 培养学生爱岗敬业的工作精神；
- 培养学生团队合作的工作精神。

# 任务 3.1　高速铁路项目项目经理部组建

## 任务情境

拓展学习　思政园地

某施工单位中标某高速铁路项目线下二标，标段里程范围为 DK10+156～DK14+200，全长 4.044 km，主要工程为路基土石方 10 093 $m^3$；特大桥 1 座，长 635.96 m；隧道 1 座，长 935 m；涵洞 12 座，全长 378 m。该项目总投资为 30.689 6 亿元，项目工期为 3 年。

## 任务要求

根据任务情境，请完成：

（1）本项目应该配备哪些施工队伍？

（2）本项目应该配备哪些关键岗位人员？

（3）绘制符合本项目的组织机构图（只列出专业队名称，不列专业队数量）。

## 知识链接

### 1. 高速铁路项目施工任务分解

#### 1）施工任务分解的目的和作用

铁路工程项目大多是带状建筑物，适合纵向分段，施工前要根据项目的规模特点、工期要求等将所承担的工程任务纵向划分成施工工区，再将各施工工区的施工任务按工程类别分解成施工单元，其目的和作用是：

（1）便于施工队伍的配置：确定专业施工队伍及工作区域，界定各施工队伍之间的分工关系。

（2）便于组织施工：对各施工工区，制订更加具体和有针对性的施工组织方案。通过对各施工工区实施有效性的控制，确保整个工程项目的顺利组织和实施。

（3）便于施工进度计划的编制与控制：根据任务分解，编制详细的施工进度计划，对施工进度计划进行适时调整和动态控制。通过对分解的单位工程施工进度的控制与调整，满足整个工程项目的施工进度要求。

（4）便于施工资源的优化配置：依照“配置合理，满足需要”的原则，细化、优化配置施工资源。

#### 2）施工任务分解的基本原则

（1）施工任务分解要考虑企业的管理水平和机械化程度及沿线工程量分布情况，按规模适中的原则设置。

（2）施工任务分解要考虑工期、大型临时工程和过渡工程的设置情况及铺架范围等因素，施工工区的多少要与整体工程相协调，施工工区的大小应便于资源配置和劳动组织，各施工工区的工程任务量要尽量均衡，使整体施工进度均衡。

（3）施工任务分解考虑行政区划、设计分界、工程量分布、土石方调配、材料运输组织、控制工程的位置等因素。

（4）施工任务分解要考虑大型站房、特长隧道、特大桥梁、四电集成等专业化施工的因素；一般不在桥隧建筑物中间、车站内及展线和线路曲线上划段。

（5）施工任务分解要考虑分段施工、分段投产的可能性。

（6）施工任务分解施工区段的划分要有利于工程质量、安全和进度控制。

### 3）施工任务分解方法

采取先划分施工工区，统计施工工区的工程数量，然后再根据该工区内工程类别、主要结构物划分施工单元，如图 3-1 所示。

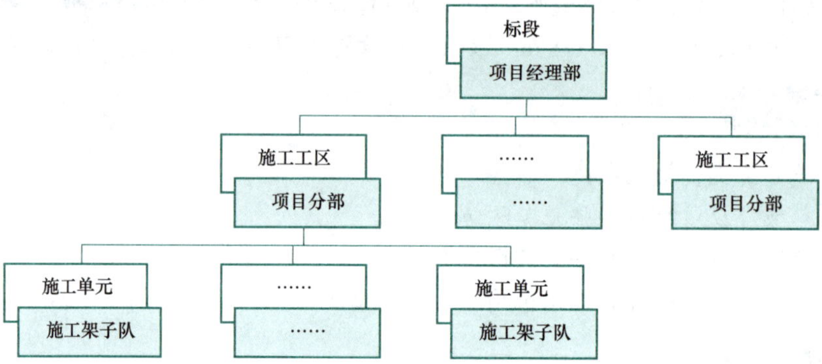


图 3-1　施工任务分解图

（1）按施工工区分解。

根据整个工程项目工程量的大小，直接将整个工程划分为若干个施工工区，这种分解方法适合于较大规模标段的铁路工程。

（2）按工程类别分解。

根据工程项目所包含的不同类别的工程，继续分解为不同的施工单元，如将路基、桥梁、隧道、轨道等工程分别分解为相应的施工单元。每个施工单元由几个单位工程组成，或由一个较大的单位工程组成，视情况确定分解的粗细程度。这种分解法适合于施工工区或规模较小的铁路工程。

## 2. 高速铁路项目项目经理部组织结构

高速铁路项目项目经理部是为完成高速铁路建设项目而组建的专门管理组织，是有工作目标和工作制度的组织体系，组建机构内既有分工又有相互协作，所承担的项目具有独立的权、责、利。

根据高速铁路项目规模和特点，铁路施工企业普遍采用以下两种模式，即“项目经理部—作业队”两级管理模式和“项目经理部—项目分部（施工工区、工作组）—作业队”三级管理模式。项目经理部是公司派出的临时机构，代表公司全面负责项目实施。项目分部（施工工区、工作组）为参建单位派出的临时机构，在项目经理部领导下，负责所在项目分段的具体施工。

### 1）“项目经理部—作业队”两级管理模式

适用条件：对于工程量相对集中，管理跨度不大的施工标段或某些较大的单体工程（独立的桥隧等）一般采用“项目经理部—作业队”两级管理模式。

2）“项目经理部—项目分部（施工工区、工作组）—作业队”三级管理模式

适用条件：对于施工标段管区特别长、工程量非常大、需要作业队数量多的情况，一般采用“项目经理部—项目分部（施工工区、工作组）—作业队”三级管理模式。

3）项目经理部组织结构

（1）项目经理部。

高速铁路施工单位项目经理部一般设有项目经理（1人）、项目副经理（1～3人）、总工程师（1人）、安全总监和技术总监，有的根据需要设置总经济师和总会计师。项目经理部内设机构在三级管理模式下，一般设有“五部一室”，即工程技术部、安全质量部、计划财务部、物资设备部、综合管理部、中心实验室。各部门配部门经理1人（可兼职），管理人员总数控制在50人以内。在采用两级管理模式时，还应包括测量队，即“五部一室一队”（见图3-2）。

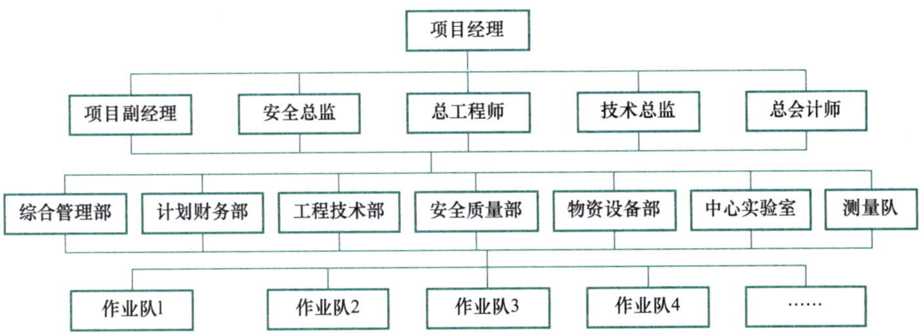


图3-2　高速铁路项目施工项目经理部结构图

（2）项目分部（施工工区、工作组）。

项目分部主要负责人有项目经理、项目副经理、安全总监、质量总监和总工程师。一般下设“五室一队”，即施工技术室、计划财务室、安全质量室、物资设备室、工地实验室、测量队（见图3-3）。

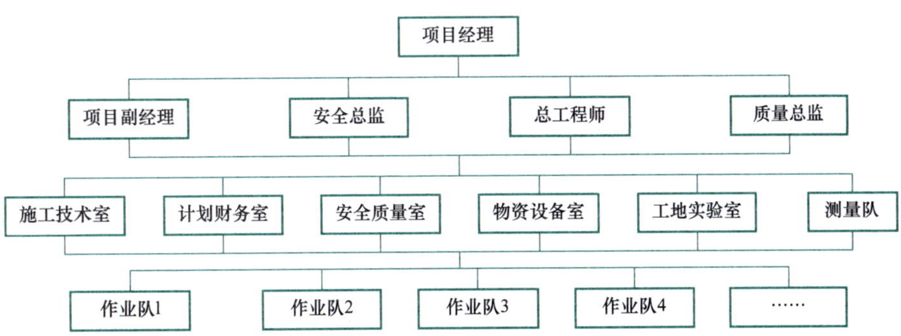


图3-3　高速铁路项目施工项目分部（施工工区、工作组）结构图

3. 高速铁路项目项目经理部关键岗位

高速铁路项目项目经理部应根据工程规模和工程内容特点为施工项目配备足够的关键人员，一般采用表格的形式表明，内容应该包括岗位和配备人员等内容，见表3-1。

**表 3–1　关键岗位人员配置表**

<table>
<tr><th rowspan="2">序号</th><th rowspan="2">岗位名称</th><th colspan="4">人员配置标准</th></tr>
<tr><th>特大型</th><th>大型</th><th>中型</th><th>小型</th></tr>
<tr><td>1</td><td>项目经理兼书记</td><td>1</td><td>1</td><td>1</td><td>1</td></tr>
<tr><td>2</td><td>项目副经理（生产）</td><td>1</td><td>1</td><td>1</td><td rowspan="6">2～3</td></tr>
<tr><td>3</td><td>项目副经理（商务）</td><td>1</td><td>1</td><td>1</td></tr>
<tr><td>4</td><td>总工程师</td><td>1</td><td>1</td><td>1</td></tr>
<tr><td>5</td><td>项目副书记</td><td>1</td><td>1</td><td>1 或兼职</td></tr>
<tr><td>6</td><td>质量总监</td><td>1</td><td>1</td><td>1</td></tr>
<tr><td>7</td><td>安全总监</td><td>1</td><td>1</td><td>1</td></tr>
<tr><td>8</td><td>技术工程师</td><td>3～6</td><td>2～4</td><td rowspan="4">2～3</td><td rowspan="5">1～2</td></tr>
<tr><td>9</td><td>实验工程师</td><td>1～2</td><td>1</td></tr>
<tr><td>10</td><td>测量工程师</td><td>1～2</td><td>1～2</td></tr>
<tr><td>11</td><td>机械工程师</td><td>2～3</td><td>1～2</td></tr>
<tr><td>12</td><td>材料工程师</td><td>2～3</td><td>2～3</td><td>1～2</td></tr>
<tr><td>13</td><td>质量工程师</td><td>3～5</td><td>3～4</td><td>1～2</td><td rowspan="2">1～2</td></tr>
<tr><td>14</td><td>安全工程师</td><td>3～5</td><td>3～4</td><td>1～2</td></tr>
<tr><td>15</td><td>爆破工程师</td><td>3～6</td><td>2～4</td><td>1～2</td><td>1</td></tr>
<tr><td colspan="2">合　计</td><td>36～50</td><td>28～40</td><td>22～28</td><td>10～22</td></tr>
</table>

## 任务实施

### 任务实施单

<table>
<tr><td colspan="6">项目 3　高速铁路项目管理组织部署</td></tr>
<tr><td>任务 3.1</td><td colspan="5">高速铁路项目项目经理部组建</td></tr>
<tr><td>班级</td><td></td><td>姓名</td><td></td><td>学号</td><td></td></tr>
<tr><td>任务分析</td><td colspan="5">实施方案</td></tr>
<tr><td>任务实施</td><td colspan="5">1. 本项目应该配备哪些施工队伍？<br><br>2. 本项目应该配备哪些关键岗位人员？<br><br>3. 绘制符合本项目的组织机构图（只列出专业队名称，不列专业队数量）。</td></tr>
</table>

## 任务实施单

<table>
<tr><td colspan="7">项目 3　高速铁路项目管理组织部署</td></tr>
<tr><td>任务 3.1</td><td colspan="6">高速铁路项目项目经理部组建</td></tr>
<tr><td>学习总结</td><td colspan="6">学习到的技能：<br><br><br><br>学习到的知识：<br><br><br><br>谈谈素质能力及思想意识方面的提升：<br><br><br><br></td></tr>
<tr><td rowspan="2">学生自评（20 分）</td><td>课前学习</td><td>时间概念</td><td>实施方法</td><td>职业素养</td><td>成果质量</td><td>分值</td></tr>
<tr><td></td><td></td><td></td><td></td><td></td><td></td></tr>
<tr><td rowspan="2">小组互评（20 分）</td><td>任务承担</td><td>时间概念</td><td>团队合作</td><td>能力素养</td><td>成果质量</td><td>分值</td></tr>
<tr><td></td><td></td><td></td><td></td><td></td><td></td></tr>
<tr><td>教师点评（60 分）</td><td colspan="6"></td></tr>
<tr><td>反思提高</td><td colspan="6">通过完成本次任务，结合自评、互评结果，说说自己还有哪些需要加强的方面：<br><br><br><br><br><br><br></td></tr>
</table>

# 任务 3.2 高速铁路项目架子队配置

## 任务情境

拓展学习 思政园地

某公司承担施工任务里程为 DK718+640～DK726+400，全长 7.76 km，主线范围自老山隧道出口经西丰县辽河镇安石村、依山村、新莲花村至新莲花隧道进口，主要结构物有大桥 2 座，长 900.66 m；中桥 1 座，长 68.52 m；涵洞 13 座，倒虹吸 1 座，站场 1 处，新莲花隧道进口段 5 643 m 及新莲花隧道 1#斜井。

## 任务要求

根据任务情境，请完成架子队承担的施工任务表，配备各架子队关键岗位人员，绘制架子队组织机构图。

## 知识链接

### 1. 架子队组建原则

#### 1）总体原则

（1）管理有效、监控有力、运作高效，服务并满足于工程项目管理和现场作业需要的原则。

（2）固定建制与临时性建制相结合，人员弹性编制、动态化管理的原则。

（3）施工管理、技术、监督等主要组成人员立足自配的原则。

（4）劳务工以成建制的合法劳务承包企业和劳务派遣公司的劳务人员为主，以零散劳务工为辅的原则。

（5）充分体现专业化的原则，以专业化架子队为主，减少综合型架子队设置。

#### 2）站前线下工程主要专业化架子队设置原则

（1）隧道工程架子队。

① 同时掘进的各施工口（含辅助坑道掘进口），若各口之间相距不足 500 m，且各口之间交通便利，各施工口可设置一支隧道工程架子队，并且采用增强型配置，以满足现场管控需要；否则按掘进口设置架子队，即每个掘进口均需设置架子队。

② 根据施工组织，若多个隧道顺序施工，可设置一支架子队。

（2）桥梁工程架子队。

① 对于桥梁长度大于等于 5 km 的特大桥，以 5 km 范围分段，若各段落内同时施工，同时施工的各段，每段设置一个专业化架子队。若每段落内施工工点较多，不能满足现场管控要求，可增强架子队配置。

② 对于桥梁长度小于 5 km 的桥梁，若分布较集中，且该范围内的各施工点之间交通便利，则 5 km 线路范围内的所有桥梁设置一支专业化架子队，否则应增加架子队。若施工工点较多，不能满足现场管控要求，可增强架子队配置。对于特殊结构桥梁，

必须每座桥设置一支架子队。

（3）路基工程架子队。

以 12 km 范围分段，若各段落内同时施工，同时施工的各段，每段设置一支专业化架子队。若每段落内施工工点较多，不能满足现场管控要求，可增强架子队配置。

（4）小桥、涵洞工程架子队。

因施工难度不大、工程量较小，且与路基施工关系密切、互相干扰，为便于统一组织、协调，由相应管辖范围内的路基工程架子队组织施工。

（5）制梁场、制板场架子队。

对于制梁场、制板场，均需采用架子队管理模式，参照正式工程架子队设置原则配置架子队。

#### 3）综合型架子队设置

如 5 km 线路范围内同时有隧道、桥涵、路基各专业工程，且各专业工程均为施工难度不大、工程量较小的一般工程，可设置综合型架子队，负责施工范围内的各专业工程的施工，但必须配置各专业的管理人员及作业班组。设置综合型架子队必须同时满足专业化架子队关于隧道工程架子队的设置要求。

### 2. 架子队人员组成

架子队主要人员基本配置按照“1152”基本要求配置，即配备一个专职队长和一个技术负责人；技术、质量、安全、实验、材料五大关键人员；领工员和工班长两个领班负责人等主要人员。架子队的专职队长、技术负责人、质检员、安全员、实验员、材料员、领工员、工班长等主要人员必须由施工企业正式职工担任，应具有相应的作业技能，并经过岗位培训合格后方可持证上岗。领工员、工班长人员数量应能满足施工现场生产管理、各施工环节和过程不间断监督的需要。架子队可根据实际，在满足工程建设的要求下，按照“以专业培育为导向，综合能力提高为保障”，下设专业工班或综合工班。架子队应统筹安排施工作业任务。工班劳务作业人员在领工员和工班长的带领下进行作业，每个工序和作业面有领工员、技术员、安全员和质量员跟班作业，确保工程项目施工的安全和质量。

### 3. 架子队配备方法

#### 1）按施工工区配备

根据划分的施工工区和各施工工区区段内的工程内容，配备相应的架子队，一般一个施工工区要配备若干个架子队，同一类别工程配备一至两个架子队，各施工工区负责管区内的全部工程任务。

#### 2）按工程类别配备

根据不同的工程类别，配备相应的施工架子队，一般一个施工工区内按类别各配置一支施工架子队。当某一施工工区某类工程较小时，可以安排一支施工架子队跨区段施工。

### 4. 架子队部署原则

完成架子队配备后，根据工区划分、现场施工交通、地形等条件，以及结构物分布、水电供应、生活采购等具体情况，划分施工管界，选择施工驻地，列表明确施工任务量，完成架子队部署。工人徒步上班路途应控制在 3 km 以内，工人乘交通工具上班通勤时间应控制在 0.5 h 以内。

## 任务实施

### 任务实施单

<table>
<tr><td colspan="6">项目 3 高速铁路项目管理组织部署</td></tr>
<tr><td>任务 3.2</td><td colspan="5">高速铁路项目架子队配置</td></tr>
<tr><td>班级</td><td></td><td>姓名</td><td></td><td>学号</td><td></td></tr>
<tr><td>任务分析</td><td colspan="5">实施方案</td></tr>
<tr><td>任务实施</td><td colspan="5">1. 请完成架子队承担的施工任务表。<br><br>架子队承担的施工任务表<br><br>（序号｜队伍名称｜承担任务｜备注，见下表一）<br><br>2. 配备各架子队关键岗位人员。<br><br>架子队人员配置表<br><br>（序号｜队伍名称｜技术员｜质检员｜安全员｜实验员｜材料员｜工班长｜合计，见下表二）<br><br>3. 绘制架子队组织机构图。</td></tr>
</table>

**架子队承担的施工任务表**

| 序号 | 队伍名称 | 承担任务 | 备注 |
|---|---|---|---|
| | | | |
| | | | |
| | | | |
| | | | |

**架子队人员配置表**

| 序号 | 队伍名称 | 技术员 | 质检员 | 安全员 | 实验员 | 材料员 | 工班长 | 合计 |
|---|---|---|---|---|---|---|---|---|
| | | | | | | | | |
| | | | | | | | | |
| | | | | | | | | |
| | | | | | | | | |

## 任务实施单

<table>
<tr><td colspan="7">项目 3　高速铁路项目管理组织部署</td></tr>
<tr><td>任务 3.2</td><td colspan="6">高速铁路项目架子队配置</td></tr>
<tr><td>学习总结</td><td colspan="6">学习到的技能：<br><br><br><br>学习到的知识：<br><br><br><br>谈谈素质能力及思想意识方面的提升：<br><br><br><br></td></tr>
<tr><td rowspan="2">学生自评<br>（20 分）</td><td>课前学习</td><td>时间概念</td><td>实施方法</td><td>职业素养</td><td>成果质量</td><td>分值</td></tr>
<tr><td></td><td></td><td></td><td></td><td></td><td></td></tr>
<tr><td rowspan="2">小组互评<br>（20 分）</td><td>任务承担</td><td>时间概念</td><td>团队合作</td><td>能力素养</td><td>成果质量</td><td>分值</td></tr>
<tr><td></td><td></td><td></td><td></td><td></td><td></td></tr>
<tr><td>教师点评<br>（60 分）</td><td colspan="6"></td></tr>
<tr><td>反思提高</td><td colspan="6">通过完成本次任务，结合自评、互评结果，说说自己还有哪些需要加强的方面：<br><br><br><br></td></tr>
</table>

## 知识测试和能力训练

### 一、知识测试

1. 高速铁路项目劳务工管理模式是什么？
2. 什么是项目经理责任制？
3. 何谓项目经理，其特征是什么？
4. 高速铁路项目项目经理部的关键人员有哪些？
5. 高速铁路项目项目经理部的架子队设置原则和配备方法是什么？

### 二、能力训练

某施工单位中标某铁路线下综合三标，起点里程为 DK20+356，终点里程为 DK27+400，全长 7.044 km，主要工程数量为路基土石方 152 087 $m^3$，特大桥 1 座，长 797.32 m；中桥 1 座，长 76.82 m；隧道 1 座，长 958 m；铺碴 6 235 $m^3$。

该项目的关键岗位人员设置见表 3–2。

**表 3–2　关键岗位人员设置表**

| 岗位 | 人数/人 | 配 置 说 明 |
|---|---|---|
| 项目经理 | 3 | 经理 1 人、副经理 2 人 |
| 总工程师 | 1 | 高工 |
| 部门负责人 | 7 | 计划财务部部长 1 人、工程技术部部长 1 人、安全质量部部长 1 人、物资设备部部长 1 人、中心实验室主任 1 人、测量队队长 1 人、综合管理部部长 1 人 |
| 实验工程师 | 2 | 高工 1 人、工程师 1 人 |
| 轨道工程师 | 1 | 高工 |
| 隧道工程师 | 2 | 高工 1 人、工程师 1 人 |
| 桥梁工程师 | 2 | 高工 1 人、工程师 1 人 |
| 机械工程师 | 1 | 高工 |
| 专职队长 | 4 | 队长 1 人、副队长 3 人 |

**问题：**

1. 根据本工程量，应该配备哪些施工队伍？
2. 对各架子队承担的施工任务进行分工，完成各架子队任务表。
3. 对该项目关键岗位人员的设置，你认为缺少哪些关键岗位？
4. 绘出符合本工程的组织机构图（只列出专业队的名称，不列专业队的数量）。

# 项目 4

# 高速铁路项目成本管理

## 项目描述

项目成本管理

成本管理是高速铁路项目管理的三大目标之一。成本管理就是在保证工期和质量满足要求的情况下，采取相应管理措施，包括组织措施、经济措施、技术措施、合同措施，把成本控制在计划范围内，并进一步寻求最大限度的成本节约。本项目主要内容包括成本计划的内容及编制、成本核算方法、成本控制方法及措施、成本分析方法、成本考核等。

## 学习目标

### 能力目标

- 能够对项目成本进行划分；
- 能够简单编制成本计划；
- 能够根据施工项目财务数据进行成本核算；
- 能够进行成本控制的分析计算，进行偏差分析，采取适当的成本控制措施；
- 能够明确成本考核的组织。

### 知识目标

- 了解项目成本的划分；
- 熟悉成本计划的编制程序及方法；
- 熟悉成本核算的方法；
- 掌握成本控制的内容、方法、措施等；
- 掌握成本分析的依据及方法；
- 了解成本考核的内容。

### 素质目标

- 培养学生分析问题、解决问题的能力；
- 培养学生成本管理意识；
- 培养学生精益求精的工作精神。

# 任务 4.1　高速铁路项目成本计划

## 任务情境

拓展学习　思政园地

某高速铁路项目××中桥，为 3～16 m 预应力混凝土梁简支梁桥，圆端形实体墩，T 形桥台，扩大基础。其基础施工包括场地平整、基坑开挖、浇筑垫层混凝土、浇筑基础混凝土、基坑回填 5 个过程。对其施工成本目标按时间进行分解，得到基础施工进度图如图 4–1 所示。

| 项目名称 | 工期/周 | 费用强度/（万元/周） | 工程进度/周 | | | | | | | | | | | |
|---|---|---|---|---|---|---|---|---|---|---|---|---|---|---|
| | | | 1 | 2 | 3 | 4 | 5 | 6 | 7 | 8 | 9 | 10 | 11 | 12 |
| 场地平整 | 1 | 20 | | — | | | | | | | | | | |
| 基坑开挖 | 4 | 30 | | — | — | — | — | | | | | | | |
| 浇筑垫层混凝土 | 4 | 45 | | | — | — | — | — | | | | | | |
| 浇筑基础混凝土 | 6 | 80 | | | | | — | — | — | — | — | — | | |
| 基坑回填 | 4 | 30 | | | | | | | | | — | — | — | — |

图 4–1　××中桥基础施工进度图

## 任务要求

根据任务情境，请完成：

（1）编制该项目在时标网络图上按月编制的成本计划直方图；

（2）编制时间–成本累积曲线项目成本计划。

## 知识链接

### 1. 高速铁路项目成本计划的施工预算法编制

施工预算是项目经理部根据企业下达的责任成本目标，在详细编制施工组织设计，不断优化施工技术方案和合理配置生产要素的基础上，通过工料消耗分析和节约措施制订的计划成本，亦称现场目标成本。一般情况下，施工预算总额应控制在成本目标范围内，并留有一定余地，以使施工预算建立在切实可行的基础上，作为控制施工过程生产成本的依据。

施工预算是以施工图为基础，以施工方案、施工定额为依据，通过本企业工、料、机等资源的消耗量指标与企业内部价格来确定出各分项工程的成本，然后将各分项工程的成本进行汇总，得到整个项目的成本支出，最后考虑风险、物价等影响因素，予以调整。

施工总成本目标确定之后，还需通过编制详细的实施性施工成本计划把目标成本层层分解，落实到施工过程的每个环节，有效地进行成本控制。成本计划的编制方式有 3 种，分别是按施工成本组成编制成本计划、按项目组成编制成本计划、按工程进度编制成本计划。

1）按施工成本组成编制成本计划

施工成本可以分解为人工费、材料费、施工机械使用费、措施费和间接费，据此可编制成本计划，如图 4–2 所示。

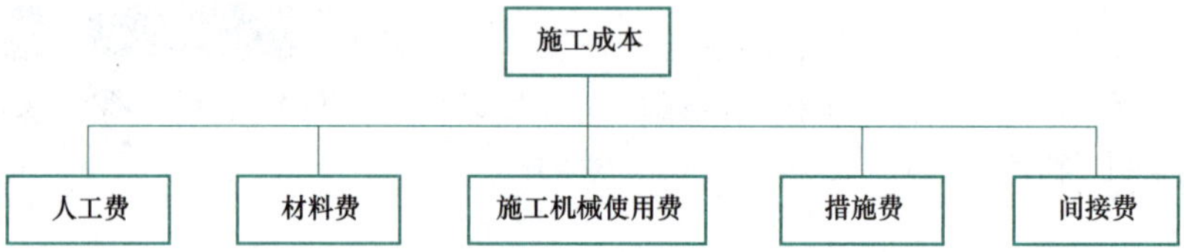


图 4–2　按施工成本组成分解成本计划

2）按项目组成编制成本计划

大中型工程项目通常是由若干单项工程组成的，而每个单项工程包括了多个单位工程，每个单位工程又由若干个分部分项工程所构成。因此，首先要把项目总施工成本分解到单项工程和单位工程中，再进一步分解到分部分项工程中，如图 4–3 所示。

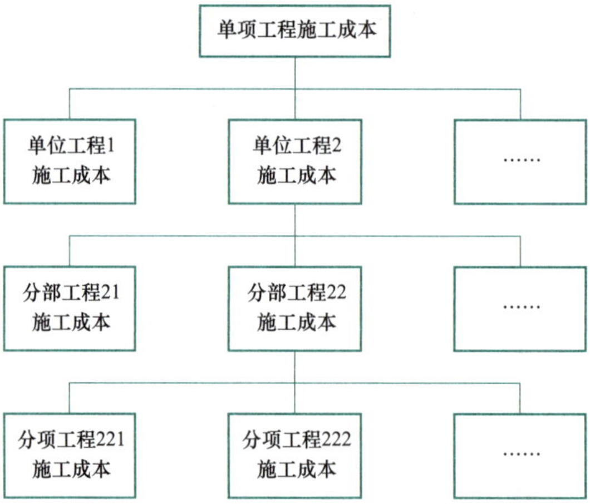


图 4–3　按项目组成分解成本计划

在完成施工项目目标分解之后，接下来就是具体地分配成本，编制分项工程的成本计划，从而得到详细的成本计划表，见表 4–1。

表 4–1　分项工程成本计划表

| 分项工程编码 | 工程内容 | 计量单位 | 工程数量 | 计划成本 | 本分项总计 |
|---|---|---|---|---|---|
| （1） | （2） | （3） | （4） | （5） | （6） |
| | | | | | |

在编制成本计划时，既要从项目整体层面考虑总的预备费，也要在主要的分项工程中安排适当的不可预见费，避免在具体编制成本计划时，因个别单位工程或工程量表中某项内容的工程量计算有较大出入，而致使原来的成本预算失实，并在项目实施过程中对其尽可能地采取一些措施。

3）按工程进度编制成本计划

编制按工程进度分解的成本计划，通常可利用控制项目进度的网络图进行进一步扩充而得。即在建立网络图时，一方面确定完成各项工作所需花费的时间；另一方面确定完成这一工作的合适的成本计划。在实践中，将工程项目分解为既能方便地表示时间，又能方便地表示成本计划的工作是不容易的。通常如果项目分解程度对时间控制合适的话，则对成本计划可能分解过细，以至于不可能对每项工作都确定其成本计划。反之亦然。因此在编制网络图时，应在充分考虑进度控制对项目划分要求的同时，还要确定成本计划对项目划分的要求，做到二者兼顾。

（1）按时间对施工成本目标进行分解，在网络计划基础上，可获得项目进度计划的横道图，并在此基础上编制成本计划，绘制时标网络图上按月编制的成本计划直方图，其示例图如图 4–4 所示。

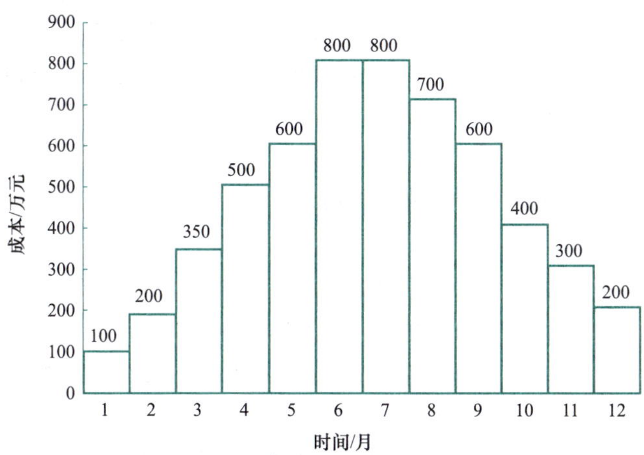


图 4–4 时标网络图上按月编制的成本计划直方图示例

（2）时间–成本累积曲线的绘制步骤如下：

① 确定工程项目进度计划，编制进度计划的横道图；

② 根据每单位时间内完成的实物工程量或投入的人力、物力、财力，计算单位时间的成本，在时标网络图上按时间编制成本计划；

③ 计算规定时间内计划累计支出的成本值；

④ 按各规定时间的累计成本值，绘制曲线。

时间–成本累积曲线（也叫 S 形曲线）示例如图 4–5 所示。

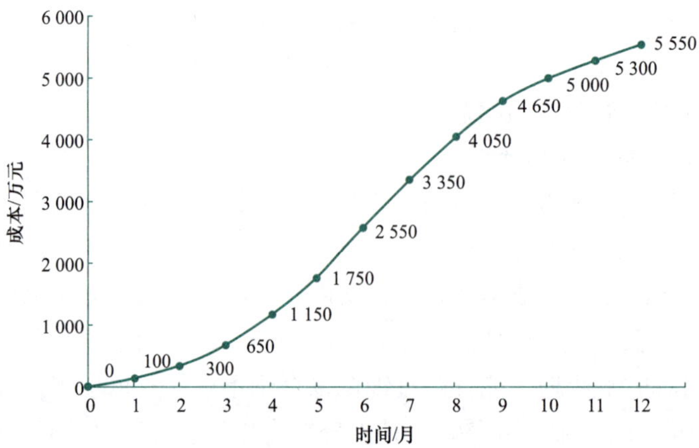


图 4–5　时间–成本累积曲线（S 形曲线）示例

以上 3 种编制成本计划的方式并不是相互独立的。在实践中，往往将这 3 种方式结合起来使用，从而可以取得扬长避短的效果。例如，将按项目组成编制成本计划与按施工成本组成编制成本计划两种方式相结合，横向按施工成本组成分解，纵向按项目组成分解，或相反。这种分解方式有助于检查各分部分项工程施工成本构成是否完整，有无重复计算或漏算；同时还有助于检查各项具体的施工成本支出的对象是否明确或落实，并且可以从数字上校核分解的结果有无错误。或者还可将按子项目分解总施工成本计划与按时间分解总施工成本计划结合起来，一般纵向按项目分解，横向按时间分解。

### 2. 高速铁路项目成本计划的其他编制方法

#### 1）中标价调整法

中标价调整法也是施工项目成本计划编制的常用方法，其具体操作步骤如下：

（1）根据已有的投标、概预算资料，确定中标合同价与施工预算的总价差额。

（2）根据技术组织措施计划确定采取的技术组织措施和节约措施所能取得的经济效果，算出施工项目可节约的成本值。

（3）对实际成本可能明显超出或低于定额的主要子项，按实际支出水平估算出其实际与定额水平之差。

（4）充分考虑不可预见因素、风险因素、工期制约因素、市场价格变动等因素，并加以计算调整，得出一个综合影响系数。

综合以上各项计算工程项目的目标成本降低额：

$$目标成本降低额=[(1)+(2)\pm(3)]\times[1+(4)]$$

#### 2）成本习性法

成本习性法是按照成本习性将成本分成固定成本和变动成本两大类，分析施工项目的变动成本总额和固定成本总额，以此作为计划成本。

#### 3）按实计算法

根据本企业执行定额的实际水平和要求，以工程施工图预算的工料分析作为控制计划成本的依据，由各职能部门归口计算各项计划成本。

4）定率估算法

当工程项目过于庞大或复杂时，可采用定率估算法计算施工项目的计划成本。即先将工程项目划分为少数几个子项，然后参照同类项目的历史数据，估算出各子项的成本降低额，汇总可得出整个项目的成本降低额。

# 任务实施

## 任务实施单

<table>
<tr><td colspan="6">项目 4　高速铁路项目成本管理</td></tr>
<tr><td>任务 4.1</td><td colspan="5">高速铁路项目成本计划</td></tr>
<tr><td>班级</td><td></td><td>姓名</td><td></td><td>学号</td><td></td></tr>
<tr><td>任务分析</td><td colspan="5">实施方案</td></tr>
<tr><td>任务实施</td><td colspan="5">1. 编制该项目在时标网络图上按月编制的成本计划直方图。<br><br><br>2. 编制时间–成本累积曲线项目成本计划。<br><br></td></tr>
</table>

## 任务实施单

<table>
<tr><td colspan="7">项目 4 高速铁路项目成本管理</td></tr>
<tr><td>任务 4.1</td><td colspan="6">高速铁路项目成本计划</td></tr>
<tr><td>学习总结</td><td colspan="6">学习到的技能：<br><br><br><br>学习到的知识：<br><br><br><br>谈谈素质能力及思想意识方面的提升：<br><br><br><br></td></tr>
<tr><td rowspan="2">学生自评<br>（20 分）</td><td>课前学习</td><td>时间概念</td><td>实施方法</td><td>职业素养</td><td>成果质量</td><td>分值</td></tr>
<tr><td></td><td></td><td></td><td></td><td></td><td></td></tr>
<tr><td rowspan="2">小组互评<br>（20 分）</td><td>任务承担</td><td>时间概念</td><td>团队合作</td><td>能力素养</td><td>成果质量</td><td>分值</td></tr>
<tr><td></td><td></td><td></td><td></td><td></td><td></td></tr>
<tr><td>教师点评<br>（60 分）</td><td colspan="6"></td></tr>
<tr><td>反思提高</td><td colspan="6">通过完成本次任务，结合自评、互评结果，说说自己还有哪些需要加强的方面：<br><br><br><br><br><br><br></td></tr>
</table>

# 任务 4.2　高速铁路项目成本核算

## 任务情境

拓展学习　思政园地

某高速铁路项目××隧道，双线，隧道长 1 800 m，围岩级别为Ⅲ、Ⅳ、Ⅴ级，部分地段有岩溶。洞口部分采用管棚超前支护，对Ⅴ级围岩采用超前小导管注浆支护；初支采用格栅，锚喷混凝土；二衬采用钢筋混凝土复合衬砌，计财部成本归集后的施工期月成本见表 4-2。

表 4-2　××隧道施工期月成本表

单位：万元

| 月份 | 4 | 5 | 6 | 7 | 8 | 9 | 10 |
|---|---|---|---|---|---|---|---|
| 合同预算成本 | 75.36 | 75.36 | 75.36 | 75.36 | 75.36 | 75.36 | 75.36 |
| 施工预算成本 | 68.95 | 68.95 | 68.95 | 68.95 | 68.95 | 68.95 | 68.95 |
| 实际成本 | 66.34 | 69.36 | 70.64 | 68.35 | 63.52 | 69.13 | 70.04 |

## 任务要求

根据任务情境，请你计算项目成本偏差，并绘制合同预算成本、施工预算成本、实际成本关系图。

## 知识链接

### 1. 高速铁路项目成本核算方法

#### 1）建立以项目为成本中心的核算体系

企业内部通过机制转换，形成和建立了内部劳务（含服务）市场、机械设备租赁市场、材料市场、技术市场和资金市场。项目经理部与这些内部市场主体发生的是租赁买卖关系，一切都以经济合同结算关系为基础，它们以外部市场通行的市场规则和企业内部相应的调控手段相结合的原则运行。

#### 2）实际成本数据的归集

项目经理部必须建立完整的成本核算账务体系，应用会计核算的办法，在配套的专业核算辅助下，对项目成本费用的收、支、结、转进行登记、计算和反映，归集实际成本数据。项目的成本核算账务体系主要包括会计科目、会计月报表和必要的核算台账。

（1）会计科目主要包括工程施工、材料采购、主要材料、结构件、材料成本差异，预提费用，待摊费用，专项工程支出，应付购货款，管理费，内部往来，其他往来，发包单位工程款往来等。

（2）会计月报表主要包括工程成本表、竣工工程成本表等。

### 3）“三算”跟踪分析

“三算”跟踪分析是对分部分项工程的实际成本与施工预算成本及合同预算成本进行逐项分别比较，反映成本目标的执行结果，即事后实际成本与事前计划成本的差异。

为了及时、准确、有效地进行“三算”跟踪分析，应按分部分项内容和成本要素划分“三算”跟踪分析项目，具体操作可采用表 4–3 和表 4–4 的形式，先按成本要素分别填制，然后再汇总分部分项综合成本。

**表 4–3　直接人工（材料、机械）费动态跟踪表**

| 序号 | 分部分项工程名称 | 工程量 | | | 施工结算 | | | 实际完成 | | | 节超 | | | 尚需成本 | | | 盈亏预测 | | 最终合同预算成本节超 | 备注 |
|---|---|---|---|---|---|---|---|---|---|---|---|---|---|---|---|---|---|---|---|---|
| | | 总量 | 上月止累计 | 本月完成 | 总额 | 上月止累计 | 本月预算额 | 上月累计 | 本月发生额 | 本月止累计 | 本月节超 | 上月止节超 | 本月止节超 | 尚余工程量 | 施工预算余额 | 尚需费用额 | 后期节超预测 | 最终节超预测 | | |
| | | | | | | | | | | | | | | | | | | | | |

**表 4–4　其他直接费（措施费、间接费）动态跟踪表**

| 序号 | 费用名称 | 施工预算 | | | 实际完成 | | | 节超 | | | 尚需成本 | | | 盈亏预测 | | 最终合同预算成本节超 | 备注 |
|---|---|---|---|---|---|---|---|---|---|---|---|---|---|---|---|---|---|
| | | 总额 | 上月止累计 | 本月预算额 | 上月累计 | 本月发生额 | 本月止累计 | 本月节超 | 上月止节超 | 本月止节超 | 尚余工程量 | 施工预算余额 | 尚需费用额 | 后期节超预测 | 最终节超预测 | | |
| | | | | | | | | | | | | | | | | | |

项目成本偏差有实际偏差、计划偏差和目标偏差，分别按下式计算：

实际偏差=实际成本–合同预算成本

计划偏差=合同预算成本–施工预算成本

目标偏差=实际成本–施工预算成本

合同预算成本、施工预算成本、实际成本三者之间的关系可以用图 4–6 表示。

从图 4–6 可以看出，项目的实际成本总是以施工预算成本为均值轴线上下波动。通常，实际成本总是低于合同预算成本，偶尔也可能高于合同预算成本。

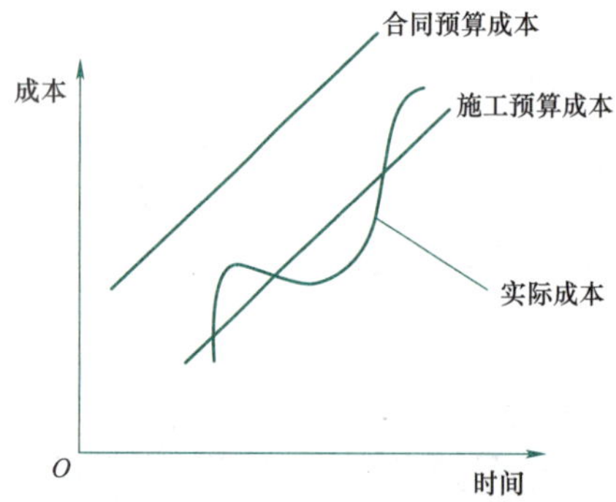


图 4-6 合同预算成本、施工预算成本、实际成本三者之间的关系

在图 4-6 中，合同预算成本和施工预算成本是静态的计划成本。实际成本则来源于实际的施工过程，它的信息载体是各种日报、材料消耗台账等。通过这些报表，能够收集到实际工、料消耗等的准确数据，然后将这些数据与施工预算成本、合同预算成本逐项地进行比较。一般每月度比较一次，并严格遵循“三同步”原则。

### 2. 高速铁路项目成本核算的项目框架

#### 1）人工费核算

（1）内包人工费：指两层分开后按企业所属的劳务分公司（内部劳务市场自有劳务）与项目经理部签订的劳务合同结算的全部工程价款。它适用于类似外包工式的合同定额结算支付办法，按月结算记入项目单位工程成本。

（2）外包人工费：按企业或项目经理部与劳务分包公司签订的包清工合同，以当月验收完成的工程实物量，计算出人工费（定额工日数乘以合同人工单价）。并按月凭项目经济员提供的“包清工工程款月度成本汇总表”（分外包单位和单位工程）预提记入项目单位工程成本。

上述内包、外包合同履行完毕，根据分部分项工程的工期、质量、安全、场容等验收考核情况，进行合同结算，以结账单按实据调整项目实际成本。对估点工任务单必须当月签发，当月结算，严格管理，按实际记入成本；隔月不予结算，一律作废。

#### 2）材料费核算

工程耗用的材料，根据限额领料单、退料单、报损报耗单、大堆材料耗用计算单等，由项目料具员按单位工程编制“材料耗用汇总表”，据以记入项目成本。

#### 3）周转材料费核算

（1）周转材料实行内部租赁制，以租费的形式反映其消耗情况，按“谁租用谁负担”的原则，核算其项目成本。

（2）按周转材料租赁办法和租赁合同，由出租方与项目经理部按月结算租赁费。租赁费按租用的数量、时间和内部租赁单价计算，记入项目成本。

（3）周转材料在调入移出时，项目经理部都必须加强计量验收制度，如有短缺、损坏，一律按原价赔偿，记入项目成本（缺损数=进场数-退场数）。

（4）租用周转材料的进退场运费，按其实际发生数，由调入项目负担。

（5）对 U 形卡、脚手扣件等零件，除执行项目租赁制外，考虑到其比较容易散失的因素，按规定实行定额预提摊耗，摊耗数记入项目成本，相应减少次月租赁基数及租赁费。单位工程竣工时，必须进行盘点，盘点后的实物数与前期逐月按控制定额摊耗后的数量差，据实调整清算，记入项目成本。

（6）实行租赁制的周转材料，一般不再分配负担周转材料差价。退场后发生的修复整理费用，应由出租单位做出租成本核算，不再向项目另行收费。

4）机械使用费核算

（1）机械设备实行内部租赁制，以租赁费形式反映其消耗情况，按“谁租用谁负担”的原则，核算其项目成本。

（2）按机械设备租赁办法和租赁合同，由机械设备租赁单位与项目经理部按月结算租赁费。租赁费根据机械使用台班、停置台班和内部租赁单价计算，记入项目成本。

（3）机械进出场费，按规定由承租项目负担。

（4）项目经理部租赁的各类大中小型机械，其租赁费全额记入项目机械费成本。

（5）根据内部机械设备租赁市场运行规则要求，结算原始凭证由项目指定专人签证开班和停班数，据以结算费用。现场机、电、修等操作工奖金由项目考核支付，记入项目机械费成本并分配到有关单位。

上述机械使用费结算，尤其是大型机械使用费及进出场费，应与产值对应，防止只有收入无成本的不正常现象，或反之，形成收入与支出不配比状况。

5）其他直接费核算

项目施工生产过程中实际发生的其他直接费，有时并不“直接”，凡能分清受益对象的，应直接记入受益成本核算对象的“工程施工——其他直接费”，如与若干个成本核算对象有关的，可先归集到项目经理部的“其他直接费”科目，再按规定的方法分配记入有关成本核算对象的“工程施工——其他直接费”成本项目内。

（1）施工过程中的材料二次搬运费，按项目经理部向劳务公司汽车队托运汽车包天或包月租费结算，或以运输公司的汽车运费计算。

（2）临时设施摊销费，按项目经理部搭建的临时设施总价（包括活动房）除以项目合同工期求出每月应摊销额。临时设施使用一个月摊销一个月，摊完为止。项目竣工搭拆差额（盈亏）按实调整实际成本。

（3）生产工用具的使用费。大型机动工用具可以套用类似内部机械租赁办法以租费形式记入项目成本，也可按购置费用一次摊销法记入项目成本，并做好在用工用具实物借用记录，以便反复利用。工用具的修理费按实际发生数记入项目成本。

（4）除上述以外的其他直接费，均应按实际发生的有效结算凭证记入项目成本。

6）间接费核算

为了明确项目经理部的经济责任，分清成本费用的可控区域，正确合理地反映项目管理的经济效益，对间接费实行项目与项目之间分灶吃饭，“谁受益，谁负担，多受益，多负担，少受益，少负担，不受益，不负担”。项目经理部自己不但应该掌握、控制直接成本，而且应该掌握控制间接成本，即对全部项目成本负责。企业的管理费用、财务费用作为期间费用，不再构成项目成本，企业与项目在费用上分开核算。项目发生的间接费必须是自己可控的：有办法知道将发生什么耗费，有办法计量它的耗费，有办法控制并调节它的耗费。总之，使施工项目成本（包括间接费）处于受控状态。

（1）要求以项目经理部为单位编制工资单和奖金单，列支工作人员薪金。项目经理部工资总额每月必须正确核算，以此计提职工福利费、工会经费、教育经费、劳保统筹费等。

（2）劳务分公司所提供的炊事人员代办食堂承包，服务、警卫人员提供区域岗点承包服务及其他代办服务费用记入施工间接费。

（3）内部银行的存贷利息，记入“内部利息”（新增明细子目）。

（4）施工间接费，先在项目“施工间接费”总账归集，再按一定的分配标准记入受益成本核算对象（单位工程）“工程施工——间接成本”。

## 任务实施

### 任务实施单

<table>
<tr><td colspan="6">项目 4　高速铁路项目成本管理</td></tr>
<tr><td>任务 4.2</td><td colspan="5">高速铁路项目成本核算</td></tr>
<tr><td>班级</td><td></td><td>姓名</td><td></td><td>学号</td><td></td></tr>
<tr><td>任务分析</td><td colspan="5">实施方案</td></tr>
<tr><td>任务实施</td><td colspan="5">1. 根据任务情境，完成下列成本偏差表。<br>2. 绘制合同预算成本、施工预算成本、实际成本关系图。</td></tr>
</table>

××隧道成本偏差表　　单位：万元

| 月份 | 4 | 5 | 6 | 7 | 8 | 9 | 10 |
|---|---|---|---|---|---|---|---|
| 合同预算成本 | 75.36 | 75.36 | 75.36 | 75.36 | 75.36 | 75.36 | 75.36 |
| 施工预算成本 | 68.95 | 68.95 | 68.95 | 68.95 | 68.95 | 68.95 | 68.95 |
| 实际成本 | 66.34 | 69.36 | 70.64 | 68.35 | 63.52 | 69.13 | 70.04 |
| 实际偏差 | | | | | | | |
| 计划偏差 | | | | | | | |
| 目标偏差 | | | | | | | |

## 任务实施单

<table>
<tr><td colspan="7">项目 4　高速铁路项目成本管理</td></tr>
<tr><td>任务 4.2</td><td colspan="6">高速铁路项目成本核算</td></tr>
<tr><td>学习总结</td><td colspan="6">学习到的技能：<br><br><br><br>学习到的知识：<br><br><br><br>谈谈素质能力及思想意识方面的提升：<br><br><br><br></td></tr>
<tr><td rowspan="2">学生自评<br>（20 分）</td><td>课前学习</td><td>时间概念</td><td>实施方法</td><td>职业素养</td><td>成果质量</td><td>分值</td></tr>
<tr><td></td><td></td><td></td><td></td><td></td><td></td></tr>
<tr><td rowspan="2">小组互评<br>（20 分）</td><td>任务承担</td><td>时间概念</td><td>团队合作</td><td>能力素养</td><td>成果质量</td><td>分值</td></tr>
<tr><td></td><td></td><td></td><td></td><td></td><td></td></tr>
<tr><td>教师点评<br>（60 分）</td><td colspan="6"></td></tr>
<tr><td>反思提高</td><td colspan="6">通过完成本次任务，结合自评、互评结果，说说自己还有哪些需要加强的方面：<br><br><br><br></td></tr>
</table>

# 任务 4.3　高速铁路项目成本控制

## 任务情境

拓展学习　思政园地

某高速铁路项目××特大桥，为 21～32 m 预应力混凝土梁简支梁桥，圆端形实体墩，T 形桥台，扩大基础。其基础施工包括基坑开挖、垫层施工、绑扎钢筋、浇筑基础混凝土 4 个过程，计划于 4 个月内完成，计划的各工作项目单价和计划完成工作量见表 4–5，该工程进行了 3 个月以后，发现某些工作项目实际已完成工作量及实际单价与原计划有偏差，其数值见表 4–5。

表 4–5　××特大桥基础工程进度对照表

| 工作项目 | 基坑开挖 | 垫层施工 | 绑扎钢筋 | 浇筑基础混凝土 |
| --- | --- | --- | --- | --- |
| 单位 | 10 $m^3$ | 10 $m^3$ | t | 10 $m^3$ |
| 计划工作量（3 个月） | 8 701.80 | 71.28 | 53.76 | 948.13 |
| 计划单价/（元/单位） | 230 | 1 200 | 6 000 | 5 500 |
| 已完成工作量（3 个月） | 8 701.80 | 70.28 | 50.46 | 850.97 |
| 实际单价/（元/单位） | 230 | 1 200 | 6 300 | 5 600 |

## 任务要求

根据任务情境，请用表格法、横道图法及曲线法分析费用偏差（假设工程项目在施工期内均是以匀速、等值进行的）。

## 知识链接

### 1. 高速铁路项目赢得值（挣值）法成本控制方法

赢得值法（EVM）作为一项先进的项目管理技术，最初是美国国防部于 1967 年首次确立的。到目前为止，国际上先进的工程公司已普遍采用赢得值法进行工程项目的费用、进度综合分析控制。

#### 1）赢得值法的 3 个基本参数

（1）已完成工作预算费用。

已完成工作预算费用（BCWP），是指在某一时间内已经完成的工作（或部分工作），以批准认可的预算为标准所需要的资金总额，由于业主正是根据这个值为承包人完成的工作量支付相应的费用，也就是承包人获得（挣得）的金额，故称赢得值或挣值。

已完成工作预算费用（BCWP）=已完成工作量×预算（计划）单价　　（4–1）

（2）计划工作预算费用。

计划工作预算费用（BCWS），即根据进度计划，在某一时刻应当完成的工作（或部分工作），以预算为标准所需要的资金总额，一般来说，除非合同有变更，BCWS在工程实施过程中应保持不变。

计划工作预算费用（BCWS）=计划工作量×预算（计划）单价　（4–2）

（3）已完成工作实际费用。

已完成工作实际费用（ACWP），即到某一时刻为止，已完成的工作（或部分工作）所实际花费的总金额。

已完成工作实际费用（ACWP）=已完成工作量×实际单价　（4–3）

2）赢得值法的4个评价指标

在这3个基本参数的基础上，可以确定赢得值法的4个评价指标，它们都是时间的函数。

（1）费用偏差CV。

费用偏差（CV）=已完成工作预算费用（BCWP）–已完成工作实际费用（ACWP）　（4–4）

当费用偏差CV为负值时，即表示项目运行超出预算费用；当费用偏差CV为正值时，表示项目运行节支，实际费用没有超出预算费用。

（2）进度偏差SV。

进度偏差（SV）=已完成工作预算费用（BCWP）–计划工作预算费用（BCWS）　（4–5）

当进度偏差SV为负值时，表示进度延误，即实际进度落后于计划进度；当进度偏差SV为正值时，表示进度提前，即实际进度快于计划进度。

（3）费用绩效指数CPI。

费用绩效指数（CPI）=已完成工作预算费用（BCWP）/已完成工作实际费用（ACWP）　（4–6）

当费用绩效指数（CPI）<1时，表示超支，即实际费用高于预算费用；

当费用绩效指数（CPI）>1时，表示节支，即实际费用低于预算费用。

（4）进度绩效指数SPI。

进度绩效指数（SPI）=已完成工作预算费用（BCWP）/计划工作预算费用（BCWS）　（4–7）

当进度绩效指数（SPI）<1时，表示进度延误，即实际进度比计划进度慢；

当进度绩效指数（SPI）>1时，表示进度提前，即实际进度比计划进度快。

费用（进度）偏差反映的是绝对偏差，结果很直观，有助于费用管理人员了解项目费用出现偏差的绝对数额，并依此采取一定措施，制定或调整费用支出计划和资金筹措计划。但是，绝对偏差有其不容忽视的局限性。例如同样是10万元的费用偏差，对于总费用为1 000万元的项目和总费用为1亿元的项目而言，其严重性显然是不同的。因此，费用（进度）偏差仅适合于对同一项目做偏差分析。费用（进度）绩效指数反映的是相对偏差，它不受项目层次的限制，也不受项目实施时间的限制，因而在同一项目和不同项目比较中均可采用。

在项目的费用、进度综合控制中引入赢得值法，可以克服过去进度、费用分开控制的缺点，即当发现实际费用超支时，很难立即知道是由于费用超出预算，还是由于进度提前。相反，当发现实际费用低于预算时，也很难立即知道是由于费用节省，还是由于进度延误。而引入赢得值法即可定量地判断进度、费用的执行效果。

### 2. 高速铁路项目偏差分析表达方法

偏差分析可以采用不同的表达方法，常用的有横道图法、表格法和曲线法。

#### 1）横道图法

用横道图法进行费用偏差分析，是用不同的横道标识已完成工作预算费用（BCWP）、计划工作预算费用（BCWS）和已完成工作实际费用（ACWP），横道的长度与其金额成正比，如图 4-7 所示。

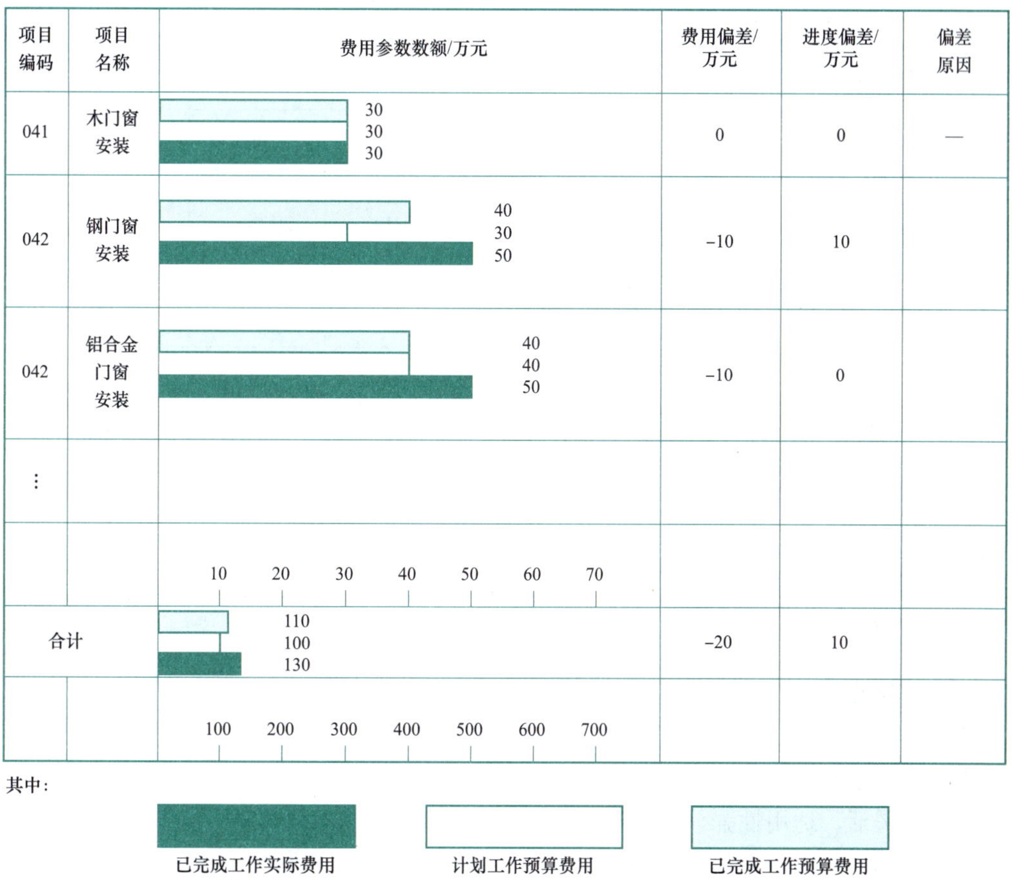


图 4-7　费用偏差分析的横道图法示例

横道图法具有形象、直观、一目了然等优点，它能够准确表达出费用的绝对偏差，而且能一眼感受到偏差的严重性。但这种方法反映的信息量少，一般在项目的较高管理层应用。

#### 2）表格法

表格法是进行偏差分析最常用的一种方法。它将项目编号、名称、各费用参数及费用偏差综合归纳入一张表格中，并且直接在表格中进行比较。由于各偏差参数都在表中列出，使得费用管理者能够综合地了解并处理这些数据，见表 4-6。

表 4-6　费用偏差分析表示例

| 项目编码 | （1） | 041 | 042 | 043 |
| --- | --- | --- | --- | --- |
| 项目名称 | （2） | 木门窗安装 | 钢门窗安装 | 铝合金门窗安装 |
| 单位 | （3） | | | |
| 预算（计划）单价 | （4） | | | |
| 计划工作量 | （5） | | | |
| 计划工作预算费用（BCWS） | （6）=（5）×（4） | 30 | 30 | 40 |
| 已完成工作量 | （7） | | | |
| 已完成工作预算费用（BCWP） | （8）=（7）×（4） | 30 | 40 | 40 |
| 实际单价 | （9） | | | |
| 其他款项 | （10） | | | |
| 已完成工作实际费用（ACWP） | （11）=（7）×（9）+（10） | 30 | 50 | 50 |
| 费用局部偏差 | （12）=（8）-（11） | 0 | -10 | -10 |
| 费用绩效指数（CPI） | （13）=（8）/（11） | 1 | 0.8 | 0.8 |
| 费用累计偏差 | （14）=$\sum$（12） | -20 | | |
| 进度局部偏差 | （15）=（8）-（6） | 0 | 10 | 0 |
| 进度绩效指数（SPI） | （16）=（8）/（6） | 1 | 1.33 | 1 |
| 进度累计偏差 | （17）=$\sum$（15） | 10 | | |

采用表格法进行偏差分析具有以下优点：

（1）灵活、适用性强。可根据实际需要设计表格，进行增减项。

（2）信息量大。可以反映偏差分析所需的资料，从而有利于费用管理人员及时采取针对性措施，加强控制。

（3）表格处理可借助计算机，从而节约大量人力，并大大提高速度。

3）曲线法

在项目实施过程中，利用以上 3 个参数可以形成 3 条曲线，即计划工作预算费用（BCWS）、已完成工作预算费用（BCWP）、已完成工作实际费用（ACWP）曲线，如图 4-8 所示。

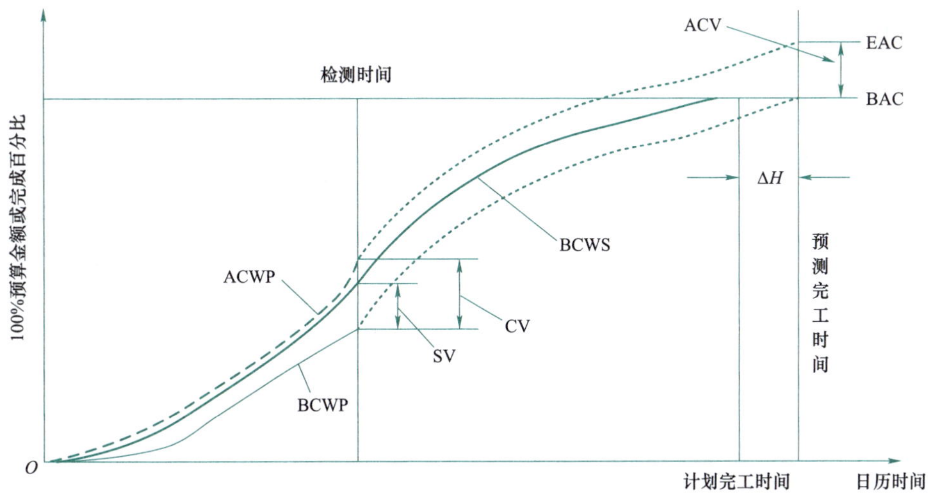


**图 4-8　赢得值法评价曲线**

其中，CV=BCWP−ACWP，由于 BCWP 和 ACWP 均以已完成工作量为计算基准，所以这两项参数之差反映了项目进展的费用偏差。SV=BCWP−BCWS，由于 BCWP 和 BCWS 参数均以预算值（计划值）作为计算基准，所以这两者之差反映了项目进展的进度偏差。

采用赢得值法进行费用、进度综合控制，还可以根据当前的进度、费用偏差情况，通过原因分析，对趋势进行预测，即预测项目结束时的进度、费用情况。其中：

BAC——项目完工预算，指编计划时预计的项目完工费用。

EAC——预测的项目完工估算，指计划执行过程中根据当前的进度、费用偏差情况预测的项目完工总费用。

ACV——预测项目完工时的费用偏差：

$$ACV=BAC-EAC \quad (4-8)$$

## 任务实施

### 任务实施单

<table>
<tr><td colspan="6">项目 4　高速铁路项目成本管理</td></tr>
<tr><td>任务 4.3</td><td colspan="5">高速铁路项目成本控制</td></tr>
<tr><td>班级</td><td></td><td>姓名</td><td></td><td>学号</td><td></td></tr>
<tr><td>任务分析</td><td colspan="5">实施方案</td></tr>
</table>

## 任务实施单

| 项目 4　高速铁路项目成本管理 | |
|---|---|
| 任务 4.3 | 高速铁路项目成本控制 |
| 任务实施 | 1. 根据任务情境，编制费用偏差分析表。 |

| 项目编码 | （1） | 001 | 002 | 003 | 004 | 总计 |
|---|---|---|---|---|---|---|
| 项目名称 | （2） | 基坑开挖 | 垫层施工 | 绑扎钢筋 | 浇筑基础混凝土 | |
| 单位 | （3） | 10 $m^3$ | 10 $m^3$ | t | 10 $m^3$ | |
| 预算单价 | （4） | | | | | |
| 计划工作量 | （5） | | | | | |
| 计划工作预算费用（BCWS） | （6）= | | | | | |
| 已完成工作量 | （7） | | | | | |
| 已完成工作预算费用（BCWP） | （8）= | | | | | |
| 实际单价 | （9） | | | | | |
| 已完成工作实际费用（ACWP） | （10）= | | | | | |
| 费用局部偏差 | （11）= | | | | | |
| 费用绩效指数（CPI） | （12）= | | | | | |
| 费用累计偏差 | （13）= $\sum$（11） | | | | | |
| 进度局部偏差 | （14）= | | | | | |
| 进度绩效指数（SPI） | （15）= | | | | | |
| 进度累计偏差 | （16）= $\sum$（14） | | | | | |

## 任务实施单

| 项目 4　高速铁路项目成本管理 | | | | | |
|---|---|---|---|---|---|
| 任务 4.3 | 高速铁路项目成本控制 | | | | |
| 班级 | | 姓名 | | 学号 | |

任务实施

2. 根据任务情境，绘制费用偏差分析横道图。

| 项目编码 | 项目名称 | 费用参数数额/万元 | 费用偏差/万元 | 进度偏差/万元 | 偏差原因 |
|---|---|---|---|---|---|
| 001 | 基坑开挖 | | | | |
| 002 | 垫层施工 | | | | |
| 003 | 绑扎钢筋 | | | | |
| 004 | 浇筑基础混凝土 | | | | |
| 合计 | | | | | |

图例：已完成工作实际费用　　已完成工作预算费用　　计划工作预算费用

3. 根据任务情境，绘制赢得值法评价曲线［绘制计划工作预算费用（BCWS）、已完成工作预算费用（BCWP）、已完成工作实际费用（ACWP）3 条曲线］。

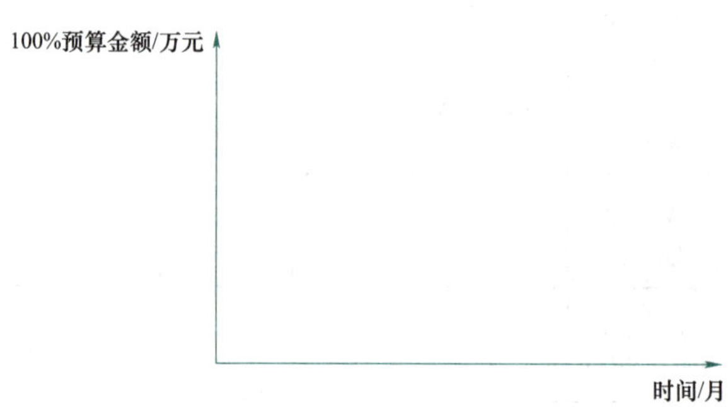

## 任务实施单

<table>
<tr><td colspan="7">项目 4　高速铁路项目成本管理</td></tr>
<tr><td>任务 4.3</td><td colspan="6">高速铁路项目成本控制</td></tr>
<tr><td>学习总结</td><td colspan="6">学习到的技能：<br><br><br><br><br>学习到的知识：<br><br><br><br><br>谈谈素质能力及思想意识方面的提升：<br><br><br><br></td></tr>
<tr><td rowspan="2">学生自评<br>（20 分）</td><td>课前学习</td><td>时间概念</td><td>实施方法</td><td>职业素养</td><td>成果质量</td><td>分值</td></tr>
<tr><td></td><td></td><td></td><td></td><td></td><td></td></tr>
<tr><td rowspan="2">小组互评<br>（20 分）</td><td>任务承担</td><td>时间概念</td><td>团队合作</td><td>能力素养</td><td>成果质量</td><td>分值</td></tr>
<tr><td></td><td></td><td></td><td></td><td></td><td></td></tr>
<tr><td>教师点评<br>（60 分）</td><td colspan="6"></td></tr>
<tr><td>反思提高</td><td colspan="6">通过完成本次任务，结合自评、互评结果，说说自己还有哪些需要加强的方面：<br><br><br><br><br><br><br></td></tr>
</table>

# 任务 4.4　高速铁路项目成本分析与考核

## 任务情境

拓展学习　思政园地

某高速铁路项目××特大桥，为 21～32 m 预应力混凝土梁简支梁桥，圆端形实体墩，T 形桥台，扩大基础。其基础施工包括基坑开挖、浇筑垫层混凝土、绑扎钢筋、浇筑基础混凝土 4 个过程。

（1）自建搅拌站生产扩大基础混凝土，目标成本与实际成本对比见表 4–7。

表 4–7　混凝土目标成本与实际成本对比表

| 项目 | 单位 | 目标成本 | 实际成本 |
|---|---|---|---|
| 产量 | $m^3$ | 9 525 | 9 875 |
| 单价 | 元 | 500 | 530 |
| 损耗 | % | 5 | 3 |

（2）该基础工程 3 月的实际成本降低额比计划提高了 23.81 万元，其他信息见表 4–8。

表 4–8　计划降低成本与实际降低成本对比表

| 项目 | 单位 | 计划 | 实际 |
|---|---|---|---|
| 预算成本 | 万元 | 118.75 | 142.56 |
| 成本降低率 | % | 4 | 4.5 |

## 任务要求

根据任务情境，请采用因素分析法分析混凝土成本差异的原因，并采用差额计算法确定各因素对混凝土成本的影响程度。

## 知识链接

施工项目成本分析的基本方法包括比较法、因素分析法、差额计算法、比率法等。

### 1. 比较法

比较法，又称指标对比分析法，就是通过技术经济指标的对比，检查目标的完成情况，分析产生差异的原因，进而挖掘内部潜力的方法。这种方法具有通俗易懂、简单易行、便于掌握的特点，因而得到了广泛的应用，但在应用时必须注意各技术经济指标的可比性。比较法的应用，通常有下列形式。

1）将实际指标与目标指标对比

以此检查目标完成情况，分析影响目标完成的积极因素和消极因素，以便及时采取措施，保证成本目标的实现。在进行实际指标与目标指标对比时，还应注意目标本身有无问题。如果目标本身出现问题，则应调整目标，重新正确评价实际工作的成绩。

2）本期实际指标与上期实际指标对比

通过本期实际指标与上期实际指标对比，可以看出各项技术经济指标的变动情况，反映施工管理水平的提高程度。

3）与本行业平均水平、先进水平对比

通过这种对比，可以反映本项目的技术管理和经济管理水平与行业的平均水平和先进水平的差距，进而采取措施赶超先进水平。

### 2. 因素分析法

因素分析法又称连环置换法，这种方法可用来分析各种因素对成本的影响程度。在进行分析时，首先要假定众多因素中的一个因素发生了变化，而其他因素不变，然后逐个替换，分别比较其计算结果，以确定各个因素的变化对成本的影响程度。因素分析法的计算步骤如下：

（1）确定分析对象，并计算出实际与目标数的差异。

（2）确定该指标是由哪几个因素组成的，并按其相互关系进行排序（排序规则是：先实物量，后价值量；先绝对值，后相对值）。

（3）以目标数为基础，将各因素的目标数相乘，作为分析替代的基数。

（4）将各个因素的实际数按照上面的排列顺序进行替换计算，并将替换后的实际数保留下来。

（5）将每次替换计算所得的结果，与前一次的计算结果相比较，两者的差异即为该因素对成本的影响程度。

（6）各个因素的影响程度之和，应与分析对象的总差异相等。

### 3. 差额计算法

差额计算法亦称差额分析法或绝对分析法，就是直接利用各因素的预算计划与实际的差异来按顺序计算，确定其变动对分析对象的影响程度。差额计算法是因素分析法的一种简化形式，它利用各个因素的目标值与实际数的差额来计算其对成本的影响程度。

差额计算法是在成本分析中，确定引起某个成本指标变动的各个因素的影响程度的一种计算方法，在几个相互联系的因素共同影响着某一个成本指标的情况下，可应用这一方法计算各个因素对该成本指标发生变动的影响程度。

差额计算法的具体方法是：在衡量某一因素对于一个成本指标的影响时，假定只有这一个因素变动，而其余因素不变，确定各个因素替代顺序，然后按照这一顺序进行替代计算，将该指标与该因素替代前的指标相比较，确定该因素变动所造成的影响。这种方法是假定各个因素依照一定的顺序发生变动而进行替代计算的，因此分析出来的结果具有一定程度的假定性。

### 4. 比率法

比率法是指用两个以上的指标的比例进行分析的方法。它的基本特点是：先把对比分析的数值变成相对数，再观察其相互之间的关系。常用的比率法有以下几种。

1）相关比率法

由于项目经济活动的各个方面是相互联系，相互依存，又相互影响的，因而可以将两个性质不同而又相关的指标加以对比，求出比率，并以此来考察经营成果的好坏。例如，产值和工资是两个不同的概念，但它们的关系又是投入与产出的关系。在一般情况下，都希望以最少的工资支出完成最大的产值。因此，用产值工资率指标来考核人工费的支出水平，就很能说明问题。

2）构成比率法

构成比率法又称比重分析法或结构对比分析法。通过构成比率，可以考察成本总量的构成情况及各成本项目占成本总量的比重，同时也可看出量、本、利的比例关系（即预算成本、实际成本和降低成本的比例关系），从而为寻求降低成本的途径指明方向。

3）动态比率法

动态比率法，就是将同类指标不同时期的数值进行对比，求出比率，以分析该项指标的发展方向和发展速度。动态比率的计算，通常采用基期指数和环比指数两种方法。

## 任务实施

### 任务实施单

<table>
<tr><td colspan="6">项目 4　高速铁路项目成本管理</td></tr>
<tr><td>任务 4.4</td><td colspan="5">高速铁路项目成本分析与考核</td></tr>
<tr><td>班级</td><td></td><td>姓名</td><td></td><td>学号</td><td></td></tr>
<tr><td>任务分析</td><td colspan="5">实施方案</td></tr>
<tr><td>任务实施</td><td colspan="5">1. 根据任务情境，采用因素分析法分析混凝土成本差异的原因。<br>（见下表）<br>2. 根据任务情境，采用差额计算法确定各因素对混凝土成本的影响程度。<br>（见下表）</td></tr>
</table>

**混凝土目标成本与实际成本对比分析表**

| 项目 | 单位 | 目标 | 实际 | 差额 |
|---|---|---|---|---|
| 产量 | $m^3$ | 9 525 | 9 875 | |
| 单价 | 元 | 500 | 530 | |
| 损耗 | % | 5 | 3 | |
| 成本 | 元 | | | |

**混凝土成本变动因素分析表**

| 顺序 | 连环替代计算 | 差异/元 | 因素分析 |
|---|---|---|---|
| 目标数 | | | |
| 第一次替代 | | | |
| 第二次替代 | | | |
| 第三次替代 | | | |
| 合计 | | | |

**降低成本计划与实际对比表**

| 项目 | 单位 | 计划 | 实际 | 差额 |
|---|---|---|---|---|
| 预算成本 | 万元 | | | |
| 成本降低率 | % | | | |
| 成本降低额 | 万元 | | | |

## 任务实施单

<table>
<tr><td colspan="7">项目 4　高速铁路项目成本管理</td></tr>
<tr><td>任务 4.4</td><td colspan="6">高速铁路项目成本分析与考核</td></tr>
<tr><td>学习总结</td><td colspan="6">学习到的技能：<br><br><br><br>学习到的知识：<br><br><br><br>谈谈素质能力及思想意识方面的提升：<br><br><br><br></td></tr>
<tr><td rowspan="2">学生自评<br>（20 分）</td><td>课前学习</td><td>时间概念</td><td>实施方法</td><td>职业素养</td><td>成果质量</td><td>分值</td></tr>
<tr><td></td><td></td><td></td><td></td><td></td><td></td></tr>
<tr><td rowspan="2">小组互评<br>（20 分）</td><td>任务承担</td><td>时间概念</td><td>团队合作</td><td>能力素养</td><td>成果质量</td><td>分值</td></tr>
<tr><td></td><td></td><td></td><td></td><td></td><td></td></tr>
<tr><td>教师点评<br>（60 分）</td><td colspan="6"></td></tr>
<tr><td>反思提高</td><td colspan="6">通过完成本次任务，结合自评、互评结果，说说自己还有哪些需要加强的方面：<br><br><br><br><br><br></td></tr>
</table>

## 知识测试和能力训练

### 一、知识测试

1. 高速铁路项目成本的组成是怎样的？什么是直接成本和间接成本？
2. 高速铁路项目成本是如何划分的？成本管理的内容主要有哪些？
3. 高速铁路项目成本计划的编制方法有哪些？
4. 高速铁路项目成本核算的对象是如何划分的？
5. 高速铁路项目成本偏差有哪几种？如何计算？
6. 人工费、材料费、机械使用费核算都包括什么？
7. 高速铁路项目成本控制的依据是什么？原则是什么？
8. 高速铁路项目成本控制的过程如何？有哪些方法？
9. 人工费、材料费、机械使用费如何控制？
10. 高速铁路项目成本控制措施有哪些？
11. 高速铁路项目成本分析的依据、方法有哪些？
12. 高速铁路项目成本考核的意义及内容是什么？

### 二、能力训练

某高速铁路项目××大桥，为 20～32 m 预应力混凝土梁简支梁桥，圆端形实体墩，T 形桥台，扩大基础。其基础施工工序为场地平整、基坑开挖、浇筑垫层混凝土、浇筑基础混凝土、基坑回填这 5 个过程，进度成本数据见表 4–9。

表 4–9　××大桥基础工程进度成本数据资料

| 序号 | 项目名称 | 最早开始时间/周 | 工期/周 | 成本强度/（万元/周） |
|---|---|---|---|---|
| 1 | 场地平整 | 1 | 2 | 10 |
| 2 | 基坑开挖 | 2 | 4 | 8 |
| 3 | 浇筑垫层混凝土 | 4 | 4 | 3 |
| 4 | 浇筑基础混凝土 | 5 | 5 | 45 |
| 5 | 基坑回填 | 7 | 5 | 2 |

施工 8 周后，检查发现某些工作项目实际完成的工作量及实际单价与原计划有偏差，其数值见表 4–10。

表 4–10　××大桥基础工程进度成本检查资料

| 工作项目名称 | 场地平整 | 基坑开挖 | 浇筑垫层混凝土 | 浇筑基础混凝土 | 基坑回填 |
|---|---|---|---|---|---|
| 单位 | 100 $m^2$ | 100 $m^3$ | 10 $m^3$ | 10 $m^3$ | 100 $m^3$ |
| 计划工作量 | 130 | 70 | 25 | 160 | 40 |
| 计划单价/元 | 1 500 | 4 500 | 4 500 | 5 000 | 1 000 |
| 已完成工作量 | 130 | 65 | 23 | 150 | 38 |
| 实际单价/元 | 1 500 | 4 500 | 4 600 | 5 500 | 1 050 |

基础工程商品混凝土目标成本 2 111 200 元，实际成本 2 333 980 元，资料表见表 4–11。

表 4–11　××大桥基础工程商品混凝土成本对比表

| 项目 | 目标 | 实际 | 差额 |
| --- | --- | --- | --- |
| 产量/$m^3$ | 4 060 | 4 120 | +60 |
| 单价/元 | 500 | 550 | +50 |
| 损耗率/% | 4 | 3 | −1 |
| 成本/元 | 2 111 200 | 2 333 980 | +222 780 |

**请完成：**

1. 绘制该项目时间–成本累积曲线。
2. 用表格法列出计划费用与实际费用分析表。
3. 用横道图法表明各项工作的进展及偏差情况。
4. 用曲线法表明该项施工任务总计划与实际进展情况（假设工作是匀速、等值的）。
5. 分析基础工程商品混凝土成本增加的原因。
6. 采用因数分析法定量分析各因素变动对实际成本的影响程度。

# 项目5

# 高速铁路项目进度管理

项目进度管理

## 项目描述

进度管理是高速铁路项目管理的三大目标之一，也是高速铁路项目管理的中心任务。通过本项目的学习，掌握项目进度管理的内容、项目进度计划的编制、项目进度计划的控制、项目进度计划的调整等。通过对高速铁路项目进度的有效控制，以达到预期的目的。

## 学习目标

### 能力目标

- 能够编制高速铁路项目进度计划；
- 能够制定进度控制的方法并进行检查；
- 能够根据进度偏差分析调整进度计划。

### 知识目标

- 掌握进度计划的编制方法；
- 掌握进度控制的方法及措施；
- 掌握进度计划的实施、检查和调整等。

### 素质目标

- 培养学生分析问题、解决问题的能力；
- 培养学生进行项目进度管理的能力。

# 任务 5.1　高速铁路项目进度计划

## 子任务 5.1.1　高速铁路项目横道图进度计划

### 任务情境

拓展学习　思政园地

某高速铁路项目××中桥，为 3～16 m 预应力混凝土梁简支梁桥，扩大基础。其基础施工包括基坑开挖、垫层施工、浇筑基础混凝土、基坑回填 4 个过程。根据单项工程进度目标，基础工程施工工期不超过 50 天，各工序持续时间见表 5–1，垫层混凝土及基础混凝土浇筑完成后要求养护时间为 2 天。

表 5–1　××中桥基础工程各工序持续时间

单位：天

| 施工过程 | 施工天数 | | | |
|---|---|---|---|---|
| | 0 号台 | 1 号墩 | 2 号墩 | 1 号台 |
| 基坑开挖 | 3 | 4 | 4 | 5 |
| 垫层施工 | 2 | 1 | 1 | 2 |
| 浇筑基础混凝土 | 2 | 2 | 2 | 3 |
| 基坑回填 | 2 | 1 | 1 | 2 |

### 任务要求

根据任务情境，分析说明桥梁基础工程应采用哪种组织方式，并绘制桥梁基础工程的施工进度横道图。

### 知识链接

#### 1. 高速铁路项目进度计划横道图法

横道图，又称为甘特图、条状图，是通过条状图来显示项目进度及其他系统随时间进展情况的一种图表。横道图通过活动列表和时间刻度表示出特定项目的顺序与持续时间，可以直观表明计划何时进行、进展与要求的对比。横道图便于管理者弄清项目的剩余任务，评估工作进度。横道图是一种直观的进度计划方法，用图、表相结合的形式表示各项工程活动的开始时间、结束时间和持续时间，图右边是进度表，图上边的横栏表示时间，用水平线段在时间坐标轴上标出项目的进度线，水平线段的起点和终点位置反映该项目开始时间和结束时间，其基本形式如图 5–1 所示。横道图由于能够清楚地表达活动的开始时间、结束时间和持续时间，一目了然，易于理解，且制作简单，在工程中得到广泛应用，是一种传统的计划表示方法。但横道图不能表达工程活动之间的逻辑关系和某一活动的提前或推迟、持续时间延长等对其他活动的影响，也不能表示工程活动的重要性。

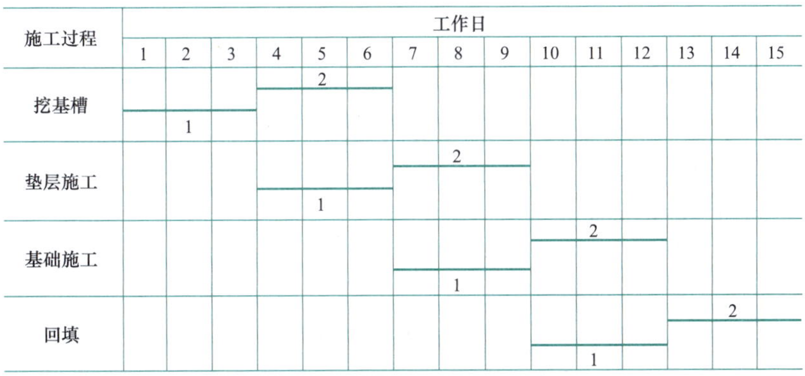


图 5-1　用横道图表示的进度计划示例

### 2. 高速铁路项目进度计划的编制程序

#### 1）高速铁路项目施工总进度计划的编制程序

（1）计算工程量。工程量可按初步设计（或扩大初步设计）图纸和有关定额等资料进行计算。

（2）确定各单位工程的施工期限。各单位工程的施工期限应根据合同工期确定，同时考虑建筑类型、结构特征、施工方法、施工管理水平、施工现场条件等因素。如果在编制施工总进度计划时没有合同工期，则应保证计划工期不超过工期定额。

（3）确定各单位工程的开竣工时间和相互搭接关系。确定整个建设项目中各单项工程的施工顺序，合理地搭接各项工程，组织全场性流水作业，尽量做到均衡施工。

（4）编制初步施工总进度计划。施工总进度计划应安排全工地性的流水作业。全工地性的流水安排应以工程量大、工期长的单项工程或单位工程为主导，组织若干条流水线，并以此带动其他工程。

（5）编制正式施工总进度计划。施工总进度计划经初步确定后，还要经过检查、调整和修正，主要是看总工期是否符合要求，观察劳动力和物资需要量的进度变动曲线是否均衡且其供应是否能得到保证，并使之趋于合理。

（6）正式施工总进度计划经确定后，应据以编制劳动力、物资、大型施工机械等资源的需用量计划，以便组织供应，保证施工总进度计划的实现。

#### 2）高速铁路项目单位工程施工进度计划的编制程序

单位工程施工进度计划是具体指导施工的重要文件，其编制程序一般如下：

（1）划分工作项目。工作项目划分的粗细程度，应根据计划的需要决定，单位工程施工进度计划中的工作项目应明确到分项工程或更具体，以满足指导施工作业、控制施工进度的要求。

（2）确定施工顺序。根据施工方案确定的原则排列各分部分项工程施工顺序，并使之符合施工工艺要求和经济合理原则。

（3）划分流水段。为了把各项工程合理地搭接起来，组织全工地性的流水作业，以保持均衡施工，一般从工程量较大的工种工程或大型机械施工的工种工程着手。

（4）确定工作项目的持续时间。根据工作项目所需的劳动量或机械台班数，以及该工作项目每天安排的人工数或配备的机械台数，计算出各工作项目的持续时间。其计算公式如下：

$$D=\frac{P}{R\cdot B} \tag{5-1}$$

式中：$D$——工作项目的持续时间，即持续时间，天；

$P$——工作项目所需要的劳动量或机械台班数，工日或台班；

$R$——每班安排的人工数或机械台班数；

$B$——每天工作班数。

（5）绘制横道图进度计划。

（6）施工进度计划的检查与调整。主要检查各工作项目的施工顺序、平行搭接和技术间歇是否合理，总工期是否满足合同规定，如果不符合，必须进行调整。同时还要对人工、材料、主要机具等进行检查与调整，以达到均衡施工，取得良好的经济效益。

# 任务实施

## 任务实施单

<table>
<tr><td colspan="6">项目 5　高速铁路项目进度管理</td></tr>
<tr><td>子任务 5.1.1</td><td colspan="5">高速铁路项目横道图进度计划</td></tr>
<tr><td>班级</td><td></td><td>姓名</td><td></td><td>学号</td><td></td></tr>
<tr><td>任务分析</td><td colspan="5">实施方案</td></tr>
<tr><td>任务实施</td><td colspan="5">1. 分析说明桥梁基础工程应采用哪种组织方式。<br>2. 绘制桥梁基础工程的施工进度横道图。</td></tr>
</table>

## 任务实施单

<table>
<tr><td colspan="7">项目 5　高速铁路项目进度管理</td></tr>
<tr><td>子任务 5.1.1</td><td colspan="6">高速铁路项目横道图进度计划</td></tr>
<tr><td>学习总结</td><td colspan="6">学习到的技能：<br><br><br><br>学习到的知识：<br><br><br><br>谈谈素质能力及思想意识方面的提升：<br><br><br><br></td></tr>
<tr><td rowspan="2">学生自评<br>（20 分）</td><td>课前学习</td><td>时间概念</td><td>实施方法</td><td>职业素养</td><td>成果质量</td><td>分值</td></tr>
<tr><td></td><td></td><td></td><td></td><td></td><td></td></tr>
<tr><td rowspan="2">小组互评<br>（20 分）</td><td>任务承担</td><td>时间概念</td><td>团队合作</td><td>能力素养</td><td>成果质量</td><td>分值</td></tr>
<tr><td></td><td></td><td></td><td></td><td></td><td></td></tr>
<tr><td>教师点评<br>（60 分）</td><td colspan="6"></td></tr>
<tr><td>反思提高</td><td colspan="6">通过完成本次任务，结合自评、互评结果，说说自己还有哪些需要加强的方面：<br><br><br><br><br><br><br></td></tr>
</table>

## 子任务 5.1.2　高速铁路项目网络图进度计划

### 任务情境

某高速铁路项目××中桥，为 3～16 m 预应力混凝土梁简支梁桥，圆形桥墩，T 形桥台，扩大基础。其桥墩施工包括钢筋工程、模板工程和混凝土工程 3 个过程。平面上的 2 个桥墩进行流水施工，根据单项工程进度目标，经过分析，确定了各项工作的完成时间，$D_{钢}$=4 天，$D_{模}$=3 天，$D_{混}$=2 天。

拓展学习

思政园地

### 任务要求

根据任务情境，绘制桥墩施工进度双代号网络图，计算各项工作的时间参数，确定关键线路；绘制桥墩施工进度双代号时标网络计划。

### 知识链接

#### 1. 双代号网络图的绘制

##### 1）绘图规则

在绘制双代号网络图时，一般应遵循以下基本规则。

（1）网络图必须按照已定的逻辑关系绘制。由于网络图是有向、有序网状图形，所以其必须严格按照工作之间的逻辑关系绘制，这同时也是保证工程质量和资源优化配置及合理使用所必需的。例如，已知工作之间的逻辑关系如表 5–2 所示，若绘出图 5–2（a），则是错误的，因为工作 A 不是工作 D 的紧前工作。此时，可用虚箭线将工作 A 和工作 D 的连接断开，如图 5–2（b）所示。

表 5–2　逻辑关系表

| 工作 | *A* | *B* | *C* | *D* |
|---|---|---|---|---|
| 紧前工作 | — | — | *A*、*B* | *B* |

（2）网络图中严禁出现从一个节点出发，顺箭头方向又回到原出发点的循环回路。如果出现循环回路，会造成逻辑关系混乱，使工作无法按顺序进行。如图 5–3 所示，网络图中存在不允许出现的循环回路 *B*—*C*—*G*—*F*。当然，此时节点编号也发生错误。

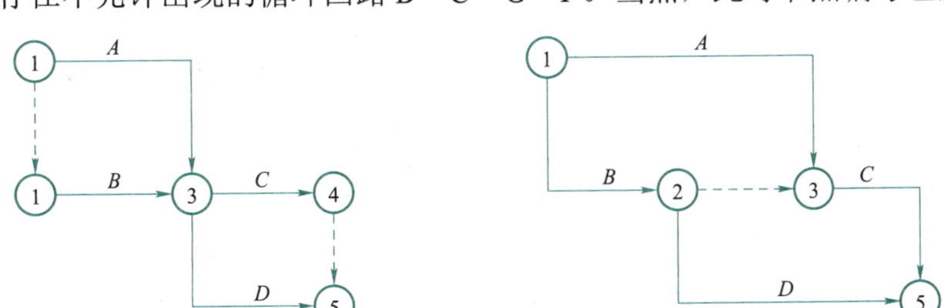


(a) 错误画法　　(b) 正确画法

图 5–2　按表 5–2 绘制的网络图

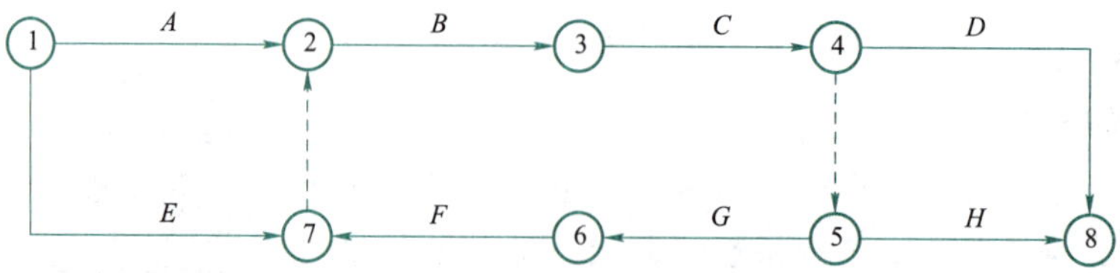


图 5–3　存在循环回路的错误网络图

（3）网络图中的箭线（包括虚箭线，下同）应保持自左向右的方向，不应出现箭头指向左方的水平箭线和斜向箭线。若遵循该规则绘制网络图，就不会出现循环回路。

（4）网络图中严禁出现双向箭头和无箭头的连线。图 5–4 即为错误的工作箭线画法，因为工作进行的方向不明确，因而不能满足网络图有向的要求。

(a) 双向箭头　　(b) 无箭头

图 5–4　错误的画法（1）

（5）网络图中严禁出现没有箭尾节点的箭线和没有箭头节点的箭线。图 5–5 即为错误的画法。

(a) 存在没有箭尾节点的箭线　　(b) 存在没有箭头节点的箭线

图 5–5　错误的画法（2）

（6）严禁在箭线上引入或引出箭线，图 5–6 即为错误的画法。

(a) 在箭线上引入箭线　　(b) 在箭线上引出箭线

图 5–6　错误的画法（3）

但当网络图的起点节点有多条箭线引出（外向箭线）或终点节点有多条箭线引入（内向箭线）时，为使图形简洁，可采用母线法绘图。即将多条箭线经一条共用的垂直线段从起点节点引出，或将多条箭线经一条共用的垂直线段引入终点节点，如图 5–7 所示。对于特殊线形的箭线如粗箭线、双箭线、虚箭线、彩色箭线等，可在从母线上引出的支线上不出。

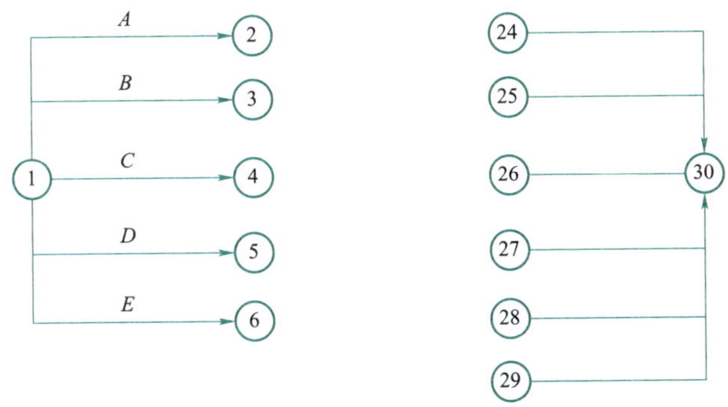


图 5-7　母线法

（7）应尽量避免网络图中工作箭线的交叉。当交叉不可避免时，可以采用过桥法或指向法处理，如图 5-8 所示。

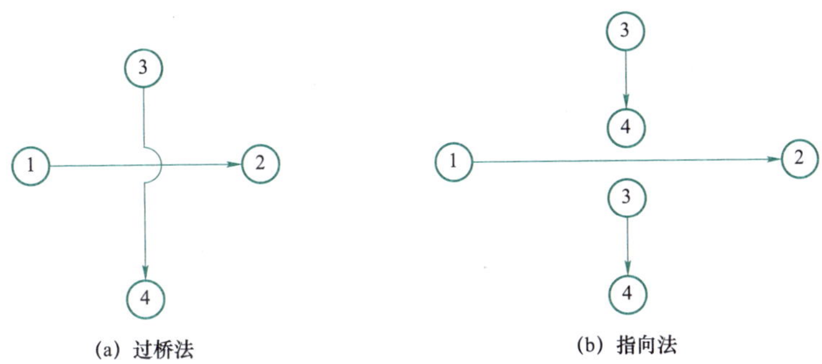


图 5-8　箭线交叉的表示方法

（8）网络图中应只有一个起点节点和一个终点节点（任务中部分工作需要分期完成的网络计划除外）。除网络图的起点节点和终点节点外，不允许出现没有外向箭线的节点和没有内向箭线的节点。图 5-9 所示网络图中有两个起点节点① 和②，两个终点节点⑦ 和⑧。该网络图的正确画法如图 5-10 所示，即将节点① 和② 合并为一个起点节点，将节点⑦ 和⑧ 合并为一个终点节点。

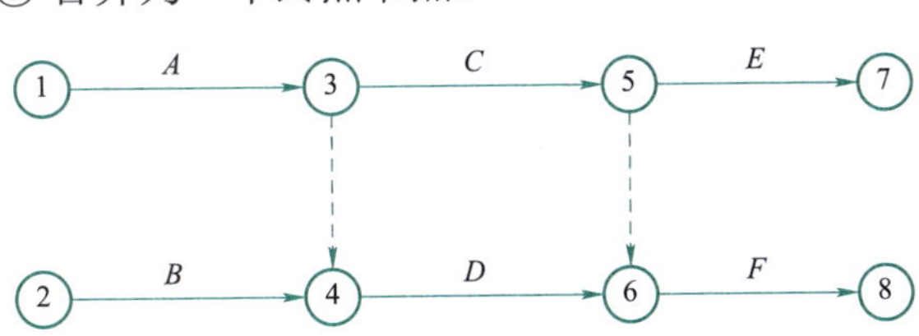


图 5-9　存在多个起点节点和多个终点节点的错误网络图

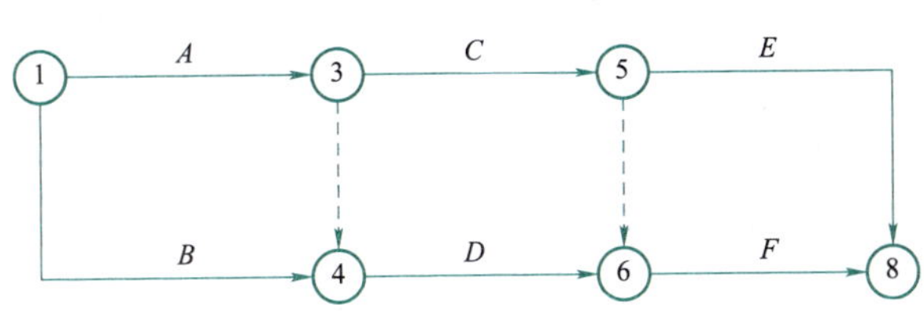


图 5-10　图 5-9 对应的网络图的正确画法

2）绘图方法

当已知每一项工作的紧前工作时，可按下述步骤绘制双代号网络图。

（1）绘制没有紧前工作的工作箭线，使它们具有相同的起点节点，以保证网络图只有一个起点节点。

（2）依次绘制其他工作箭线。这些工作箭线的绘制条件是其所有紧前工作箭线都已经被绘制出来了。在绘制这些工作箭线时，应按下列原则进行。

① 当所要绘制的工作只有一项紧前工作时，则将该工作箭线直接画在其紧前工作箭线之后即可。

② 当所要绘制的工作有多项紧前工作时，应按以下 4 种情况分别予以考虑：

a）对于所要绘制的工作（本工作）而言，如果在其紧前工作之中存在一项只作为本工作紧前工作的工作（即在紧前工作栏目中，该紧前工作只出现两次），则应将本工作箭线直接画在该紧前工作箭线之后，然后用虚箭线将其他紧前工作箭线的箭头节点与本工作箭线的箭尾节点分别相连，以表达它们之间的逻辑关系。

b）对于所要绘制的工作（本工作）而言，如果在其紧前工作之中存在多项只作为本工作紧前工作的工作，应先将这些紧前工作箭线的箭头节点合并，再从合并后的节点开始，画出本工作箭线，最后用虚箭线将其他紧前工作箭线的箭头节点与本工作箭线的箭尾节点分别相连，以表达它们之间的逻辑关系。

c）对于所要绘制的工作（本工作）而言，如果不存在情况 a）和情况 b），应判断本工作的所有紧前工作是否都同时作为其他工作的紧前工作（即在紧前工作栏目中，这几项紧前工作是否均同时出现若干次）。如果上述条件成立，应先将这些紧前工作箭线的箭头节点合并，然后再从合并后的节点开始画出本工作箭线。

d）对于所要绘制的工作（本工作）而言，如果既不存在情况 a）和情况 b），也不存在情况 c），则应将本工作箭线单独画在其紧前工作箭线之后的中部，然后用虚箭线将其各紧前工作箭线的箭头节点与本工作箭线的箭尾节点分别相连，以表达它们之间的逻辑关系。

（3）当各项工作箭线都被绘制出来之后，应合并那些没有紧后工作的工作箭线的箭头节点，以保证网络图只有一个终点节点（多目标网络图除外）。

（4）当确认所绘制的网络图正确后，即可进行节点编号。网络图的节点编号在满足前述要求的前提下，既可采用连续的编号方法，也可采用不连续的编号方法，如 1，3，5，…或 5，10，15，…，以避免以后增加工作时而改动整个网络图的节点编号。

以上所述是已知每一项工作的紧前工作时的绘图方法，当已知每一项工作的紧后工作时，也可按类似的方法进行网络图的绘制，只是其绘图顺序由前述的从左向右改为从右向左。

2. 双代号时标网络计划

双代号时标网络计划是以时间坐标为尺度编制的双代号网络计划。双代号时标网络计划中应以实箭线表示工作，以虚箭线表示虚工作，以波形线表示工作与其紧后工作之间的时间间隔（自由时差）。实箭线在水平轴上的投影长度，就是工作的持续时间；虚箭线表示虚工作，且必须以垂直虚箭线表示，当有自由时差时加波形线表示。

1）双代号时标网络计划的特点

双代号时标网络计划的主要特点如下：

（1）兼有网络计划与横道计划的优点，它能够清楚地表明计划的时间进程，使用方便；

（2）能在图上直接显示出各项工作的开始与完成时间、工作的自由时差及关键线路；

（3）在网络计划中可以统计每一个单位时间对资源的需要量，以便进行资源优化和调整；

（4）由于箭线受到时间坐标的限制，当情况发生变化时，对网络计划的修改比较麻烦，往往需要重新绘图。但在使用计算机以后，这一问题已较容易得以解决。

2）双代号时标网络计划的一般规定

（1）双代号时标网络计划必须以水平时间坐标为尺度表示工作时间。时标的时间单位应根据需要在编制网络计划之前确定，可为时、天、周、月或季。

（2）双代号时标网络计划中的所有符号在时间坐标轴上的水平投影位置，都必须与其时间参数相对应。节点中心必须对准相应的时标位置。

（3）双代号时标网络计划中的虚工作必须以垂直方向的虚箭线表示，有自由时差时加波形线表示。

3）双代号时标网络计划的编制

双代号时标网络计划宜按各个工作的最早开始时间编制。在编制双代号时标网络计划之前，应先按已确定的时间单位绘制出时标计划表，见表 5-3。

表 5-3　时标计划表

| 日历 | | | | | | | | | | | | | | | | | |
|---|---|---|---|---|---|---|---|---|---|---|---|---|---|---|---|---|---|
| （时间单位） | 1 | 2 | 3 | 4 | 5 | 6 | 7 | 8 | 9 | 10 | 11 | 12 | 13 | 14 | 15 | 16 | 17 |
| 网络计划 | | | | | | | | | | | | | | | | | |
| （时间单位） | 1 | 2 | 3 | 4 | 5 | 6 | 7 | 8 | 9 | 10 | 11 | 12 | 13 | 14 | 15 | 16 | 17 |

双代号时标网络计划的编制方法有以下两种。

（1）间接法。

先绘制出标时网络计划，计算各工作的最早时间参数，再根据最早时间参数在时标计划表上确定节点位置，连线完成。当某些工作箭线长度不足以到达该工作的完成节点时，用波形线补足。

（2）直接法。

根据网络图中工作之间的逻辑关系及各工作的持续时间，直接在时标计划表上绘制时标网络计划。绘制步骤如下：

① 将起点节点定位在时标网络计划的起始刻度线上。

② 按工作持续时间在时标计划表上绘制起点节点的外向箭线。

③ 其他工作的开始节点必须在其所有紧前工作都绘出以后，定位在这些紧前工作最早完成时间最大值的时间刻度上，当某些工作的箭线长度不足以到达该节点时，用波形线补足，箭头画在波形线与节点连接处。

④ 用上述方法从左至右依次确定其他节点位置，直至网络计划终点节点定位，编制完成。

**［例 5–1］**已知网络计划的资料见表 5–4，试用直接法绘制双代号时标网络计划。

**表 5–4　某网络计划工作逻辑关系及持续时间表**

| 工作 | 紧前工作 | 紧后工作 | 持续时间/天 |
|---|---|---|---|
| $A_1$ | — | $A_2$、$B_1$ | 2 |
| $A_2$ | $A_1$ | $A_3$、$B_2$ | 2 |
| $A_3$ | $A_2$ | $B_3$ | 2 |
| $B_1$ | $A_1$ | $B_2$、$C_1$ | 3 |
| $B_2$ | $A_2$、$B_1$ | $B_2$、$C_2$ | 3 |
| $B_3$ | $A_3$、$B_2$ | $D$、$C_3$ | 3 |
| $C_1$ | $B_1$ | $C_2$ | 2 |
| $C_2$ | $B_2$、$C_1$ | $C_3$ | 4 |
| $C_3$ | $B_3$、$C_2$ | $E$、$F$ | 2 |
| $D$ | $B_3$ | $G$ | 2 |
| $E$ | $C_3$ | $G$ | 1 |
| $F$ | $C_3$ | $I$ | 2 |
| $G$ | $D$、$E$ | $H$、$I$ | 4 |
| $H$ | $G$ | — | 3 |
| $I$ | $F$、$G$ | — | 3 |

**解：**（1）将起点节点① 定位在时标网络计划的起始刻度线上，如图 5–11 所示，图中 TF 表示该项工作的总时差。

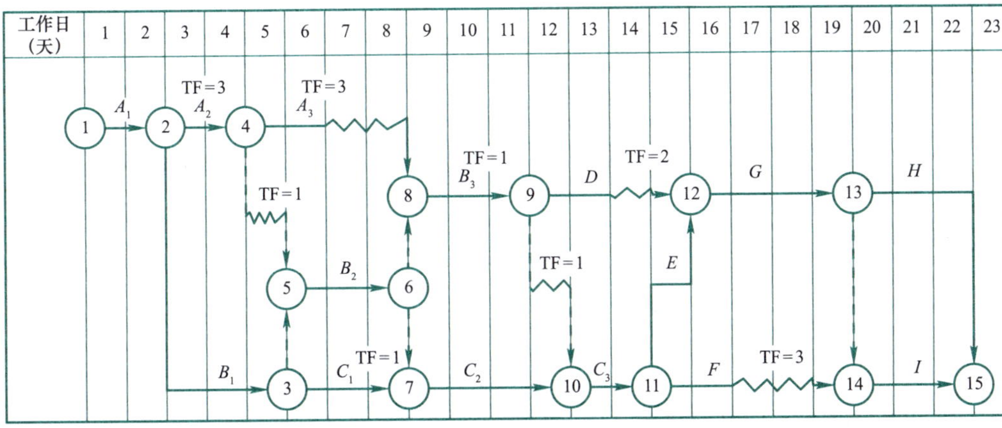


图 5–11　双代号时标网络计划示例

（2）按工作的持续时间绘制①节点的外向箭线①→②，即按 $A_1$ 工作的持续时间，画出无紧前工作的 $A_1$ 工作，确定节点②的位置。

（3）自左至右依次确定其余各节点的位置。如②、③、④、⑥、⑨、⑩节点之前只有一条内向箭线，则在其内向箭线绘制完成后即可在其末端将上述节点绘出。⑤、⑦、⑧、⑩、⑫、⑬、⑭、⑮节点，则必须待其前面的两条内向箭线都绘制完成后才能被定位在这些内向箭线中最晚完成的时刻处。其中，⑤、⑦、⑧、⑩、⑫、⑭节点均有长度不足以达到该节点的内向实箭线，故用波形线补足。

（4）用上述方法自左至右依次确定其他节点位置，直至画出全部工作，确定终点节点⑮的位置，该双代号时标网络计划即绘制完成。

## 任务实施

**任务实施单**

<table>
<tr><td colspan="6">项目 5　高速铁路项目进度管理</td></tr>
<tr><td>子任务 5.1.2</td><td colspan="5">高速铁路项目网络图进度计划</td></tr>
<tr><td>班级</td><td></td><td>姓名</td><td></td><td>学号</td><td></td></tr>
<tr><td>任务分析</td><td colspan="5">实施方案</td></tr>
<tr><td>任务实施</td><td colspan="5">1. 绘制桥墩施工进度双代号网络图，计算各项工作的时间参数，确定关键线路。<br><br>2. 绘制桥墩施工进度双代号时标网络计划。</td></tr>
</table>

## 任务实施单

<table>
<tr><td colspan="7">项目 5　高速铁路项目进度管理</td></tr>
<tr><td>子任务 5.1.2</td><td colspan="6">高速铁路项目网络图进度计划</td></tr>
<tr><td>学习总结</td><td colspan="6">学习到的技能：<br><br><br>学习到的知识：<br><br><br>谈谈素质能力及思想意识方面的提升：<br><br><br></td></tr>
<tr><td rowspan="2">学生自评<br>（20 分）</td><td>课前学习</td><td>时间概念</td><td>实施方法</td><td>职业素养</td><td>成果质量</td><td>分值</td></tr>
<tr><td></td><td></td><td></td><td></td><td></td><td></td></tr>
<tr><td rowspan="2">小组互评<br>（20 分）</td><td>任务承担</td><td>时间概念</td><td>团队合作</td><td>能力素养</td><td>成果质量</td><td>分值</td></tr>
<tr><td></td><td></td><td></td><td></td><td></td><td></td></tr>
<tr><td>教师点评<br>（60 分）</td><td colspan="6"></td></tr>
<tr><td>反思提高</td><td colspan="6">通过完成本次任务，结合自评、互评结果，说说自己还有哪些需要加强的方面：<br><br><br></td></tr>
</table>

# 任务 5.2　高速铁路项目进度控制

## 任务情境

拓展学习　思政园地

某高速铁路项目××中桥，为 3～16 m 预应力混凝土梁简支梁桥，圆形桥墩，T 形桥台，扩大基础。根据施工组织设计，该桥梁的双代号时标网络计划如图 5–12 所示。

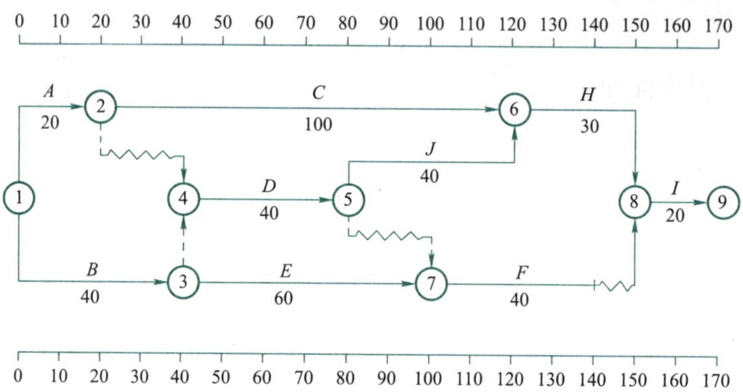


图 5–12　××中桥双代号时标网络计划

## 任务要求

根据任务情境，指出该网络计划的关键线路。当工程进行到 70 天下班时检查，发现工作 $A$、$B$ 已完成，而工作 $C$、$D$、$E$ 分别还需要 40 天、30 天和 20 天才能完成，试绘制实际进度前锋线，分析工作 $C$、$D$、$E$ 的实际进度与计划进度的偏差及对工期的影响预期。

## 知识链接

### 1. 高速铁路项目进度计划的实施与检查

#### 1）施工项目进度计划的实施

施工项目进度计划的实施就是用施工进度计划指导施工活动，落实和完成计划，保证各进度目标的实现。为落实和完成计划，应形成严密的计划保证系统，将计划目标层层分解，层层签订承包合同或下达施工任务书，明确施工任务、技术措施、质量要求等，充分发动群众，使管理层和作业层协调一致，组成一个计划实施的保证体系。为组织好施工项目进度计划的实施，应做好以下工作：

（1）编制月（旬）作业计划。将规定的任务结合现场施工条件，在施工开始前和进行中不断编制月（旬）作业计划，使施工项目进度计划更具体、切合实际和可行。

（2）签发施工任务书。将每项具体任务通过签发施工任务书向班组下达。

（3）做好施工记录，填好施工进度统计表。在施工任务执行过程中，各级管理者都要跟踪做好施工记录，记载计划中的每项工作开始日期、工作进度和完成日期，为施工项目进度检查分析提供信息。

（4）做好施工中的调度工作。调度工作的任务是掌握计划实施情况，协调各方面关系，采取措施，排除各种矛盾，加强薄弱环节，实现动态平衡，保证完成作业计划和实现进度目标。调度工作是使施工进度计划顺利实施的重要手段。

#### 2）施工项目进度计划执行中的检查

对进度计划的执行情况进行跟踪检查是计划执行信息的主要来源，是进度分析和调整的依据，也是进度控制的关键步骤。跟踪检查的主要工作是定期收集反映工程实际进度的有关数据，收集的数据应当全面、真实、可靠，不完整或不正确的进度数据将导致判断不准确或决策失误。进度计划的检查过程可分为调查、整理、对比分析等步骤。

（1）调查：采用逐日进度报表、作业状况报表、现场实地检查等方法对施工全过程进行跟踪监测，收集信息。

（2）整理：将调查资料整理加工成与施工进度计划具有可比性的反映实际施工进度的资料。例如，对检查时段实际完成工作量的进度数据进行整理、统计和分析，确定本期累计完成的工作量、本期已完成的工作量占计划总工作量的百分比等。

（3）对比分析：对比实际进度与计划进度，计算出计划的完成程度与存在的差距，并经常结合与计划表达方法一致的图形进行对比分析，从而得出实际进度与计划进度的偏差。

### 2. 高速铁路项目进度计划检查对比方法

#### 1）前锋线比较法

前锋线比较法也是一种简单的比较工程实际进度与计划进度的方法。它主要适用于双代号时标网络计划。在双代号时标网络计划上，将检查日的各项工作的实际进度标注出来，依次连接得到实际进度前锋线，一般为折线。按前锋线与网络图箭线交点的位置判定工程实际进度与计划进度的偏差，线的左侧为已完成部分，右侧为尚需的工作时间。

采用前锋线比较法进行实际进度与计划进度的比较，其步骤如下。

（1）绘制双代号时标网络计划。

工程项目实际进度前锋线是在双代号时标网络计划上标示的，为清楚起见，可在双代号时标网络计划的上方和下方各设一时间坐标。

（2）绘制实际进度前锋线。

一般从双代号时标网络计划时间坐标的检查日期开始绘制，依次连接相邻工作的实际进展位置点，最后与双代号时标网络计划坐标的检查日期相连接。

工作实际进展位置点的标定方法有以下两种。

① 按该工作已完成任务量比例进行标定。

假设工程项目中各项工作均为匀速进展，根据实际进度检查时刻该工作已完成任务量占其计划完成总任务量的比例，在工作箭线上从左至右按相同的比例标定其实际进展位置点。

② 按尚需作业时间进行标定。

当某些工作的持续时间难以按实物工程量来计算而只能凭经验估算时，可以先估算出检查时刻到该工作全部完成尚需作业的时间，然后在该工作箭线上从右向左逆向标定其实际进展位置点。

（3）进行实际进度与计划进度的比较。

前锋线可以直观地反映出检查日期有关工作实际进度与计划进度之间的关系。对某项工作来说，其实际进度与计划进度之间的关系可能存在以下 3 种情况：

① 工作实际进展位置点落在检查日期的左侧，表明该工作实际进度拖后，拖后的时间为二者之差；

② 工作实际进展位置点与检查日期重合，表明该工作实际进度与计划进度一致；

③ 工作实际进展位置点落在检查日期的右侧，表明该工作实际进度超前，超前的时间为二者之差。

如图 5-13 所示，在第 5 天检查时，发现工作 *A* 已完成，工作 *B* 已进行 1 天，工作 *C* 已进行 2 天，工作 *D* 尚未开始，从该图前锋线可以看出，工作 *B* 拖延 1 天，工作 *C* 与计划一致，工作 *D* 拖延 2 天。

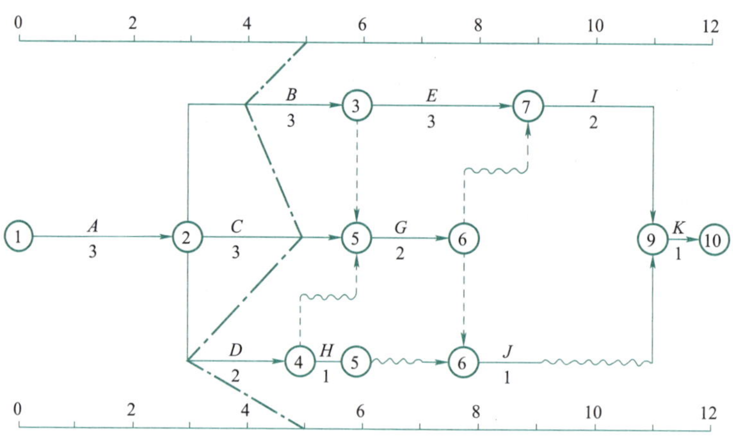


图 5-13　前锋线检查法

（4）预测进度偏差对后续工作及总工期的影响。

通过实际进度与计划进度的比较确定进度偏差后，还可根据工作的自由时差和总时差预测该进度偏差对后续工作及总工期的影响。

由此可见，前锋线比较法既适用于工作实际进度与计划进度之间的局部比较，又可用来分析和预测工程项目整体进度状况。

2）横道图检查比较法

横道图检查比较法是指将在项目实施过程中收集的实际进度相关信息，经整理后直接用横道线并列标于原计划的横道线处，进行直观比较的方法。因应用条件不同，它可分以下几种。

（1）在匀速施工条件下，按时间进度标注、检查。在匀速施工条件下，时间进度与完成工程量进度一致，因此，用到检查日为止的实际进度线与计划进度线长度相比较，二者之差即为时间进度差。例如，某基础工程的施工实际进度与计划进度比较如图 5-14 所示，其中粗实线表示计划进度，涂黑部分则表示工程施工的实际进度。从比较中可以看出，在第 7 周末进行施工进度检查时，第 1、3 项工作已经完成，第 2 项工作按计划进度应当完成 83%，而实际施工进度为只完成了 67%，已经拖后了 16%。

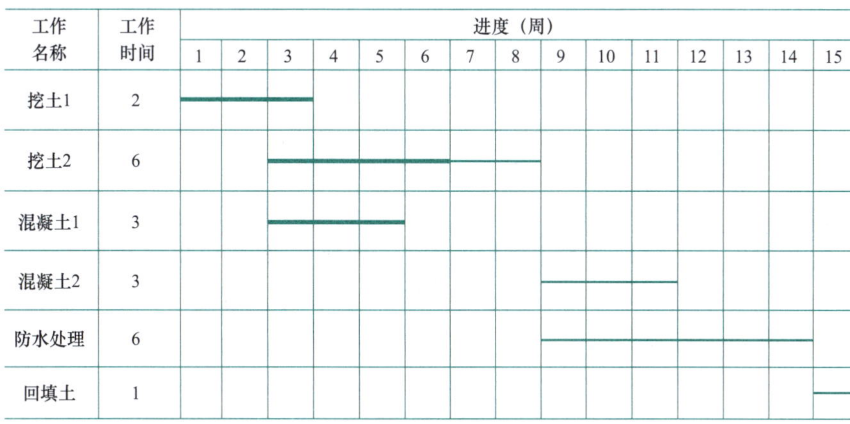


图 5-14　匀速施工横道图检查比较法

上述记录与比较，为进度控制者提供了实际进度与计划进度之间的偏差，为采取调整措施提供了明确的方向。

（2）在变速施工条件下，按时间进度和数量进度比例标注、检查。数量进度是指用实物工程量、工作量、劳动时间等表示的施工进度。在检查变速施工进度或检查多项施工过程综合进度时，由于施工中的时间进度与数量进度不一致，只有对二者同时标注检查，才能准确反映施工进度完成情况。具体方法是将表示工作实际进度的涂黑粗线，按检查的期间和完成的百分比交替地绘制在计划横道图上下两侧，其长度表示该时间内完成的任务量。工作的计划累计完成百分比标于横道线的上方，工作的实际累计完成百分比标于横道线的下方，通过比较两个上下相对的百分比，判断该工作的实际进度与计划进度之间的关系。其比较方法如图 5-15 所示。

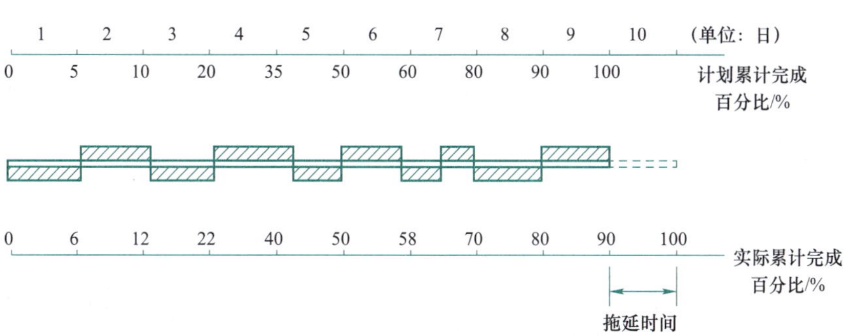


图 5-15　变速施工横道图检查比较法

① 编制横道图进度计划。

② 在横道线上方标出每天（或每周）计划累计完成百分比。

③ 在计划横道线的下方标出工作按日（或周）检查的实际累计完成百分比，第 1

天到第 10 天末分别为 6%，12%，22%，40%，…。

④ 用涂黑粗线分别在横道线上、下方交替画出每次检查实际完成的上述百分比。

⑤ 比较实际进度与计划进度。其实际进度在第 9 天末只完成了 90%，没按计划完成任务，第 10 天末实际累计完成百分比为 100%，拖延了 1 天工期。

横道图检查比较法简单、形象、直观、容易掌握，但它以横道图计划为基础，各工作之间的逻辑关系不明显，关键工作和关键线路无法确定，一旦某些工作进度产生偏差，难以预测对后续工作和整个工期的影响及确定调整方案。

#### 3）S 形曲线比较法

S 形曲线比较法是以横坐标表示时间、纵坐标表示累计完成百分比，绘制出一条按计划时间累计完成任务量的 S 形曲线图，进而进行实际进度与计划进度相比较的一种方法。一般情况下，进度控制人员在计划实施前绘制出计划 S 形曲线，在项目实施过程中，按规定时间将实际完成任务情况绘制在同一张图上，可得出实际进度 S 形曲线，如图 5-16 所示。

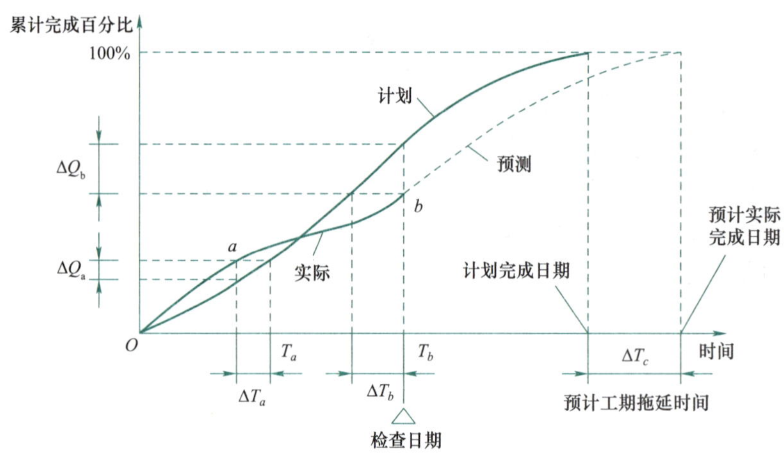


图 5-16　S 形曲线比较法

比较两条 S 形曲线可得到以下信息。

（1）工程项目实际进度与计划进度比较情况。当实际进展点落在计划 S 形曲线左侧，则表示此时实际进度比计划进度超前；若落在其右侧，则表示延后；若刚好落在其上，则表示二者一致。

（2）工程项目实际进度比计划进度超前或延后的时间。$\Delta T_a$ 表示 $T_a$ 时刻实际进度超前的时间；$\Delta T_b$ 表示 $T_b$ 时刻实际进度延后的时间。

（3）工程项目实际进度比计划进度超额或拖欠的任务量。$\Delta Q_a$ 表示 $T_a$ 时刻超额完成的任务量，$\Delta Q_b$ 表示 $T_b$ 时刻拖欠的任务量。

（4）预测工程进度。后期工程按原计划速度进行，则预计工期拖延时间为 $\Delta T_c$。

#### 4）香蕉形曲线比较法

香蕉形曲线是由两条 S 形曲线组合成的闭合曲线。一条 S 形曲线是按各项工作的计划最早开始时间绘制的计划进度曲线（ES）；另一条 S 形曲线是按各项工作的计划最迟开始时间绘制的计划进度曲线（LS）。两条 S 形曲线都是从计划的开始时刻开始和在计划的完成时刻结束，因此，两条曲线是闭合的，故呈香蕉形。

同一时刻两条曲线所对应的计划完成量形成了一个允许实际进度变动的弹性区间，在项目的实施过程中进度控制的理想状态是任一时刻按实际进度描出的点，应落在该香蕉形曲线的区域内。香蕉形曲线比较法如图 5–17 所示。利用香蕉形曲线比较法可以对工程实际进度与计划进度做比较，对工程进度进行合理安排，确定在检查状态下，后期工程的 ES 曲线和 LS 曲线的发展趋势。

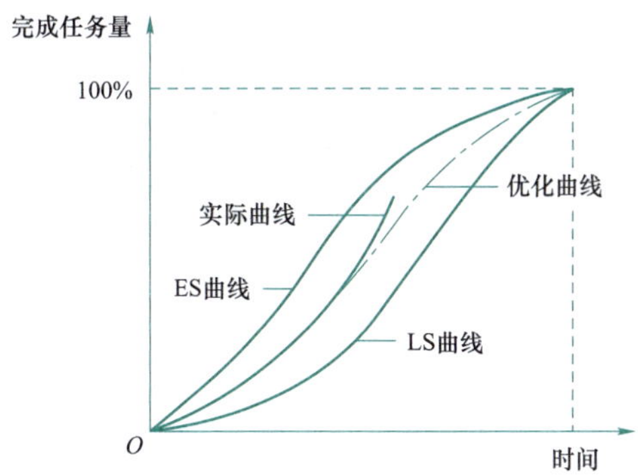


图 5–17　香蕉形曲线比较法

## 任务实施

### 任务实施单

<table>
<tr><td colspan="6">项目 5　高速铁路项目进度管理</td></tr>
<tr><td>任务 5.2</td><td colspan="5">高速铁路项目进度控制</td></tr>
<tr><td>班级</td><td></td><td>姓名</td><td></td><td>学号</td><td></td></tr>
<tr><td>任务分析</td><td colspan="5">实施方案</td></tr>
<tr><td>任务实施</td><td colspan="5">1. 指出网络计划的关键线路。<br><br>2. 绘制实际进度前锋线。<br>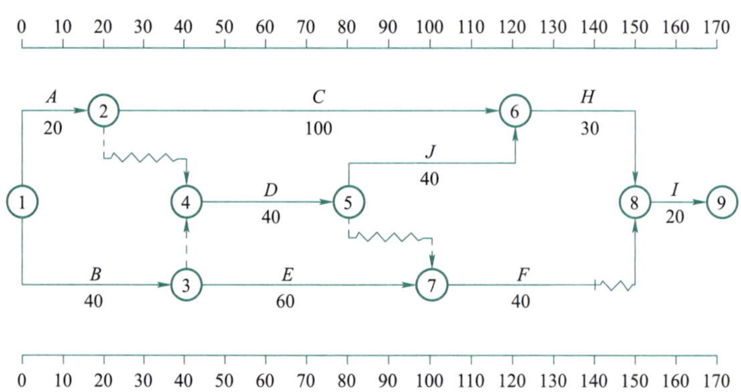<br>3. 分析工作 C、D、E 的实际进度与计划进度的偏差及对工期的影响预期。</td></tr>
</table>

## 任务实施单

<table>
<tr><td colspan="7">项目 5　高速铁路项目进度管理</td></tr>
<tr><td>任务 5.2</td><td colspan="6">高速铁路项目进度控制</td></tr>
<tr><td>学习总结</td><td colspan="6">学习到的技能：<br><br><br><br>学习到的知识：<br><br><br><br>谈谈素质能力及思想意识方面的提升：<br><br><br><br></td></tr>
<tr><td rowspan="2">学生自评<br>（20 分）</td><td>课前学习</td><td>时间概念</td><td>实施方法</td><td>职业素养</td><td>成果质量</td><td>分值</td></tr>
<tr><td></td><td></td><td></td><td></td><td></td><td></td></tr>
<tr><td rowspan="2">小组互评<br>（20 分）</td><td>任务承担</td><td>时间概念</td><td>团队合作</td><td>能力素养</td><td>成果质量</td><td>分值</td></tr>
<tr><td></td><td></td><td></td><td></td><td></td><td></td></tr>
<tr><td>教师点评<br>（60 分）</td><td colspan="6"></td></tr>
<tr><td>反思提高</td><td colspan="6">通过完成本次任务，结合自评、互评结果，说说自己还有哪些需要加强的方面：<br><br><br><br></td></tr>
</table>

# 任务 5.3　高速铁路项目进度调整

## 任务情境

拓展学习　思政园地

某高速铁路项目××中桥，为 3～16 m 预应力混凝土梁简支梁桥，圆形桥墩，T 形桥台，扩大基础。按计划执行 40 天下班时检查了实际进度，绘出前锋线如图 5–18 所示。

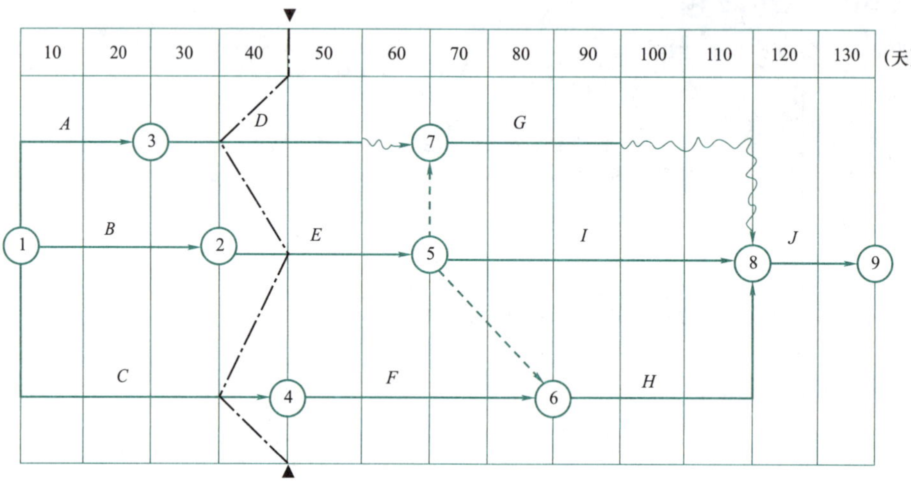


图 5–18　××中桥 40 天实际进度前锋线

## 任务要求

根据任务情境，请回答：

（1）请分析 40 天实际进度对后续工作和总工期的影响，并提出相应的进度调整措施；

（2）如果项目工期允许拖延，绘制拖延工期后的双代号时标网络计划；

（3）如果项目工期只允许调整为 135 天，绘制调整后的双代号时标网络计划，并提出相应的进度调整措施。

## 知识链接

### 1. 分析进度偏差对后续工作及总工期的影响

通过检查发现施工进度出现偏差后，利用双代号时标网络计划分析偏差所处位置及其与总时差（TF）、自由时差（FF）的对比关系，判断偏差对总工期及后续工作的影响。分析步骤如下所述。

（1）分析产生进度偏差的工作是否为关键工作。

若出现偏差的工作是关键工作，则无论其偏差大小，对后续工作及总工期都会产生影响，必须进行进度计划更新；若出现偏差的工作为非关键工作，则需根据偏差与总时差和自由时差的大小关系，确定其对后续工作和总工期的影响程度。

（2）分析进度偏差是否大于总时差。

如果工作的进度偏差大于总时差，则必将影响后续工作和总工期，应采取相应的调整措施；如果工作的进度偏差小于或等于该工作的总时差，则表明对总工期无影响，但其对后续工作的影响，需要将其偏差与其自由时差相比较才能做出判断。

（3）分析进度偏差是否大于自由时差。

如果工作的进度偏差大于该工作的自由时差，则会对后续工作产生影响，应根据后续工作允许影响的程度确定如何调整；如果工作的进度偏差小于或等于该工作的自由时差，则对后续工作无影响，进度计划可不做调整更新。

### 2. 施工进度检查结果的处理意见

在上述分析的基础上，依据施工工期的要求提出处理意见，在必要时做出调整。对施工进度检查结果的处理意见如表 5–5 所示。

**表 5–5　施工进度检查结果的处理意见**

<table>
<tr><th>工期要求</th><th colspan="2">进度偏差（$\Delta$）分析</th><th>序号</th><th>处理意见</th></tr>
<tr><td rowspan="7">按期完工</td><td colspan="2">$\Delta=0$</td><td>1</td><td>执行原计划</td></tr>
<tr><td rowspan="4">TF>0</td><td>$\Delta<0$</td><td>2</td><td>不需要调整</td></tr>
<tr><td>$0<\Delta\leqslant FF$</td><td>3</td><td>不需要调整</td></tr>
<tr><td>$FF<\Delta\leqslant TF$</td><td>4</td><td>按后续工作机动时间确定允许拖延时间，局部调整后续工作；移动工作起止时间，压缩后续工作持续时间</td></tr>
<tr><td>$\Delta>TF$</td><td>5</td><td>非关键线路上，后续工作压缩工期，同 4；关键线路上，后续工作压缩 $\Delta-TF$</td></tr>
<tr><td rowspan="2">TF=0</td><td>$\Delta<0$</td><td>6</td><td>将提前的 $\Delta$ 分配给耗资大的后续关键工作，以降低成本</td></tr>
<tr><td>$\Delta>0$</td><td>7</td><td>后续关键工作压缩 $\Delta t$</td></tr>
<tr><td rowspan="2">允许工期延后 $\Delta t$</td><td rowspan="2">TF=0</td><td>$\Delta>\Delta t>0$</td><td>8</td><td>新工期 $T+\Delta$，后续关键工作压缩 $\Delta-\Delta t$</td></tr>
<tr><td>$\Delta t>\Delta>0$</td><td>9</td><td>新工期 $T+\Delta$，后续关键工作不必压缩工期、不必改变工作关系，只需按实际进度数据修改原网络计划的时间参数</td></tr>
<tr><td rowspan="4">工期提前 $\Delta t$</td><td rowspan="4">TF=0</td><td>$\Delta=0$</td><td>10</td><td>后续关键工作压缩工期 $|\Delta t|$</td></tr>
<tr><td>$\Delta>0$</td><td>11</td><td>后续关键工作压缩工期 $|\Delta t|+\Delta$</td></tr>
<tr><td>$0>\Delta>\Delta t$</td><td>12</td><td>后续关键工作压缩工期 $|\Delta t|-|\Delta|$</td></tr>
<tr><td>$0>\Delta=\Delta t$</td><td>13</td><td>同 9</td></tr>
</table>

注：（1）$\Delta=$ 实际进度工期 – 计划进度工期。若工期提前，$\Delta<0$；若工期延后，$\Delta>0$。

（2）$T$ 为总工期。

### 3. 施工进度计划的调整

为了实现进度目标，施工项目控制人员在发现问题后，必须对实施的进度进行调整。调整原施工进度计划的方法一般有以下两种。

#### 1）改变某些工作间的逻辑关系

若检查的实际进度产生的偏差影响了总工期，则在工作之间的逻辑关系允许改变的条件下，改变关键线路和超过计划工期的非关键线路上有关工作之间的逻辑关系，可以达到缩短工期的目的。这种调整方法的效果是显著的。例如，可以将依次进行的工作变为平行或互相搭接的关系，以缩短工期。但这种调整应以不影响原定计划工期和其他工作之间的顺序为前提，调整的结果不能形成对原计划的否定，如图 5-19 所示。

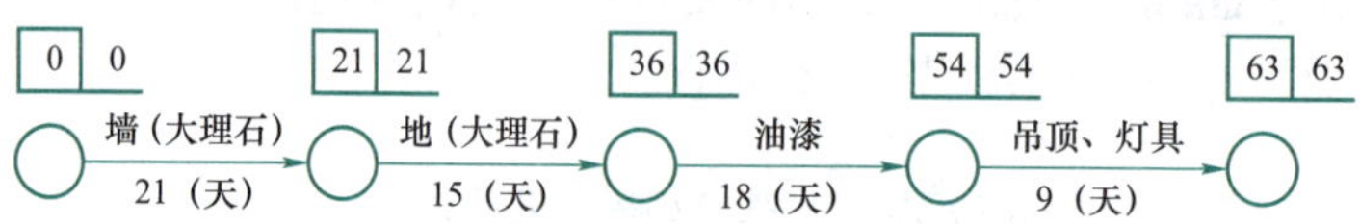


(a) 原进度计划

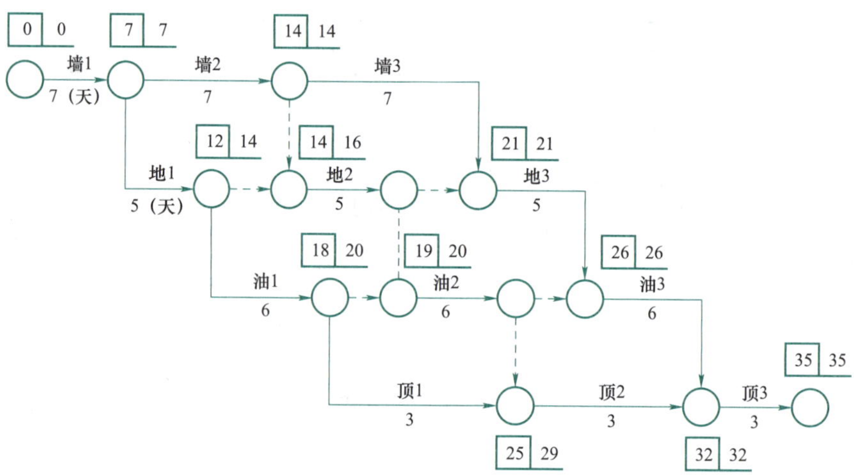


(b) 调整后的进度计划

图 5-19　改变逻辑关系的进度计划调整方法

对于大型群体工程项目，单位工程间的相互制约相对较小，可调幅度较大；对于单位工程内部各分部分项工程，由于它们相互之间的施工顺序和逻辑关系约束较大，可调幅度较小。采用此种方式进行调整时，由于增加了各工作间的相互搭接时间，因而进度控制工作显得更加重要，实施中必须做好协调工作。

#### 2）缩短后续某些工作的持续时间

这种方法不改变工作之间的逻辑关系，而是缩短后续某些工作的持续时间，加快进度，以保证计划工期的实现。在项目进度拖延的情况下，为了加快进度，通常需压缩引起总工期延误的关键线路和某些非关键线路的工作持续时间。

（1）根据工期费用优化原理调整。

① 研究后续各项工作持续时间压缩的可能性及其极限工作持续时间。

② 确定因计划调整、采取必要措施而引起的各项工作的费用变化率。

③ 选择直接引起拖期的工作及紧后工作优先压缩，以免拖期影响扩散。

④ 选择费用变化率最小的工作优先压缩，以求花费最小代价，满足既定工期要求。

⑤ 综合考虑第③、④条，确定新的调整计划。

（2）网络图调整方法。

这种调整方法通常可以在网络计划图上直接进行，一般分成以下 3 种情况。

① 网络计划图中某项工作进度拖延的时间已超过其自由时差但未超过其总时差。

当该工作的实际进度不会影响总工期，而只对其后续工作产生影响时，在进行调整前，需要确定其后续工作允许拖延的时间限制，并以此作为进度调整的限制条件。后续工作如不能按原计划进行，在时间上产生的任何变化都可能使合同不能正常履行。当后续工作拖延的时间无限制时，将拖延后的时间参数代入原计划，简化网络计划图即可得到调整方案。当后续工作拖延的时间有限制时，需要根据限制条件对网络计划图进行调整。

② 网络计划图中某项工作进度拖延的时间超过其总时差。

当 $\Delta > TF$ 时，即网络计划图中某项工作进度拖延的时间超过其总时差，则无论该工作是否为关键工作，其实际进度都将对后续工作和总工期产生影响。此时，进度计划的调整方法又可分为以下 3 种情况：

a）项目总工期不允许拖延：如果工程项目必须按照原计划工期完成，则只能采取缩短关键线路上后续工作持续时间的方法来达到调整计划的目的。

b）项目总工期允许拖延：如果项目总工期允许拖延，则此时只需以实际数据取代原计划数据，并重新绘制实际进度检查日期之后的简化网络计划图即可。

c）项目总工期允许拖延的时间有限：如果项目总工期允许拖延，但允许拖延的时间有限，则当实际进度拖延的时间超过此限制时，也需要对网络计划图进行调整，以满足要求。

具体的调整方法是以总工期的限制时间作为规定工期，对检查日期之后尚未实施的网络计划进行工期优化，即通过缩短关键线路上后续工作持续时间的方法来使总工期满足规定工期要求。

以上 3 种情况均是以总工期为限制条件调整进度计划的。值得注意的是，当某项工作实际进度拖延的时间超过其总时差而需要对进度计划进行调整时，除需考虑总工期的限制条件之外，还应考虑网络计划图中后续工作的限制条件，特别是对总进度计划的控制更应注意这一点。

③ 网络计划图中某项工作进度超前。

在建设工程计划阶段所确定的工期目标，往往是综合考虑了各方面因素而确定的合理工期。因此，时间上的任何变化，无论是进度拖延还是超前，都可能造成其他目标的失控。

在实际工作中应根据具体情况选用上述方法进行进度计划的调整，当某一种方式的调整幅度不能满足工期目标要求时，可以同时采用上述两种方法进行进度计划调整。

### 3）缩短关键工作的持续时间的措施

（1）组织措施。如增加工作面，组织更多的施工队伍；增加每天的施工时间（如采用三班制等)；增加劳动力和施工机械的数量等。

（2）技术措施。如改进施工工艺和施工技术，缩短工艺技术间歇时间；采用更先进的施工方法，以减少施工过程的数量（如将现浇框架方案该为预制装配方案）；采用更先进的施工机械等。

（3）经济措施。如实行包干奖励，提高奖金数额，对所采取的技术措施给予相应的经济补偿等。

（4）其他配套措施。如改善外部配合条件，改善劳动条件，实行强有力的调度等。

## 任务实施

### 任务实施单

<table>
<tr><td colspan="6">项目 5　高速铁路项目进度管理</td></tr>
<tr><td>任务 5.3</td><td colspan="5">高速铁路项目进度调整</td></tr>
<tr><td>班级</td><td></td><td>姓名</td><td></td><td>学号</td><td></td></tr>
<tr><td>任务分析</td><td colspan="5">实施方案<br><br><br><br>成果检验</td></tr>
<tr><td>任务实施</td><td colspan="5">1. 请分析 40 天实际进度对后续工作和总工期的影响，并提出相应的进度调整措施。<br><br><br><br>2. 如果项目工期允许拖延，绘制拖延工期后的双代号时标网络计划。<br><br><br><br>3. 如果项目工期只允许调整为 135 天，绘制调整后的双代号时标网络计划，并提出相应的进度调整措施。</td></tr>
</table>

## 任务实施单

<table>
<tr><td colspan="7">项目 5　高速铁路项目进度管理</td></tr>
<tr><td>任务 5.3</td><td colspan="6">高速铁路项目进度调整</td></tr>
<tr><td>学习总结</td><td colspan="6">学习到的技能：<br><br>学习到的知识：<br><br>谈谈素质能力及思想意识方面的提升：</td></tr>
<tr><td rowspan="2">学生自评<br>（20 分）</td><td>课前学习</td><td>时间概念</td><td>实施方法</td><td>职业素养</td><td>成果质量</td><td>分值</td></tr>
<tr><td></td><td></td><td></td><td></td><td></td><td></td></tr>
<tr><td rowspan="2">小组互评<br>（20 分）</td><td>任务承担</td><td>时间概念</td><td>团队合作</td><td>能力素养</td><td>成果质量</td><td>分值</td></tr>
<tr><td></td><td></td><td></td><td></td><td></td><td></td></tr>
<tr><td>教师点评<br>（60 分）</td><td colspan="6"></td></tr>
<tr><td>反思提高</td><td colspan="6">通过完成本次任务，结合自评、互评结果，说说自己还有哪些需要加强的方面：</td></tr>
</table>

## 知识测试和能力训练

### 一、知识测试

1. 项目进度管理的组成有哪些?
2. 项目进度计划的类型有哪些?
2. 网络图有哪几种?虚箭线有何意义?
3. 工艺关系和组织关系是指什么?
4. 什么是紧前工作、紧后工作、平行工作?
5. 什么是关键线路、关键工作?
6. 双代号网络图的绘制原则是什么?
7. 网络计划的 6 个时间参数指什么?如何计算?
8. 进度控制的影响因素有哪些?控制方法是什么?控制措施有哪些?
9. 进度计划的检查对比方法常用的有哪几种?各有何特点?

### 二、能力训练

某高速铁路桥梁工程，为 2～16 m 预应力混凝土梁桥，圆端形实体墩，T 形桥台，扩大基础。其基础工程施工分为 3 个施工段，每段施工包括挖土方、做灰土垫层、浇筑基础 3 个施工过程，组织流水施工，项目分解结果、工作持续时间及施工顺序见表 5–6。

表5–6　基础工程进度计划分解表

| 工作名称 | 挖 1 | 挖 2 | 挖 3 | 垫 1 | 垫 2 | 垫 3 | 基 1 | 基 2 | 基 3 |
|---|---|---|---|---|---|---|---|---|---|
| 工作代号 | $A_1$ | $A_2$ | $A_3$ | $B_1$ | $B_2$ | $B_3$ | $C_1$ | $C_2$ | $C_3$ |
| 持续时间 | 4 天 | 5 天 | 3 天 | 2 天 | 2 天 | 3 天 | 4 天 | 2 天 | 6 天 |
| 紧前工作 | — | $A_1$ | $A_2$ | $A_1$ | $A_2$、$B_1$ | $A_3$、$B_2$ | $B_1$ | $B_2$、$C_1$ | $C_2$、$B_3$ |

1. 根据项目的施工顺序，绘制桥梁基础工程双代号网络图。
2. 绘制桥梁基础工程双代号时标网络计划。
3. 计算各工序的时间参数。
4. 判断本工程网络计划的关键线路，并说明原因。
5. 15 天晚检查时，$A_3$ 完成总工作量的 2/3，$B_2$ 尚未开始，$C_1$ 完成总工作量的 3/4，绘制实际进度前锋线，分析实际进度与计划进度的偏差及对工期的影响预期。
6. 在保证总工期不变的情况下，制定进度计划调整措施。

# 项目 6

# 高速铁路项目质量管理

## 项目描述

工程质量是高速铁路的生命，工程质量管理是高速铁路项目管理的核心。从事高速铁路项目质量管理，必须以项目质量管理理论为指导，明确高速铁路质量管理的内涵、质量影响因素及质量管理的关键环节，按照高速铁路项目质量管理基本原则，建立和运行质量管理体系，重视高速铁路项目质量管理过程，致力于实现高速铁路项目质量管理目标。

质量管理是高速铁路项目管理的三大目标之一，也是高速铁路项目管理的中心任务，通过本项目的学习，掌握质量计划的编制、质量控制、质量管理统计分析方法及铁路工程施工质量验收等内容。

## 学习目标

### 能力目标

- 能够编制高速铁路项目质量计划；
- 能够制定质量控制的方法及措施；
- 能够进行质量分析；
- 能够实施质量验收。

### 知识目标

- 了解质量计划的编制；
- 了解质量管理的内容；
- 熟悉质量管理统计分析方法；
- 铁路工程质量验收内容及程序。

### 素质目标

- 培养学生分析问题、解决问题的能力；
- 培养学生进行项目质量管理的能力。

# 任务 6.1　高速铁路项目质量计划

拓展学习　思政园地

## 任务情境

某高速铁路项目某桥梁桥址地处农田，主跨跨越高速公路。桥跨为 $10\times32.7+48+80+48+12\times32.7$ m，共 25 孔。桥墩基础桩基直径为 2.0 m，穿过深 7.0～8.0 m 卵石覆盖层，入基岩 5.0～6.0 m 深，低桩承台；桥梁下部结构为实体墩台。施工单位总部对项目经理部项目总工程师组织编写的质量管理体系进行内审时发现质量计划中只有以下内容：编制依据、项目概况、质量目标、质量控制及管理组织协调的系统描述、与施工阶段相适应的检验、试验、测量、验证要求。

## 任务要求

根据任务情境，请完成下列问题：

（1）分析质量计划编制程序的合理性和内容的全面性；

（2）指出该桥梁分项工程施工质量控制点（列出 3 个分项工程，每个分项工程不少于 5 个控制点）。

## 知识链接

### 1. 高速铁路项目质量计划

高速铁路项目质量计划是指确定施工项目的质量目标并规定必要的作业过程、专门的质量措施和资源，以实现高速铁路项目的质量目标。

#### 1）质量计划的主要内容

在已经建立质量管理体系的情况下，质量计划的内容必须全面体现和落实企业质量管理体系文件的要求（也可引用质量管理体系文件中的相关条文），编制程序、内容和编制依据要符合有关规定，同时结合本工程的特点，在质量计划中编写专项管理要求。质量计划的基本内容一般应包括：

（1）编制依据；

（2）项目概况；

（3）质量目标；

（4）组织机构；

（5）质量控制及管理组织协调的系统描述；

（6）必要的质量控制手段，施工过程、服务、检验和试验程序；

（7）确定关键工序和特殊过程及作业指导书；

（8）与施工阶段相适应的检验、试验、测量、验证要求；

（9）更改和完善质量计划的程序。

2）质量计划的编制要求

质量计划应由项目经理主持编制。质量计划作为对外质量保证和对内质量控制的依据文件，应体现施工项目从分项工程、分部工程到单位工程的系统控制过程，同时也要体现从资源投入到完成工程质量最终检验和试验的全过程控制。质量计划的编制要求主要包括以下几个方面。

（1）质量目标。

质量目标一般由企业技术负责人、项目经理部管理层经认真分析项目特点、项目经理部情况及企业生产经营总目标后决定。其基本要求是施工项目竣工交付业主（用户）使用时，确保合同范围内全部工程的所有使用功能符合设计（或更改）图纸要求；检验批、分项、分部、单位工程质量达到施工质量验收统一标准，合格率为100%。

（2）管理职责。

质量计划应规定项目经理部管理人员及操作人员的岗位职责。

项目经理是施工项目实施的最高负责人，对工程符合设计（或更改）、质量验收标准、各阶段按期交工负责，以保证整个工程项目质量符合合同要求。项目经理可委托项目质量副经理（或技术负责人）负责施工项目质量计划和质量文件的实施及日常质量管理工作。项目生产副经理要对项目施工进度负责，调配人力、物力，保证按图纸和规范施工，协调与业主（用户）、分包商的关系，负责审核结果、整改措施和质量纠正措施的实施。

施工队长、工长、测量员、试验员、计量员在项目质量副经理的直接指导下，负责所管部位和分项施工全过程的质量，使其符合图纸和规范要求，有更改的符合更改要求，有特殊规定的要符合特殊要求。

材料员、机械员对进场的材料、构件、机械设备进行质量验收和退货、索赔，对业主或分包商提供的物资和机械设备要按合同规定进行验收。

（3）资源提供。

质量计划要规定项目经理部管理人员及操作人员的岗位任职标准及考核认定方法；规定施工项目人员流动的管理程序；规定施工项目人员进场培训的内容、考核和记录；规定新技术、新结构、新材料、新设备的使用方法和操作人员的培训内容；规定施工项目所需的临时设施、支持性服务手段、施工设备及通信设施；规定为保证施工环境所需要的其他资源提供等。

（4）施工项目实现过程的策划。

质量计划中要规定施工组织设计或专项项目质量计划的编制要点及接口关系；规定重要施工过程技术交底的质量策划要求；规定新技术、新材料、新结构、新设备的策划要求；规定重要过程验收的准则或技艺评定方法。

（5）材料、机械设备、劳务及试验等采购过程的控制。

质量计划对施工项目所需的材料、设备等要规定供方产品标准及质量管理体系的要求、采购的法规要求，有可追溯性要求时，要明确其记录、标志的主要方法等。

（6）产品标识和可追溯性控制。

隐蔽工程、分部分项工程的验收、特殊要求的工程等必须做可追溯性记录，施工项目的质量计划要对其可追溯性的范围、程序、标识、所需记录及如何控制和分发这些记录等内容做出规定。重要材料（如钢材、构件等）及重要施工设备的运作必须具有可追溯性。

坐标控制点、标高控制点、编号、沉降观测点、安全标志、标牌等是施工项目的重要标识记录，质量计划要对这些标识的准确性控制措施、记录等内容做出详细规定。

（7）施工工艺过程控制。

质量计划要对工程从合同签订到交付全过程的控制方法做出相应的规定，具体包括：施工项目的各种进度计划的过程识别和管理规定；施工项目实施全过程各阶段的控制方案、措施及特殊要求；施工项目实施过程需用的程序文件、作业指导书；隐蔽工程、特殊工程进行控制、检查、鉴定验收、中间交付的方法及人员上岗条件和要求等；施工项目实施过程需使用的主要施工机械设备、工具的技术和工作条件、运行方案等。

（8）搬运、存储、包装、成品保护和交付过程的控制。

质量计划要对搬运、存储、包装、成品保护和交付过程的控制方法做出相应的规定，具体包括：施工项目实施过程所形成的分项、分部、单位工程的半成品、成品保护方案、措施、交接方式等内容的规定；工程中间交付、竣工交付工程的收尾、维护、验收、后续工作处理的方案、措施、方法的规定；材料、构件、机械设备的运输、装卸、存收的控制方案及措施的规定等。

（9）检验、试验和测量过程及设备的控制。

质量计划要对施工项目上所进行和使用的所有检验、试验、测量过程及设备的控制、管理制度等做出相应的规定。

（10）不合格品的控制。

质量计划要编制作业、分项、分部工程不合格品出现的补救方案和预防措施，规定合格品与不合格品之间的标识，并制订隔离措施。

### 2. 质量控制点的设置及管理

施工质量控制点的设置是质量计划的重要组成内容。所谓质量控制点就是根据施工项目的特点，为保证工程质量而确定的重点控制对象、关键部位或薄弱环节。

#### 1）质量控制点的设置

设置质量控制点并对其进行分析是质量计划的一项重要内容。因此，在项目施工前应根据施工项目的具体特点和技术要求，结合施工中各环节和部位的重要性、复杂性，准确、合理地选择质量控制点。概括来说，就是选择那些保证质量难度大、对质量影响大的或是发生质量问题时危害大的对象作为质量控制点。质量控制点设置的对象主要有以下几个方面。

（1）关键的分部、分项及隐蔽工程，如桥梁的钢筋工程、大体积混凝土工程、基础工程中的混凝土浇筑工程等。

（2）关键的工程部位，如转体施工桥梁的基础、路基过渡段等。

（3）施工中的薄弱环节，即经常发生或容易发生质量问题的施工环节，或在施工质量控制过程中无把握的环节，如框构桥的防水、严寒地区隧道衬砌的排水抗冻等环节。

（4）关键作业。如混凝土浇筑中的振捣作业、钻孔灌注桩中的钻孔作业。

（5）关键作业中的关键质量特性，如混凝土的强度、回填土的含水率、灰缝的饱满度等。

（6）采用新技术、新工艺、新材料的部位或环节。

进行质量预控，质量控制点的选择是关键。在每个施工阶段前，应设置并列出相应的质量控制点，如大体积混凝土施工的质量控制点应为：原材料及配合比控制、混凝土坍落度控制及试块（抗压、抗渗）取样、混凝土浇捣控制、浇筑标高控制、养护控制等。

凡是影响质量控制点的因素都可以作为质量控制点的对象，因此，人、材料、机械设备、施工环境、施工方法等均可以作为质量控制点的对象。但对特定的质量控制点，它们的影响作用是不同的，应区别加以对待，重要因素，重点控制。

#### 2）质量控制点控制措施的设计

在设置质量控制点后，要针对每个质量控制点进行控制措施的设计，主要步骤和内容如下：

（1）列出质量控制点明细表；

（2）设计质量控制点施工流程图；

（3）进行作业分析，找出影响质量的主要因素；

（4）对主要影响因素制定出明确的控制范围和控制要求；

（5）编制保证质量的作业指导书。

#### 3）确保质量控制点验收合格的具体措施的实施

（1）将质量控制点的设置及控制措施向有关人员进行交底，使其真正了解控制意图和控制关键要点，树立以预防为主的思想。

（2）质量检查及监控人员要在施工现场进行重点检查、指导和验收，对关键的质量控制点进行旁站监督。

（3）严格要求操作人员按作业指导书进行认真操作，保证各环节的施工质量。

（4）按规定做好质量检查和验收，认真记录检查结果，取得准确、完整的第一手资料。

（5）运用数理统计方法对检查结果进分析，不断地进行质量改进，直至质量控制点验收合格。

# 任务实施

## 任务实施单

<table>
<tr><td colspan="6">项目 6　高速铁路项目质量管理</td></tr>
<tr><td>任务 6.1</td><td colspan="5">高速铁路项目质量计划</td></tr>
<tr><td>班级</td><td></td><td>姓名</td><td></td><td>学号</td><td></td></tr>
<tr><td>任务分析</td><td colspan="5">实施方案</td></tr>
<tr><td>任务实施</td><td colspan="5">1. 分析质量计划编制程序的合理性和内容的全面性。<br><br>2. 指出该桥梁分项工程施工质量控制点（列出 3 个分项工程，每个分项工程不少于 5 个控制点）。</td></tr>
</table>

## 任务实施单

<table>
<tr><td colspan="7">项目 6　高速铁路项目质量管理</td></tr>
<tr><td>任务 6.1</td><td colspan="6">高速铁路项目质量计划</td></tr>
<tr><td>学习总结</td><td colspan="6">学习到的技能：<br><br>学习到的知识：<br><br>谈谈素质能力及思想意识方面的提升：</td></tr>
<tr><td rowspan="2">学生自评<br>（20 分）</td><td>课前学习</td><td>时间概念</td><td>实施方法</td><td>职业素养</td><td>成果质量</td><td>分值</td></tr>
<tr><td></td><td></td><td></td><td></td><td></td><td></td></tr>
<tr><td rowspan="2">小组互评<br>（20 分）</td><td>任务承担</td><td>时间概念</td><td>团队合作</td><td>能力素养</td><td>成果质量</td><td>分值</td></tr>
<tr><td></td><td></td><td></td><td></td><td></td><td></td></tr>
<tr><td>教师点评<br>（60 分）</td><td colspan="6"></td></tr>
<tr><td>反思提高</td><td colspan="6">通过完成本次任务，结合自评、互评结果，说说自己还有哪些需要加强的方面：</td></tr>
</table>

# 任务 6.2　高速铁路项目质量控制

拓展学习　思政园地

## 任务情境

某高速铁路项目××隧道，双线，隧道长 1 800 m。围岩级别为Ⅲ、Ⅳ、Ⅴ级，部分地段有岩溶。洞口部分采用管棚超前支护，对Ⅴ级围岩采用超前小导管注浆支护；初支采用格栅，锚喷混凝土；二衬采用钢筋混凝土复合衬砌。

## 任务要求

根据任务情境，请分组讨论并回答下列问题：

（1）简述隧道现场质量管理的基本环节；

（2）简述标准化管理办法中适用于提高隧道实体质量的质量控制内容。

## 知识链接

### 1. 高速铁路项目现场质量管理基本环节

施工质量控制过程，不论是从施工要素着手，还是从施工质量的形成过程出发，都必须通过现场质量管理中一系列可操作的基本环节来实现。

现场质量管理的基本环节包括图纸会审、技术复核、技术核定、设计变更、三令管理、隐蔽工程验收、三检制、级配管理、材料检验、施工日记、质保材料、质量检验、成品保护等。

#### 1）技术复核

技术复核是指工程在未施工前所进行的预先检查。技术复核的目的是保证技术基准的正确性，避免因技术工作的疏忽差错而造成工程质量事故。因此，凡是涉及定位轴线，标高尺寸，配合比，皮数杆，横板尺寸，预留洞口，预埋件的材质、型号、规格，吊装预制构件强度等，都必须根据设计文件和技术标准的规定进行复核检查，并做好记录和标识。

#### 2）技术核定

在实际施工过程中，施工项目管理者或操作者若对施工图的某些技术问题有异议或者提出改善性的建议，如材料、构配件的代换，混凝土使用外加剂，工艺参数调整等，必须由施工项目技术负责人向设计单位提出“技术核定单”，经设计单位和监理单位同意后才能实施。

#### 3）设计变更

施工过程中，由于业主的需要或设计单位出于某种改善性考虑，以及施工现场实际条件发生变化，导致设计与施工的可行性发生矛盾，这些都将涉及施工图的设计变更。设计变更不仅关系到施工依据的变化，而且还涉及工程量的增减及工程项目质量要求的变化，因此，必须严格按照规定程序处理设计变更的有关问题。一般的设计变更需设计单位确认，监理工程师下达设计变更令，施工单位备案后执行。

4）三令管理

在施工生产过程中，沉桩、挖土、混凝土浇灌等作业必须纳入按命令施工的管理范围，即三令管理。三令管理的目的在于核查施工条件和准备工作情况，确保后续施工作业的连续性、安全性。

5）三检制

三检制是指操作人员的自检、互检和专职质量检验员的专检相结合的检验制度。它是一种确保现场施工质量的有效方法。

自检是指由操作人员对自己的施工作业或已完成的分项工程进行自我检验，实施自我控制、自我把关，及时消除异常因素，以防止不合格品进入下一道作业。互检是指操作人员之间对所完成的作业或分项工程进行相互检查，是对自检的一种复核和确认，起到相互监督的作用。互检的形式可以是同组操作人员之间的相互检验，也可以是班组的质量检查员对本班组操作人员的抽检，同时也可以是下一道作业对上一道作业的交接检验。专检是指专职质量检验员对分部、分项工程进行的检验，用以弥补自检、互检的不足。专检还可细分为首检、巡检和终检。

实行三检制，要合理确定好自检、互检和专检的范围。一般情况下，原材料、半成品、成品的检验以专职质量检验员为主，生产过程的各项作业的检验则以施工现场操作人员的自检、互检为主，专职质量检验员巡回抽检为辅。成品的质量必须进行终检认证。

6）级配管理

施工过程中所涉及的砂浆或混凝土，凡在图纸上标明强度或强度等级的，均需纳入级配管理制度范围。级配管理包括事前、事中和事后管理三个阶段。事前管理主要是级配的试验、调整和确认；事中管理主要是砂浆或混凝土拌制过程中的监控；事后管理则为试块试验结果的分析，实际上是对砂浆或混凝土的质量评定。

7）分部分项工程和隐蔽工程的质量检验

施工过程中，每一分部分项工程和隐蔽工程施工完毕后，质检人员均应根据合同规定、施工质量验收统一标准和专业施工质量验收规范的要求对已完工的分部分项工程和隐蔽工程进行检验。质量检验应在自检、专检的基础上，由专职质量检验员或企业的技术质量部门进行核定。只有通过其验收检查，确认质量后，方可进行后续工程施工或隐蔽工程的覆盖。其中隐蔽工程是指那些施工完毕后将被隐蔽而无法或很难对其再进行检查的分部分项工程，就土建工程而言，隐蔽工程的验收项目主要有地基、基础、基础与主体结构各部位钢筋、现场结构焊接、高强螺栓连接、防水工程等。

通过对分部分项工程和隐蔽工程的检验，可确保工程质量符合规定要求，对发现的问题应及时处理，不留质量隐患及避免施工质量事故的发生。

8）成品保护

在施工过程中，有些分部分项工程已经完成，而其他一些分部分项工程尚在施工；或者是在其分部分项施工过程中，某些部位已完成，而其他部位正在施工。在这种情况下，施工单位必须对已完成部分采取妥善措施予以保护，以免成品缺乏保护或因保护不善而造成损伤或污染，影响工程的整体质量。

成品保护工作主要是要合理地安排施工顺序、按正确的施工流程组织施工及制订和实施严格的成品保护措施。

### 2. 现场实体质量的控制措施

我国大规模、高标准高速铁路建设的伟大实践，对高速铁路项目质量管理体系建设提出了前所未有的更高要求。为适应高速铁路建设全面兴起的新形势，原铁道部探索推行铁路建设领域的标准化管理。标准化管理是高速铁路现场实体质量管理的最主要、最核心、最关键的质量控制措施。为切实提高高速铁路项目的实体质量，铁路建设主管部门制定了首件评估、质量安全红线等质量管控措施管理办法。

#### 1）统一作业标准，优化工艺和流程

近 10 年来，国家铁路局等铁路建设主管部门先后制定了《铁路工程建设工法管理办法》（国铁工程监〔2017〕9 号）等一系列制度，印发了高速铁路施工、安全、质量验收等系列规范、标准、部级工法 600 余项，组织企业编制了高速铁路工程作业指导书 200 余项，逐步建立了一系列规范、先进、适用、统一的施工作业标准。

#### 2）坚持首件评估引领，规范过程管理

《铁路建设项目工程质量管理办法》（铁总建设〔2014〕292 号）规定，组织做好路基、无砟轨道、高速道岔、连续梁、四电工程及高风险隧道施工等首件评估工作，依据首件评估结果对作业指导书进行调整完善，改进相关工艺工法后在全线推广应用。首件评估是以“试验先行，样本开路”的质量管理理念为指导，以保证工程安全为核心，以特定的评估标准为依据，对被评估项目重要、关键的首个单位工程的管理行为、实体质量、过程记录与资源配置的专业化检查评估，并将通过评估的成果在同类工程中推广。

（1）首件评估工作的作用。

① 检验质量、安全、技术等各项管理制度和措施的有效性和可实施性；

② 验证资源配置的合理性；

③ 优化技术方案，改进工序工艺，提升过程控制水平。

（2）组织实施。

首件评估以国铁集团制定的评估细则或样板管理办法为依据，由建设单位组织开展，参建单位共同推进，施工单位组织实施。如高速道岔评定工作，首先由建设单位组织初评，初评通过后，报国铁集团工管中心，由工管中心组织最终评定。评定通过后，由建设单位根据评定意见，修改完善，形成全线统一的作业指导书，并在全线同类工程中推广。

#### 3）坚持质量安全红线管理

《铁路建设项目工程质量管理办法》（铁总建设〔2014〕292 号）及《铁路建设项目质量安全红线管理规定》（铁总建设〔2017〕310 号）等文件中规定，在铁路建设系统实行质量安全红线管理。质量安全红线管理的作用是切实强化铁路建设项目质量安全意识和关键环节控制。

（1）《铁路建设项目工程质量管理办法》（铁总建设〔2014〕292 号）规定的质量“五条红线”为：

① 结构物沉降达标；

② 桥梁收缩徐变达标；

③ 锁定轨温达标；

④ 联调联试达标；

⑤ 工序达标。

（2）《铁路建设项目质量安全红线管理规定》（铁总建设〔2017〕310 号）规定了质量“十条红线”。

① 工程实体方面。

a）隧道初支、衬砌厚度和混凝土强度不足。

b）隧道不按规定的方法和安全步距开挖。

c）隧道施工不按规定开展围岩监控量测和超前地质预报，有毒有害气体逸出的隧道不按专项方案开展监测。

d）路基填料不符合设计要求，CFG 桩等地基处理检测不合格，边坡防护预应力锚索不按设计要求施工。

e）桥梁桩基出现Ⅲ、Ⅳ类桩和钢筋笼长度不足；站房钢结构构配件不合格；使用不合格电缆。

f）现浇梁满堂支架、连续梁挂篮施工不进行专项设计，不按设计要求施工。

g）监理人员旁站不到位或现场随意签认，第三方检测数据虚假不实。

② 建设行为方面。

a）偷工减料、以次充好。

b）转包和违法分包。

c）内业资料弄虚作假。

（3）工作要求。

a）从严进行管理，突破“红线”的要坚决停工，严肃处理。严格执行工序交接检查制度，组织对工序质量进行验收，存在质量缺陷的，应责成施工单位进行整改，整改完成后再进入下一道工序施工。

b）建设单位要按照“五定、三统一、一查处”的检查制度认真开展质量安全红线管理检查处理工作。“五定”，即定人、定期、定岗、定责、定点。现场质量安全检查必须明确检查人、检查频次、检查工点、检查责任、检查时段，突出不事先通知的突击检查，突出管理薄弱的质量安全关键环节检查。“三统一”，即统一部署、统一检查、统一记录分析。建设单位每月要统一部署建设项目检查重点，组织设计、施工、监理单位有关负责人员、工程技术管理人员，按要求统一开展检查活动，实现全员、全面、全过程的检查。“一查处”，即严肃查处。针对经检查发现的问题，要组织专门的分析研究，查清问题的真正原因，对责任施工、监理、检测等单位进行处理。

## 任务实施

### 任务实施单

<table>
<tr><td colspan="6">项目 6　高速铁路项目质量管理</td></tr>
<tr><td>任务 6.2</td><td colspan="5">高速铁路项目质量控制</td></tr>
<tr><td>班级</td><td></td><td>姓名</td><td></td><td>学号</td><td></td></tr>
<tr><td>任务分析</td><td colspan="5">实施方案</td></tr>
<tr><td>任务实施</td><td colspan="5">1. 简述隧道现场质量管理的基本环节。<br><br>2. 简述标准化管理办法中适用于提高隧道实体质量的控制内容。<br>（1）首件评估：<br><br>（2）质量安全红线管理：</td></tr>
</table>

## 任务实施单

<table>
<tr><td colspan="7">项目 6　高速铁路项目质量管理</td></tr>
<tr><td>任务 6.2</td><td colspan="6">高速铁路项目质量控制</td></tr>
<tr><td>学习总结</td><td colspan="6">学习到的技能：<br><br>学习到的知识：<br><br>谈谈素质能力及思想意识方面的提升：</td></tr>
<tr><td rowspan="2">学生自评<br>（20 分）</td><td>课前学习</td><td>时间概念</td><td>实施方法</td><td>职业素养</td><td>成果质量</td><td>分值</td></tr>
<tr><td></td><td></td><td></td><td></td><td></td><td></td></tr>
<tr><td rowspan="2">小组互评<br>（20 分）</td><td>任务承担</td><td>时间概念</td><td>团队合作</td><td>能力素养</td><td>成果质量</td><td>分值</td></tr>
<tr><td></td><td></td><td></td><td></td><td></td><td></td></tr>
<tr><td>教师点评<br>（60 分）</td><td colspan="6"></td></tr>
<tr><td>反思提高</td><td colspan="6">通过完成本次任务，结合自评、互评结果，说说自己还有哪些需要加强的方面：</td></tr>
</table>

# 任务 6.3　高速铁路项目质量分析

## 任务情境

拓展学习　思政园地

某高速铁路项目××隧道，双线，隧道长 1 800 m。围岩级别为Ⅲ、Ⅳ、Ⅴ级，部分地段有岩溶。洞口部分采用管棚超前支护，对Ⅴ级围岩采用超前小导管注浆支护；初支采用格栅，锚喷混凝土；二次衬砌采用钢筋混凝土复合衬砌。第三方检测过程中发现隧道存在如表 6-1 所示缺陷；对二次衬砌 C35 混凝土强度进行质量分析，收集了 50 份强度检测报告单，经整理如表 6-2 所示。

**表 6-1　隧道检测结果**

| 序号 | 检测项目 | 不合格点数 | 序号 | 检测项目 | 不合格点数 |
|---|---|---|---|---|---|
| 1 | 二次衬砌厚度不足 | 20 | 6 | 钢筋保护层不足 | 6 |
| 2 | 二次衬砌强度不足 | 120 | 7 | 衬砌裂缝 | 5 |
| 3 | 二次衬砌背后脱空 | 75 | 8 | 衬砌渗漏水 | 8 |
| 4 | 二次衬砌不密实 | 10 | 9 | 仰拱渗漏水 | 2 |
| 5 | 钢筋间距过大 | 45 | 10 | 施工缝、变形缝缺陷 | 9 |

**表 6-2　隧道二次衬砌混凝土强度检测报告单汇总**　　单位：MPa

| 序号 | 强度检测数据 | | | | | 最大值 | 最小值 |
|---|---|---|---|---|---|---|---|
| 1 | 41.4 | 39.9 | 37.9 | 44.7 | 37.6 | 44.7 | 37.6 |
| 2 | 42.6 | 43.5 | 39.9 | 40.5 | 38.7 | 43.5 | 38.7 |
| 3 | 39.4 | 37.2 | 41.7 | 38.6 | 38.2 | 41.7 | 37.2 |
| 4 | 38.1 | 38.3 | 43.9 | 40.4 | 39.0 | 43.9 | 38.1 |
| 5 | 40.3 | 45.1 | 40.3 | 39.5 | 42.3 | 45.1 | 39.5 |
| 6 | 43.1 | 45.5 | 46.8 | 42.1 | 41.5 | 46.8 | 41.5 |
| 7 | 47.6 | 42.7 | 42.2 | 42.2 | 46.6 | 47.6 | 42.2 |
| 8 | 46.7 | 48.2 | 47.1 | 47.1 | 47.7 | 48.2 | 47.1 |
| 9 | 42.7 | 42.5 | 45.3 | 43.0 | 45.1 | 45.3 | 42.5 |
| 10 | 46.5 | 44.6 | 46.8 | 43.4 | 44.7 | 46.8 | 43.4 |

## 任务要求

根据任务情境，请完成下列问题：

（1）绘制隧道缺陷排列图，确定隧道缺陷的主次因素；

（2）分组讨论隧道二次衬砌背后脱空的原因，并绘制因果分析图；

（3）绘制隧道二次衬砌混凝土强度直方图，判断质量分布状态；并与质量标准比较，判断实际生产过程状态。

## 知识链接

统计质量管理是 20 世纪 30 年代发展起来的科学管理理论与方法，它把数理统计方法应用于产品生产过程的抽样检验，利用样本质量特性数据的分布规律，分析和推断生产过程总体质量的状况，改变了传统的事后把关的质量控制方式，为工业生产的事前质量控制和过程质量控制提供了有效的科学手段。

质量管理中常用的统计方法有 7 种：排列图法、因果分析图法、直方图法、控制图法、相关图法、分层法和统计调查表法。这 7 种方法通常又称为质量管理的 7 种工具。

### 1. 排列图法

#### 1）图形结构

排列图法是利用排列图寻找影响质量主次因素的一种有效方法。排列图又叫帕累托图或主次因素分析图，它由两个纵坐标、一个横坐标、几个连起来的长方形和一条曲线所组成，如图 6–1 所示。左侧的纵坐标表示频数，右侧的纵坐标表示累计频率，横坐标表示影响质量的各个因素或项目，按影响程度大小从左至右排列，直方形的高度表示某个因素的影响大小。实际应用中，通常将累计频率划分为（0%～80%）、（80%～90%）、（90%～100%）3 部分，与其对应的影响因素分别为 A，B，C 三大类。A 类为主要因素，B 类为次要因素，C 类为一般因素。

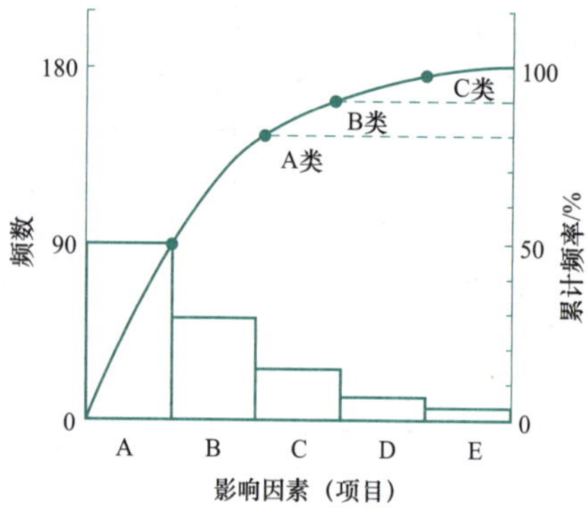


图 6–1　排列图示例

#### 2）排列图的绘制

下面结合实例加以说明。

［例 6–1］某工地现浇混凝土，其结构尺寸质量检查结果是：在全部检查的 8 个项目中不合格点（超偏差限值）有 150 个，见表 6–3。然后按照质量特性不合格点数（频数）从大到小的顺序进行重新整理，得到的结果见表 6–4，并分别计算出频率和累计频率。

表 6–3　混凝土检查结果

| 序号 | 检查项目 | 不合格点数 | 序号 | 检查项目 | 不合格点数 |
|---|---|---|---|---|---|
| 1 | 轴线位置 | 1 | 5 | 平面水平度 | 15 |
| 2 | 垂直度 | 8 | 6 | 表面平整度 | 75 |
| 3 | 标高 | 4 | 7 | 预埋设施中心位置 | 1 |
| 4 | 截面尺寸 | 45 | 8 | 预留孔洞中心位置 | 1 |

表 6-4 整理结果

| 序号 | 项目 | 不合格点数 | 频率/% | 累计频率/% |
|---|---|---|---|---|
| 1 | 表面平整度 | 75 | 50.0 | 50.0 |
| 2 | 截面尺寸 | 45 | 30.0 | 80.0 |
| 3 | 平面水平度 | 15 | 10.0 | 90.0 |
| 4 | 垂直度 | 8 | 5.30 | 95.3 |
| 5 | 标高 | 4 | 2.70 | 98.0 |
| 6 | 其他 | 3 | 2.00 | 100 |
| 合计 | | 150 | 100 | |

根据表 6-4 的统计数据画排列图，如图 6-2 所示，并将其中累计频率为 0%～80% 的问题定为 A 类问题，即主要问题，对其进行重点管理；将累计频率在 80%～90%区间的问题定为 B 类问题，即次要问题，作为次重点管理；将累计频率在 90%～100%区间的问题定为 C 类问题，即一般问题，按照常规适当加强管理。以上方法称为 ABC 分类管理法。

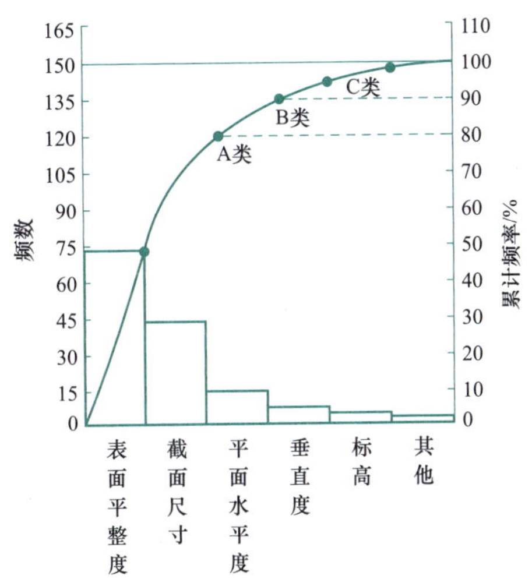


图 6-2 混凝土结构尺寸不合格点排列图

2. 因果分析图法

1）图形结构

因果分析图法是利用因果分析图来系统整理、分析某个质量问题（结果）与其产生原因之间关系的有效工具。因果分析图也称特性要因图，因其形状又常被称为树枝图或鱼骨图。其基本形式如图 6-3 所示。

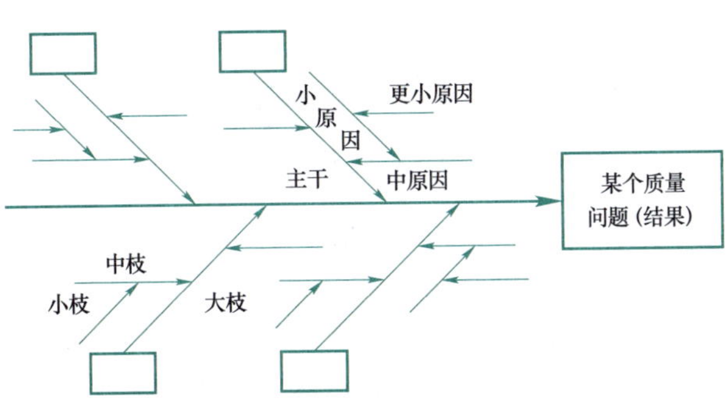


图 6-3 因果分析图的基本形式

由图 6-3 可见，因果分析图由质量特性（即某个质量结果或质量问题）、要因（产生质量问题的主要原因）、枝干（一系列箭线表示不同层次的原因）、主干（较粗的直接指向某个质量问题的水平箭线）等所组成。

2）因果分析图的绘制

下面结合实例加以说明。

［例 6–2］绘制混凝土强度不足的因果分析图。

因果分析图的绘制步骤与图中箭头方向恰恰相反，是从“结果”开始将原因逐层分解的，具体如下。

（1）明确质量问题的结果。该例分析的质量问题是“混凝土强度不足”，作图时首先由左至右画出一条水平主干线，箭头指向一个矩形框，框内注明研究的问题，即结果。

（2）分析确定影响质量特性大的方面原因。一般来说，影响质量的因素有五大方面，即人、机械、材料、方法、环境等。另外，还可以按产品的生产过程进行分析。

（3）将每种大原因进一步分解为中原因、小原因，直至分解的原因可以采取具体措施加以解决为止。

（4）检查图中的所列原因是否齐全，可以对初步分析结果广泛征求意见，并做必要的补充及修改。

（5）选择出影响大的关键因素，做出标记“△”，以便重点采取措施。

图 6–4 是混凝土强度不足的因果分析图。

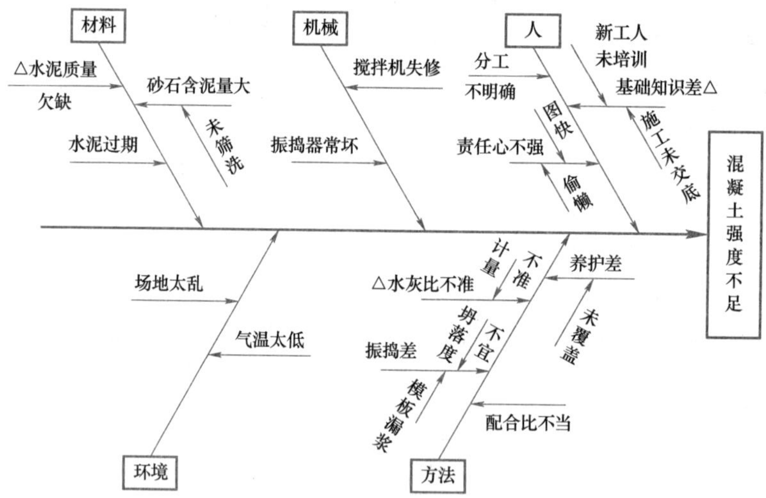


**图 6–4　混凝土强度不足的因果分析图**

3）绘制和使用因果分析图时应注意的问题

（1）一个质量问题使用一张图分析。

（2）通常采用 QC 小组活动的方式进行，集思广益，共同分析。

（3）必要时可以邀请小组以外的有关人员参与，广泛听取意见。

（4）分析时要充分发表意见，层层深入，列出所有可能的原因。

（5）在充分分析的基础上，由各参与人员采用投票或其他方式，从中选择 1～5 项经多数人达成共识的最主要原因。

### 3. 直方图法

#### 1）直方图的用途

直方图法即频数分布直方图法，它是将收集到的质量数据进行分组整理，绘制成直方图，用以描述质量分布状态的一种分析方法，所以又称质量分布图法。

通过对直方图的观察与分析，可了解产品质量的波动情况，掌握质量特性的分布规律，以便对质量状况进行分析判断。

#### 2）直方图的绘制

（1）收集整理数据。

用随机抽样的方法抽取数据，一般要求数据在 50 个以上。

［例 6–3］某建筑施工工地浇筑 C30 混凝土，为对其抗压强度进行质量分析，共收集了 50 份抗压强度试验报告单，经整理后得到的结果见表 6–5。

表 6–5　C30 混凝土抗压强度试验报告单汇总　　单位：N/mm²

| 序号 | 抗压强度 | | | | | 最大值 | 最小值 |
|---|---|---|---|---|---|---|---|
| 1 | 39.8 | 37.7 | 33.8 | 31.5 | 36.1 | 39.8 | 31.5* |
| 2 | 37.2 | 38.0 | 33.1 | 39.0 | 36.0 | 39.0 | 33.1 |
| 3 | 35.8 | 35.2 | 31.8 | 37.1 | 34.0 | 37.1 | 31.8 |
| 4 | 39.9 | 34.3 | 33.2 | 40.4 | 41.2 | 41.2 | 33.2 |
| 5 | 39.2 | 35.4 | 34.4 | 38.1 | 40.3 | 40.3 | 34.4 |
| 6 | 42.3 | 37.5 | 35.5 | 39.3 | 37.3 | 42.3 | 35.5 |
| 7 | 35.9 | 42.4 | 41.8 | 36.3 | 36.2 | 42.4 | 35.9 |
| 8 | 46.2 | 37.6 | 38.3 | 39.7 | 38.0 | 46.2* | 37.6 |
| 9 | 36.4 | 38.3 | 43.4 | 38.2 | 38.0 | 43.4 | 36.4 |
| 10 | 44.4 | 42.0 | 37.9 | 38.4 | 39.5 | 44.4 | 37.9 |

（2）计算极差 $R$。

极差 $R$ 是数据中最大值和最小值之差，本例中

$$x_{max}=46.2\ \text{N/mm}^2$$

$$x_{min}=31.5\ \text{N/mm}^2$$

$$R=x_{max}-x_{min}=14.7\ \text{N/mm}^2$$

（3）对数据进行分组。

包括确定组数、组距和组限。

① 确定组数 $k$。确定组数的原则是，分组的结果能正确地反映数据的分布规律。组数应根据数据多少来确定。组数过少，会掩盖数据的分布规律；组数过多，会使数据过于零乱分散，也不能显示出质量分布状况。一般可参考表 6–6 的经验数值来确定。

表 6–6　数据分组组数参考值

| 数据总数 $n$ | 组数 $k$ |
|---|---|
| 50～100 | 6～10 |
| 100～250 | 7～12 |
| 250 以上 | 10～20 |

本例中取 $k$=8。

② 确定组距 $h$。组距是组与组之间的间隔，也即一个组的范围。各组距应相等，于是有

$$极差 \approx 组距 \times 组数$$

即

$$R \approx h \times k$$

因而组数、组距的确定应结合极差综合考虑，适当调整，还要注意数值尽量取整，使分组结果能包括全部变量值，同时也便于以后的计算分析。

本例中： $h=R/k=14.7\ \mathrm{N/mm^2}/8 \approx 2.0\ \mathrm{N/mm^2}$

③ 确定组限。每组的最大值为上限，最小值为下限，上、下限统称组限。确定组限时应注意使各组之间连续，即较低组上限应为相邻较高组下限，这样才不致使有的数据被遗漏。对恰恰处于组限值上的数据，有两种解决办法：一是规定每组上（或下）组限不计在该组内，而应计入相邻较高（或较低）组内；二是将组限值较原始数据精度提高半个最小测量单位。

本例采取第一种办法划分组限，即每组上限不计入该组内。

首先确定第一组下限：

$$x_{\min}-\frac{h}{2}=31.5\ \mathrm{N/mm^2}-\frac{2.0\ \mathrm{N/mm^2}}{2}=30.5\ \mathrm{N/mm^2}$$

第一组上限：$30.5\ \mathrm{N/mm^2}+h=30.5\ \mathrm{N/mm^2}+2\ \mathrm{N/mm^2}=32.5\ \mathrm{N/mm^2}$

第二组下限=第一组上限=$32.5\ \mathrm{N/mm^2}$

第二组上限：$32.5\ \mathrm{N/mm^2}+h=32.5\ \mathrm{N/mm^2}+2\ \mathrm{N/mm^2}=34.5\ \mathrm{N/mm^2}$

以此类推，最高组限为 $44.5 \sim 46.5\ \mathrm{N/mm^2}$，分组结果覆盖了全部数据。

（4）编制数据频数统计表。

统计各组频数，可采用唱票形式进行，频数总和应等于全部数据个数。本例频数统计结果见表 6-7。

**表 6-7　频数统计表**

| 组号 | 组限/（$\mathrm{N/mm^2}$） | 频数统计 | 组号 | 组限/（$\mathrm{N/mm^2}$） | 频数统计 |
|---|---|---|---|---|---|
| 1 | 30.5～32.5 | 2 | 5 | 38.5～40.5 | 9 |
| 2 | 32.5～34.5 | 6 | 6 | 40.5～42.5 | 5 |
| 3 | 34.5～36.5 | 10 | 7 | 42.5～44.5 | 2 |
| 4 | 36.5～38.5 | 15 | 8 | 44.5～46.5 | 1 |
| 合计 | | | | | 50 |

从表 6-7 中可以看出，浇筑 C30 混凝土，50 个试块的抗压强度是各不相同的，这说明质量特性值是有波动的。但这些数据分布是有一定规律的，即数据在一个有限范围内变化，且这种变化有一个集中趋势，即强度值在 $36.5 \sim 38.5\ \mathrm{N/mm^2}$ 范围内的试块最多，可把这个范围即第 4 组视为该样本质量数据的分布中心，随着强度值的逐渐增大和逐渐减小而数据逐渐减少。为了更直观、更形象地表现质量特征值的这种分布规律，应进一步绘制出直方图。

（5）绘制直方图。

在直方图中，横坐标表示质量特性值，本例中为混凝土强度，并标出各组的组限值。根据表 6–7 画出以组距为底，以频数为高的 $k$（8）个长方形，得到混凝土强度直方图，如图 6–5 所示。

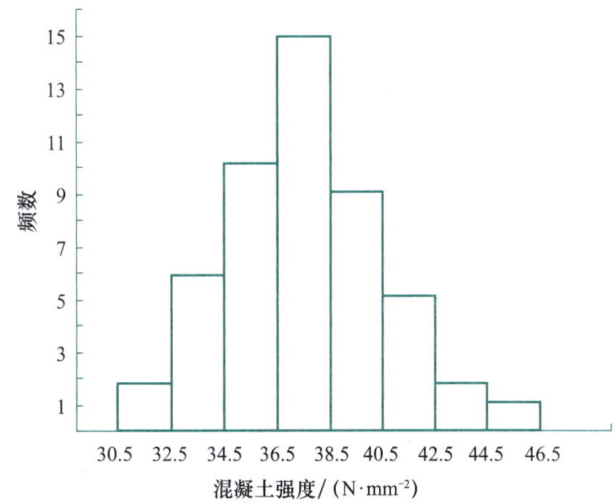


图 6–5 混凝土强度直方图

### 3）直方图的观察与分析

（1）观察直方图的形状，判断质量分布状态。

作完直方图后，首先要认真观察直方图的整体形状，看其是否属于正常型直方图。正常型直方图的特点是中间高、两侧底、左右接近对称，如图 6–6（a）所示。

当出现非正常型直方图时，表明生产过程或收集数据、作图有问题。这就要求进一步分析判断，找出原因，从而采取措施加以纠正。凡属非正常型直方图，其图形分布有各种不同缺陷，归纳起来一般有 5 种类型，如图 6–6（b）～（f）所示。

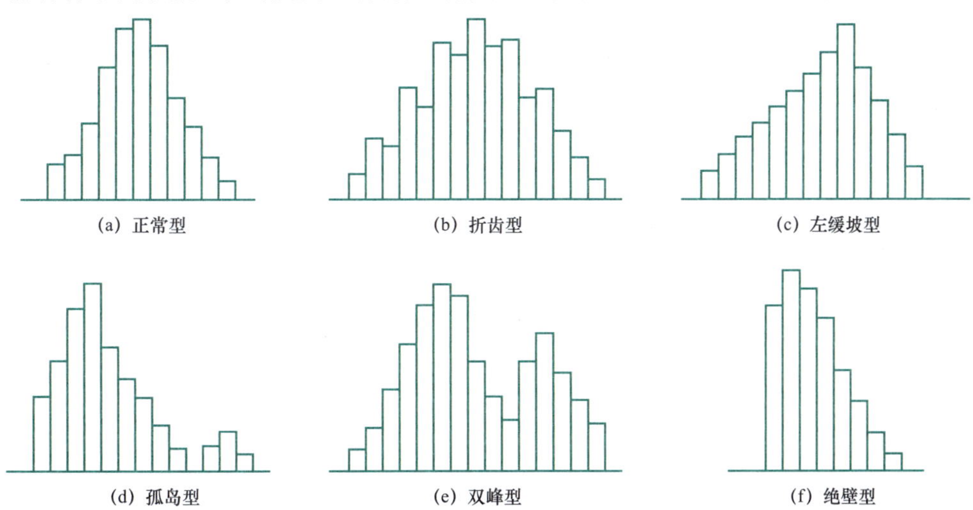


图 6–6 常见的直方图形状

① 折齿型［见图 6–6（b）］，是由于分组不当或者组距确定不当出现的直方图。

② 左缓坡型［见图 6–6（c）］，主要是由于操作中对上限（或下限）控制太严造成的，也有右缓坡型。

③ 孤岛型［见图 6–6（d）］，是原材料发生变化或临时他人顶班作业造成的。

④ 双峰型［见图 6–6（e）］，是由于用两种不同方法或两台设备或两组工人进行生产，然后把两方面数据混在一起整理产生的。

⑤ 绝壁型［见图 6–6（f）］，是由于数据收集不正常，可能有意识地去掉下限以下的数据，或是在检测过程中存在某种人为因素所造成的。

（2）将实际质量特性分布范围与质量标准相比较，判断实际生产过程状态。

作出直方图后，除了观察直方图的形状、分析质量分布状态外，还应将实际质量特性分布范围与质量标准相比较，从而判断实际生产过程状态。将实际质量特性分布范围与质量标准相比较，一般有如图 6–7 所示的 6 种情况，图中，$T$ 表示质量标准要求界限，$B$ 表示实际质量特性分布范围。

① 如图 6–7（a）所示，$B$ 在 $T$ 中间，实际数据分布与质量标准相比较两边还有余地。这样的生产过程质量是很理想的，说明生产过程处于正常的稳定状态。在这种情况下生产出来的产品可认为全部是合格品。

② 如图 6–7（b）所示，$B$ 虽然落在 $T$ 内，但偏向一边，这样如果生产状态一旦发生变化，就可能超出质量标准下限而出现不合格品。出现这种情况时应迅速采取措施，使直方图整体移到中间来。

③ 如图 6–7（c）所示，$B$ 在 $T$ 中间，且 $B$ 的范围接近 $T$ 的范围，没有余地，生产过程一旦发生微小的变化，产品的质量特性值就可能超出质量标准。在出现这种情况时，必须立即采取措施，以缩小质量分布范围。

④ 如图 6–7（d）所示，$B$ 在 $T$ 中间，但两边余地太大，说明加工过于精细，不经济。在这种情况下，可以对原材料、设备、工艺、操作等控制要求适当放宽些，有目的地使 $B$ 扩大，从而有利于降低成本。

⑤ 如图 6–7（e）所示，质量分布范围 $B$ 已超出标准下限之外，说明已出现不合格品。此时必须采取措施进行调整，使质量分布位于标准之内。

⑥ 如图 6–7（f）所示，质量分布范围完全超出了质量标准上、下界限，散差太大，产生许多废品，说明过程能力不足，应提高过程能力，使质量分布范围 $B$ 缩小。

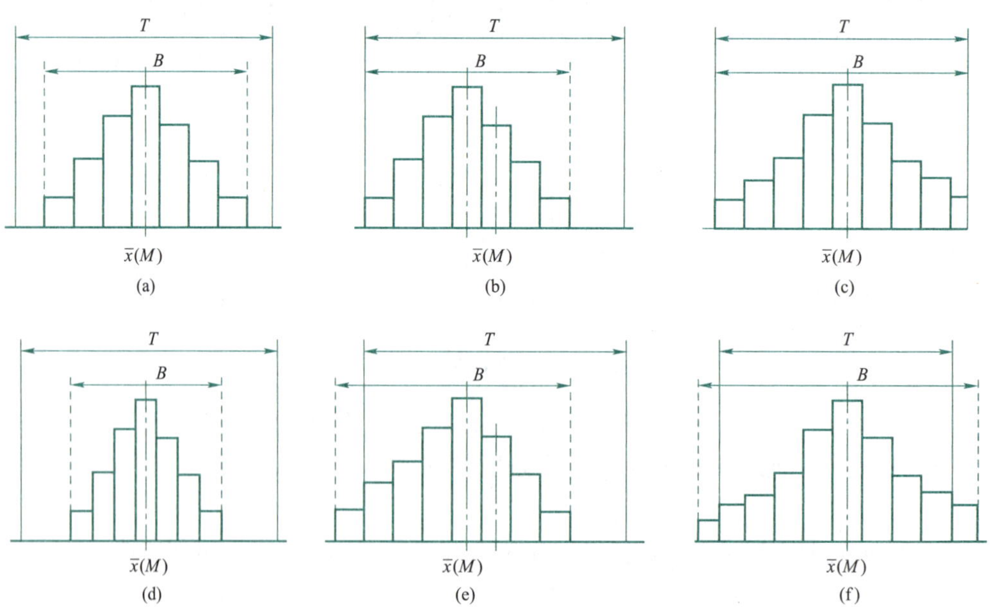


图 6–7　比较实际质量特性分布范围与质量标准

## 任务实施

### 任务实施单

<table>
<tr><td colspan="6">项目 6　高速铁路项目质量管理</td></tr>
<tr><td>任务 6.3</td><td colspan="5">高速铁路项目质量分析</td></tr>
<tr><td>班级</td><td></td><td>姓名</td><td></td><td>学号</td><td></td></tr>
<tr><td>任务分析</td><td colspan="5">实施方案</td></tr>
</table>

## 任务实施单

<table>
<tr><td colspan="2">项目 6　高速铁路项目质量管理</td></tr>
<tr><td>任务 6.3</td><td>高速铁路项目质量分析</td></tr>
<tr><td>任务实施</td><td>1. 绘制隧道缺陷排列图，确定隧道缺陷的主次因素。<br>（1）按频率整理检测结果。<br><br>（2）隧道缺陷排列图。<br><br>（3）隧道缺陷主次因素分析。<br><br>2. 分组讨论隧道二次衬砌背后脱空的原因，并绘制因果分析图。</td></tr>
</table>

## 任务实施单

<table>
<tr><td colspan="6">项目 6　高速铁路项目质量管理</td></tr>
<tr><td>任务 6.3</td><td colspan="5">高速铁路项目质量分析</td></tr>
<tr><td>班级</td><td></td><td>姓名</td><td></td><td>学号</td><td></td></tr>
<tr><td>任务实施</td><td colspan="5">3. 绘制隧道二次衬砌混凝土强度直方图。<br>（1）计算并绘制直方图。<br>（2）判断质量分布状态。<br>（3）与质量标准比较，判断实际生产过程状态。</td></tr>
</table>

## 任务实施单

<table>
<tr><td colspan="7">项目 6　高速铁路项目质量管理</td></tr>
<tr><td>任务 6.3</td><td colspan="6">高速铁路项目质量分析</td></tr>
<tr><td>学习总结</td><td colspan="6">学习到的技能：<br><br>学习到的知识：<br><br>谈谈素质能力及思想意识方面的提升：</td></tr>
<tr><td rowspan="2">学生自评<br>（20 分）</td><td>课前学习</td><td>时间概念</td><td>实施方法</td><td>职业素养</td><td>成果质量</td><td>分值</td></tr>
<tr><td></td><td></td><td></td><td></td><td></td><td></td></tr>
<tr><td rowspan="2">小组互评<br>（20 分）</td><td>任务承担</td><td>时间概念</td><td>团队合作</td><td>能力素养</td><td>成果质量</td><td>分值</td></tr>
<tr><td></td><td></td><td></td><td></td><td></td><td></td></tr>
<tr><td>教师点评<br>（60 分）</td><td colspan="6"></td></tr>
<tr><td>反思提高</td><td colspan="6">通过完成本次任务，结合自评、互评结果，说说自己还有哪些需要加强的方面：</td></tr>
</table>

# 任务 6.4　高速铁路项目质量验收

拓展学习　思政园地

## 任务情境

某高速铁路项目××中桥，双线，3–20 m 预应力混凝土梁桥，圆端实体墩，T 形桥台，明挖基础。基坑开挖、钢筋工程、混凝土工程、基坑回填以每个基础为一个检验批，基础混凝土强度达到要求后，施工单位专职质量检验员按《铁路混凝土工程施工质量验收标准》（TB 10424—2018）验收后，立即安排基坑回填施工。全部基础施工完成后提请监理工程师验收。监理工程师开挖验收后，发现基础混凝土存在缺陷。

## 任务要求

根据任务情境，说说该桥梁质量验收的依据、验收单元划分、验收程序方面存在哪些问题，并说明桥梁基础混凝土的一个检验批、基础混凝土分项工程、桥梁明挖基础分部工程和该中桥应如何验收，以及如何处理基础缺陷。

## 知识链接

高速铁路项目质量验收是工程建设质量控制的一个重要环节，它包括高速铁路项目质量的施工过程验收和工程的竣工验收两个方面。通过对工程建设中间产出品和最终产品的质量验收，从过程控制和终端把关两个方面进行工程项目的质量控制。工程的竣工验收，是项目建设的重要程序，是全面考核项目建设成果，检查设计与施工质量，确认项目能否投入使用的重要步骤。竣工验收的顺利完成，标志着项目建设阶段的结束和生产使用阶段的开始。本任务主要介绍高速铁路项目质量的施工过程验收。

### 1. 高速铁路项目质量的施工过程验收

#### 1）高速铁路项目质量验收单元划分

根据建设任务、施工管理和质量验收的需要，高速铁路项目按规定划分为单位工程、分部工程、分项工程和检验批。

（1）单位工程。指在建设项目中，根据业主下达的任务及签订的合同，具有独立施工条件并能形成独立使用功能的结构物。例如桥涵工程中，应按一个完整工程或一个相当规模的施工范围划分，并按下列原则确定：

① 每座特大桥、大桥、中桥为一个单位工程；

② 小桥不超过 5 座为一个单位工程；

③ 涵洞不超过 10 座为一个单位工程。

（2）分部工程。在单位工程中，按结构部位、路段长度或施工任务的一个完整部位或主要结构及施工阶段划分分部工程，如中桥工程可划分为基础、墩台、台后填土锥体及其他、梁、桥面和附属设施工程。

（3）分项工程。分项工程应按工种、工序、材料、施工工艺等划分。例如墩台工程可划分为模板及支架、钢筋、混凝土、砌体和防水层工程。

（4）检验批。检验批可根据施工及质量控制和验收需要按施工段或部位等划分。例如墩台检验批可分为每个安装段、每个浇筑段、每个砌筑段和每个桥台。

2）高速铁路项目质量验收基本规定

高速铁路工程施工现场质量管理应有相应的施工技术标准、健全的质量管理体系和施工质量检验制度，对施工质量全过程控制，加强对进场检验、隐蔽工程和关键工序的验收，每道工序完成后应检查施工质量，并形成记录。高速铁路项目的各类质量检测报告、检查验收记录和其他工程技术资料应按规定编制，并应执行负责人签字确认制度。

（1）工程施工质量应符合《高速铁路××工程施工质量验收标准》（TB 10751～10758）系列验收标准（以下称《验收标准》）、《铁路混凝土工程施工质量验收标准》（TB 10424—2018）（以下称《混凝土验收标准》）和国铁集团现行的其他有关规定。

（2）工程施工质量应符合工程勘察、设计文件的要求。

（3）参加工程施工质量验收的各方人员应具备规定的资格；各种检查记录签证人员应报建设单位确认、备案。

（4）工程施工质量的验收均应在施工单位自行检查评定合格的基础上进行。

（5）隐蔽工程在隐蔽前应由施工单位通知监理单位组织验收，并应形成验收文件。地基处理等重要分部工程验收时，勘察设计单位应派人参加。

（6）涉及结构安全的试块、试件和现场检验项目，监理单位应按规定进行平行检验、见证取样检测或见证检测。

（7）检验批的质量应按主控项目和一般项目进行验收。

（8）对涉及结构安全和使用功能的分部工程应进行抽样检测；其中，桥梁墩台、梁部应采用同条件养护试件检测结构实体混凝土强度，且每墩台、每孔（片）梁按不同混凝土强度等级至少检测一次。

（9）承担见证取样检测及有关结构安全检测的单位应具有相应的资质。

（10）单位工程的观感质量应由验收人员通过现场检查共同确认。

3）高速铁路项目质量验收的内容

（1）检验批的质量验收应包括以下内容。

① 实物检查。按下列方式进行：对原材料、构配件和设备等的检验，应按进场的批次和《验收标准》规定的抽样检验方案执行；对混凝土强度等的检验，应按国家现行有关标准和《混凝土验收标准》规定的抽样检验方案执行；对《验收标准》中采用计数检验的项目，应按抽查总点数的合格点率进行检查。工序质量的检验，应按《验收标准》规定的抽样检验方案执行。

② 资料检查。包括原材料、构配件和设备等的质量证明文件（质量合格证、规格、型号及性能检测报告等）和抽样检验报告、工序的施工记录、自检和交接检验记录、平行检验报告、见证取样检测报告和隐蔽工程验收记录等，以及关键工序的影像资料。

（2）检验批质量合格应符合下列规定。

① 主控项目的质量经抽样检验全部合格（此种项目的检查具有否决权）。

② 一般项目的质量经抽样检验全部合格；当采用计数检验时，对有允许偏差的抽

查点，除按《验收标准》专门要求外，合格点率应达到 80%及以上，不合格点不应集中，且不应有严重质量缺陷。

③ 隐蔽工程应具有完整的检验记录，重要工序应有完整的施工记录。

④ 涉及结构安全和主要使用功能的工程实体质量抽样检验结果应符合相关规定。

⑤ 外观质量验收应符合要求。

⑥ 施工作业责任人员登记情况真实、全面。

（3）分项工程质量验收。

分项工程质量验收合格应符合下列规定：

① 分项工程所含的检验批均应验收合格；

② 分项工程所含的检验批的质量验收记录应完整。

（4）分部工程质量验收。

分部工程质量验收合格应符合下列规定：

① 分部工程所含分项工程的质量均应验收合格；

② 分部工程所含分项工程的质量验收记录应完整；

③ 涉及结构安全和主要使用功能的抽样检验结果应符合相关标准规定。

（5）单位工程质量验收。

单位工程质量验收合格应符合下列规定：

① 单位工程所含分部工程的质量均应验收合格；

② 质量控制资料应完整；

③ 工程实体质量和主要功能应符合设计要求和相关标准规定；

④ 工程实体外观质量验收应符合要求。

4）高速铁路项目质量验收的程序和组织

（1）检验批和分项工程是工程项目施工质量的基础，所有检验批和分项工程应由监理工程师或建设单位项目技术负责人组织验收。

检验批应由施工单位自检合格后报监理单位，由监理工程师组织施工单位专职质量检查员等进行验收。监理单位应对全部主控项目进行检查，对一般项目的检查内容和数量可根据具体情况确定，分项工程应由监理工程师组织施工单位分项工程质量负责人、技术负责人等进行验收。检验批和分项工程质量验收记录应按规定表格填写。

（2）分部工程应由监理工程师组织施工单位项目负责人和技术、质量负责人等进行验收；对桥梁的地基及基础、墩台和梁部等分部工程进行验收时，勘察设计单位项目负责人应参加，并按规定表格填写记录。

（3）单位工程完工后，施工单位应自行组织有关人员进行检查评定，自查、自评结束后，填写工程竣工报验单，并将全部竣工资料报送项目监理机构，申请竣工验收。总监理工程师应组织各专业监理工程师对竣工资料及专业工程的质量情况进行全面检查，对检查出的问题，应督促施工单位及时整改。经项目监理机构对竣工资料及实物全面检查合格后，由总监理工程师签署竣工报验单，并向建设单位提出质量验收报告。

（4）正式验收。建设单位收到单位工程验收报告后，应由建设单位项目负责人组织施工、设计、监理单位项目负责人进行单位工程验收，并按规定表格填写记录。单位工程有分包单位施工时，分包单位应对所承担的工程项目按《验收标准》规定的程序进行检查评定，总包单位应派人参加。分包工程完成后，应将有关工程资料移交总包单位。

当参加验收的各方对工程施工质量验收意见不一致时，可请铁路建设行政主管部门或其委托的质量监督部门协调处理。

### 2. 高速铁路项目质量缺陷的处理

#### 1）高速铁路项目质量缺陷处理的基本方法

（1）返修处理。

当项目的某些部分的质量未达到规范、标准或设计规定的要求，存在一定的缺陷，但经过采取整修等措施后可以达到要求的质量标准，又不影响使用功能或外观的要求时，可以采取返修处理的方法。例如高速铁路桥桥墩混凝土表面出现麻面或局部出现损伤，不影响其使用，可进行返修处理。

（2）加固处理。

加固处理主要是针对危及结构承载力的质量缺陷的处理。通过加固处理，使结构恢复或提高承载力，重新满足结构安全性与可靠性的要求，使结构能继续使用或改作其他用途。例如当高速铁路桥桩基础出现断桩或混凝土强度不足时，采用加固处理的方法使其满足承载力要求。

（3）返工处理。

当工程质量缺陷经过返修、加固处理后仍不能满足规定的质量标准要求，或不具备补救的可能性时，则必须采用重新制作、重新施工的返工处理措施。

#### 2）高速铁路项目质量缺陷处理的规定

（1）当检验批质量不符合要求时，经返工重做的或更换构配件、设备的检验批，应重新进行验收；当检验批的试块、试件强度不能满足要求时，经有资质的法定检测单位检测鉴定，能够达到设计要求的检验批，应予以验收。

（2）通过返修或加固处理的分部工程，满足安全和使用功能要求时，可按技术处理方案的要求予以验收。

（3）通过返修或加固处理仍不能满足安全和使用功能要求的分部工程和单位工程，严禁验收。

## 任务实施

### 任务实施单

<table>
<tr><td colspan="6">项目 6　高速铁路项目质量管理</td></tr>
<tr><td>任务 6.4</td><td colspan="5">高速铁路项目质量验收</td></tr>
<tr><td>班级</td><td></td><td>姓名</td><td></td><td>学号</td><td></td></tr>
<tr><td>任务分析</td><td colspan="5">实施方案</td></tr>
<tr><td>任务实施</td><td colspan="5">1. 说说该桥梁质量验收的依据、验收单元划分、验收程序方面存在哪些问题。<br><br>2. 说明桥梁基础混凝土的一个检验批、基础混凝土分项工程、桥梁明挖基础分部工程和该中桥应如何验收。<br><br>3. 如何处理基础缺陷？</td></tr>
</table>

## 任务实施单

<table>
<tr><td colspan="7">项目 6　高速铁路项目质量管理</td></tr>
<tr><td>任务 6.4</td><td colspan="6">高速铁路项目质量验收</td></tr>
<tr><td>学习总结</td><td colspan="6">学习到的技能：<br><br>学习到的知识：<br><br>谈谈素质能力及思想意识方面的提升：</td></tr>
<tr><td rowspan="2">学生自评<br>（20 分）</td><td>课前学习</td><td>时间概念</td><td>实施方法</td><td>职业素养</td><td>成果质量</td><td>分值</td></tr>
<tr><td></td><td></td><td></td><td></td><td></td><td></td></tr>
<tr><td rowspan="2">小组互评<br>（20 分）</td><td>任务承担</td><td>时间概念</td><td>团队合作</td><td>能力素养</td><td>成果质量</td><td>分值</td></tr>
<tr><td></td><td></td><td></td><td></td><td></td><td></td></tr>
<tr><td>教师点评<br>（60 分）</td><td colspan="6"></td></tr>
<tr><td>反思提高</td><td colspan="6">通过完成本次任务，结合自评、互评结果，说说自己还有哪些需要加强的方面：</td></tr>
</table>

## 知识测试和能力训练

### 一、知识测试

1. 质量计划编制范围、依据和内容都有什么？
2. 什么是全过程质量管理？
3. 质量控制的五大要素是什么？各包括哪几个方面？
4. 事前、事中、事后质量控制指哪些？
5. 施工现场质量管理的基本环节有哪些？
6. 质量管理中常用的统计分析方法有哪些？
7. 高速铁路项目质量验收单元如何划分？
8. 何为单位工程、分部工程、分项工程？
9. 单位工程质量验收内容有哪些？
10. 分部工程质量验收内容有哪些？
11. 检验批质量验收内容有哪些？
12. 铁路工程项目质量验收如何组织？

### 二、能力训练

1. 背景

某铁路工程项目施工过程中，发生以下事件：

事件 1：企业总部在对项目经理部实施质量管理体系内部审核时发现，该项目质量计划文件是由质量管理一个部门主持编制的，缺少其他职能部门的参与，质量计划文件包括的内容有：① 编制依据；② 项目概况；③ 组织机构；④ 质量控制及管理组织协调的系统描述；⑤ 与施工阶段相适应的检验、试验、测量、验证要求；⑥ 更改和完善质量计划的程序。

事件 2：项目技术负责人在检查某区段基床以下路堤中一般路堤填筑工程质量检验记录时发现，该项目试验人员每 600 m 取检验批进行检查，且截至检查时间点时已填筑部分的（从上往下）第二层仅经自检但未经监理工程师检查认可即施工上一层。

事件 3：在该路基的碎石桩地基处理工程中选取其中的 1 000 根碎石桩作为一个检验批，碎石桩桩径允许偏差为 −50 mm（一般项目），在监理工程师组织的检查验收时抽取 50 根桩检测，发现其中有 10 根桩的直径比设计桩径小 50 mm 以上，其中有 1 根桩的直径比设计桩径小 100 mm 以上。

2. 问题

（1）事件 1 中，施工单位项目质量计划编制有何不妥？说明正确做法。并说明该质量计划包含的内容是否完整，如不完整，请补充。

（2）施工单位应对承担的铁路路基施工项目采取怎样的施工质量控制程序？

（3）请采用因果分析图法分析碎石桩质量缺陷的原因。

（4）事件 2 中，关于基床以下路堤中一般路堤填筑工程质量检验有何不妥？说明理由，陈述正确做法。

（5）事件 3 中碎石桩的该检验批能否通过验收？为什么？

# 项目 7

# 高速铁路项目合同管理

## 项目描述

合同管理

高速铁路项目合同管理是指参与施工项目的合同当事人为保证合同目标的实现，依照合同设立、变更、终止民事权利义务关系所从事的计划、组织、控制和激励的活动；或者说是对施工合同的订立、履行、变更、终止、解决争议等进行的管理。通过本项目的学习，掌握施工合同管理、索赔管理、施工项目货物采购合同的有关内容。

## 学习目标

### 能力目标

- 能够确定签订《铁路工程标准施工招标文件》（国铁工程监〔2020〕50 号）（以下简称《铁路文本》）时需要明确的内容；
- 能够根据《铁路文本》确定各方的义务；
- 能够根据《铁路文本》确定施工合同管理的内容；
- 能够确定索赔事件、处理索赔事件；
- 能够确定材料设备采购合同的内容。

### 知识目标

- 了解高速铁路项目合同管理的基本原则、法律依据、合同体系；
- 熟悉货物采购合同的管理；
- 掌握高速铁路项目施工合同管理及索赔管理的有关内容。

### 素质目标

- 培养学生分析问题、解决问题的能力；
- 培养学生进行合同管理的能力；
- 培养学生诚信为本、谦和好礼的品质。

# 任务 7.1 高速铁路项目施工合同管理

## 任务情境

拓展学习 思政园地

某高速铁路项目线下二标，发包人和承包人按《铁路文本》签订了合同，合同工期为 390 天，合同总价为 5 000 万元。

该工程在施工过程中出现了以下事件：

（1）项目中标后，双方就项目施工现场和施工临时场地洽谈后，在双方未完成合同双方当事人签字或者盖章的情况下，发包人要求承包人进场开工。在项目约定开工日期前 10 天，承包人向项目监理机构递交了书面申请，请求将开工日期推迟 5 天，理由是已经安装的起重机械未通过有资质检验机构的安全验收，需要更换主要支撑部件。

（2）因地质勘探报告不详，出现图纸中未标明的地下障碍物，承包人向设计单位提出变更基础类型，在取得变更图纸后立即开工。处理该障碍物导致工作 A 工期延长 10 天。

（3）承包人为了避免今后可能支付延误赔偿金的风险，将路基的完工时间延长 6 个星期，承包商的理由如下：① 特别严重的降雨；② 现场劳务不足；③ 业主在原工地现场之外的另一个地方追加了一项额外工作；④ 无法遇见的恶劣土质条件，使路基施工难度加大；⑤ 施工场地使用权提供延误；⑥ 工程款不到位。

## 任务要求

根据任务情境，请结合《铁路文本》分析施工合同管理过程中不合理的地方。

## 知识链接

建设工程施工合同是发包人与承包人就完成具体工程项目的建筑施工、设备安装、设备调试、工程保修等工作内容，确定双方权利和义务的协议。施工合同是工程建设的主要合同，是工程建设质量控制、进度控制、投资控制的主要依据。在市场经济条件下，建设市场主体之间相互的权利义务关系主要是通过合同确立的，因此，在工程建设领域加强对施工合同的管理具有十分重要的意义。高速铁路项目施工合同指施工对象是高速铁路建设工程项目的合同。高速铁路项目施工合同有高速铁路施工承包合同和施工分包合同之分。高速铁路施工承包合同的发包人是建设单位或取得建设工程总承包资格的工程总承包单位，在合同中一般称为业主或发包人。高速铁路施工承包合同的承包人是承包单位，在合同中一般称为承包人。本任务主要介绍高速铁路施工承包合同（以下简称施工合同）。

### 1. 施工合同示范文本

为了规范和指导合同当事人双方的行为，住房和城乡建设部和国家工商行政管理总局于 2017 年颁发了修改的《建设工程施工合同（示范文本）》（GF—2017—0201），自2017年10月1日起执行，该文本适用于房屋建筑工程、土木工程、线路管道和设备安装工程、装修工程等建设工程的施工发包活动，对引导和规范建设行为起到了非常重要的作用。

为规范铁路工程建设项目施工合同文件编制，促进铁路工程建设活动有序健康发展，国家铁路局在2020年11月13日发布了《铁路工程标准施工招标资格预审文件》和《铁路文本》。《铁路文本》自2021年3月1日起施行。自施行之日起，依法进行招标的铁路工程建设项目施工合同应当使用《铁路文本》。该文本适用于铁路行业依法必须招标的铁路工程建设项目；合同价款模式既适用于目前铁路工程施工常用的总价承包模式，也适用于单价承包模式，具体根据项目实际需要来选定，两种模式在文本中的区别主要体现在中标通知书、合同协议书和专用合同条款中的变更估价条款上。

因此，我国高速铁路项目施工合同文件要符合《铁路文本》。

1)《铁路文本》的组成

《铁路文本》由通用条款、专用条款两部分组成，并附有合同协议书、履约担保、支付担保、安全生产协议书、廉政协议书、甲供材料设备一览表、工程质量保修协议书7个附件。

（1）合同协议书。

合同协议书是施工合同的总纲性法律文件，经过双方当事人签字盖章后合同即成立。标准化的合同协议书格式文字量不大，需要结合承包工程特点填写的主要约定内容包括合同价款、项目经理、质量标准、合同工期、合同生效时间，并明确对双方有约束力的合同文件组成。

（2）通用条款。

通用条款是在广泛总结国内铁路工程实施成功经验和失败教训的基础上，编制的规范承发包双方履行合同义务的标准化条款。通用条款包括：一般约定；发包人义务；监理人；承包人；材料和工程设备；施工设备和临时设施；交通运输；测量放线；施工安全；治安保卫和环境保护；进度计划；开工和竣工；暂时停工；工程质量；试验和检验；变更；价格调整，计量和支付；竣工验收；缺陷责任和保修责任；保险；不可抗力；违约；索赔；争议和解决，共24部分、130个条款。通用条款适用于各类铁路建设工程施工，在使用时不做任何改动。

（3）专用条款。

由于具体实施工程项目的工作内容各不相同，施工现场和外部环境条件各异，因此还必须有反映招标工程具体特点和要求的专用条款的约定。示范文本中的专用条款部分是结合具体工程双方约定的条款，为当事人提供了编制具体合同时应包括内容的指南，具体内容由当事人根据发包工程的实际要求细化。专用条款是对通用条款的补充、修改或具体化。

具体工程项目编制专用条款的原则是，结合项目特点，针对通用条款的内容进行补充或修正，达到相同序号的通用条款和专用条款共同组成对某一方面问题内容完备的约定。因此，专用条款的序号不必依此排列，通用条款已构成完善的部分不需重复抄录，只按对通用条款部分需要补充、细化甚至弃用的条款做相应说明，按照通用条款对该问题的编号顺序排列即可。

2）施工合同文件的解释顺序

（1）合同协议书；（2）中标通知书；（3）投标函及投标函附录；（4）专用合同条款；（5）通用合同条款；（6）技术标准和要求；（7）图纸；（8）已标价工程量清单；（9）其他合同文件。

上述合同文件应能够互相解释、互相说明。当合同文件中出现不一致时，上面的顺序就是合同的优先解释顺序。当合同文件出现含糊不清或当事人有不同理解时，按照合同争议的解决方式处理。

2.《铁路文本》合同管理

1）进度计划

（1）合同进度计划（10.1）。

承包人应按专用条款约定的内容和期限，编制详细的施工进度计划和施工方案说明报送监理人。监理人应在专用条款约定的期限内批复或提出修改意见，否则该进度计划视为已得到批准。经监理人批准的施工进度计划称合同进度计划，是控制合同工程进度的依据。承包人还应根据合同进度计划编制更为详细的分阶段或分项进度计划，报监理人审批。

（2）合同进度计划的修订（10.2）。

当不论何种原因造成工程的实际进度与合同进度计划不符时，承包人可以在专用合同条款约定的期限内向监理人提交修订合同进度计划的申请报告，并附有关措施和相关资料，报监理人审批；监理人也可以直接向承包人做出修订合同进度计划的指示，承包人应按该指示修订合同进度计划，报监理人审批。监理人应在专用条款约定的期限内批复。监理人在批复前应获得发包人同意。

2）开工

（1）开工通知（11.1.1）。

监理人应在开工日期 7 天前向承包人发出开工通知。监理人在发出开工通知前应获得发包人同意。工期自监理人发出的开工通知中载明的开工日期起计算。承包人应在开工日期后尽快施工。

（2）开工报审程序（11.1.2）。

承包人应按第 10.1 款约定的合同进度计划，向监理人提交工程开工报审表，经监理人审批后执行。开工报审表应详细说明按合同进度计划正常施工所需的施工道路、临时设施、材料设备、施工人员等施工组织措施的落实情况及工程的进度安排。

3）工期延误

（1）发包人的工期延误（11.3）。

在履行合同过程中，由于发包人的下列原因造成工期延误的，承包人有权要求发包人延长工期和（或）增加费用，并支付合理利润。需要修订合同进度计划的，按照第 10.2 款的约定办理。

① 增加合同工作内容；

② 改变合同中任何一项工作的质量要求或其他特性；

③ 发包人迟延提供材料、工程设备或变更交货地点的；

④ 因发包人原因导致的暂停施工；

⑤ 提供图纸延误；

⑥ 未按合同约定及时支付预付款、进度款；

⑦ 发包人造成工期延误的其他原因。

（2）承包人的工期延误（11.5）。

由于承包人原因，未能按合同进度计划完成工作，或监理人认为承包人施工进度不能满足合同工期要求的，承包人应采取措施加快进度，并承担加快进度所增加的费用。由于承包人原因造成工期延误的，承包人应支付逾期竣工违约金。逾期竣工违约金的计算方法在专用条款中约定。承包人支付逾期竣工违约金，不免除承包人完成工程及修补缺陷的义务。

（3）异常恶劣的气候条件（11.4）。

由于出现专用条款规定的异常恶劣气候的条件导致工期延误的，承包人有权要求发包人延长工期。

4）暂停施工

（1）承包人暂停施工的责任（12.1）。

因下列原因暂停施工而增加的费用和（或）工期延误由承包人承担：

① 因承包人违约引起的暂停施工；

② 由于承包人原因为工程合理施工和安全保障所必需的暂停施工；

③ 承包人擅自暂停施工；

④ 因承包人其他原因引起的暂停施工；

⑤ 专用条款约定由承包人承担的其他暂停施工。

（2）发包人暂停施工的责任（12.2）。

由于发包人原因引起的暂停施工造成工期延误的，承包人有权要求发包人延长工期和（或）增加费用，并支付合理利润。

（3）监理人暂停施工指示（12.3）。

① 监理人认为有必要时，可向承包人作出暂停施工的指示，承包人应按监理人指示暂停施工。不论由于何种原因引起的暂停施工，暂停施工期间承包人应负责妥善保护工程并提供安全保障。

② 由于发包人的原因发生暂停施工的紧急情况，且监理人未及时下达暂停施工指示的，承包人可先暂停施工，并及时向监理人提出暂停施工的书面请求。监理人应在接到书面请求后的 24 h 内予以答复，逾期未答复的，视为同意承包人的暂停施工请求。

（4）暂停施工后的复工（12.4）。

① 暂停施工后，监理人应与发包人和承包人协商，采取有效措施积极消除暂停施工的影响。当工程具备复工条件时，监理人应立即向承包人发出复工通知。承包人在收到复工通知后，应在监理人指定的期限内复工。

② 承包人无故拖延和拒绝复工的，由此增加的费用和工期延误由承包人承担；因发包人原因无法按时复工的，承包人有权要求发包人延长工期和（或）增加费用，并支付合理利润。

（5）暂停施工持续 56 天以上（12.5）。

① 监理人发出暂停施工指示后 56 天内未向承包人发出复工通知，除了该项停工

属于第 12.1 款（承包人暂停施工的责任）的情况外，承包人可向监理人提交书面通知，要求监理人在收到书面通知后 28 天内准许已暂停施工的工程或其中一部分工程继续施工。如监理人逾期不予批准，则承包人可以通知监理人，将工程受影响的部分视为按第 15.1 款（变更的范围和内容）的可取消工作。如暂停施工影响到整个工程，可视为发包人违约，应按第 22.2 款（发包人违约）的规定办理。

② 由于承包人责任引起的暂停施工，如承包人在收到监理人暂停施工指示后 56 天内不认真采取有效的复工措施，造成工期延误，可视为承包人违约，应按第 22.1 款的规定办理。

### 5）工程质量

（1）工程质量要求（13.1）。

① 工程质量验收按合同约定验收标准执行。

② 因承包人原因造成工程质量达不到合同约定验收标准的，监理人有权要求承包人返工直至符合合同要求为止，由此造成的费用增加和（或）工期延误由承包人承担。

③ 因发包人原因造成工程质量达不到合同约定验收标准的，发包人应承担由于承包人返工造成的费用增加和（或）工期延误，并支付承包人合理利润。

（2）承包人的质量管理（13.2）。

① 承包人应在施工场地设置专门的质量检查机构，配备专职质量检查人员，建立完善的质量检查制度。承包人应在合同约定的期限内，提交工程质量保证措施文件，包括质量检查机构的组织和岗位责任、质检人员的组成、质量检查程序和实施细则等，报送监理人审批。

② 承包人应加强对施工人员的质量教育和技术培训，定期考核施工人员的劳动技能，严格执行规范和操作规程。

（3）承包人的质量检查（13.3）。

承包人应按合同约定对材料、工程设备及工程的所有部位及其施工工艺进行全过程的质量检查和检验，并做详细记录，编制工程质量报表，报送监理人审查。

（4）工程隐蔽部位覆盖前的检查（13.5）。

① 通知监理人检查。

经承包人自检确认的工程隐蔽部位具备覆盖条件后，承包人应通知监理人在约定的期限内检查。承包人的通知应附有自检记录和必要的检查资料。监理人应按时到场检查。经监理人检查确认质量符合隐蔽要求，并在检查记录上签字后，承包人才能进行覆盖。监理人检查确认质量不合格的，承包人应在监理人指示的时间内修整返工后，由监理人重新检查。

② 监理人未到场检查。

监理人未按约定的时间进行检查的，除监理人另有指示外，承包人可自行完成覆盖工作，并做相应记录报送监理人，监理人应签字确认。监理人事后对检查记录有疑问的，可约定重新检查。

③ 监理人重新检查。

承包人按前两项要求覆盖工程隐蔽部位后，监理人对质量有疑问的，可要求承包人对已覆盖的部位进行钻孔探测或揭开重新检验，承包人应遵照执行，并在检验后重新覆盖恢复原状。经检验证明工程质量符合合同要求的，由发包人承担由此增加的费用和（或）工期延误，并支付承包人合理利润；经检验证明工程质量不符合合同要求的，由此增加的费用和（或）工期延误由承包人承担。

④ 承包人私自覆盖。

承包人未通知监理人到场检查，私自将工程隐蔽部位覆盖的，监理人有权指示承包人钻孔探测或揭开检查，由此增加的费用和（或）工期延误由承包人承担。

（5）清除不合格工程（13.6）。

① 承包人使用不合格材料、工程设备，或采用不适当的施工工艺，或施工不当，造成工程不合格的，监理人可以随时发出指示，要求承包人立即采取措施进行补救，直至达到合同要求的质量标准，由此增加的费用和（或）工期延误由承包人承担。

② 由于发包人提供的材料或工程设备不合格造成的工程不合格，需要承包人采取措施补救的，发包人应承担由此增加的费用和（或）工期延误，并支付承包人合理利润。

6）计量与支付

（1）单价子目的计量。

① 已标价工程量清单中的单价子目工程量为估算工程量。结算工程量是承包人实际完成的，并按合同约定的计量方法进行计量的工程量。

② 承包人对已完成的工程进行计量，向监理人提交进度付款申请单、已完成工程量报表和有关计量资料。

③ 监理人对承包人提交的工程量报表进行复核，以确定实际完成的工程量。对数量有异议的，可要求承包人按约定进行共同复核和抽样复测。承包人应协助监理人进行复核并按监理人要求提供补充计量资料。承包人未按监理人要求参加复核的，监理人复核或修正的工程量视为承包人实际完成的工程量。

④ 监理人认为有必要时，可通知承包人共同进行联合测量、计量，承包人应遵照执行。

⑤ 承包人完成工程量清单中每个子目的工程量后，监理人应要求承包人派人员共同对每个子目的历次计量报表进行汇总，以核实最终结算工程量。监理人可要求承包人提供补充计量资料，以确定最后一次进度付款的准确工程量。承包人未按监理人要求派人员参加的，监理人最终核实的工程量视为承包人完成该子目的准确工程量。

⑥ 监理人应在收到承包人提交的工程量报表后的 7 天内进行复核，监理人未在约定时间内复核的，承包人提交的工程量报表中的工程量视为承包人实际完成的工程量，据此计算工程价款。

（2）总价子目的计量。

除专用合同条款另有约定外，总价子目的分解和计量按照下述约定进行。

① 总价子目的计量和支付应以总价为基础，不因物价波动的因素而进行调整。承包人实际完成的工程量，是进行工程目标管理和控制进度支付的依据。

② 承包人在合同约定的每个计量周期内，对已完成的工程进行计量，并向监理人提交进度付款申请单、专用合同条款约定的合同总价支付分解表所表示的阶段性或分

项计量的支持性资料，以及达到工程形象目标或分阶段需完成的工程量和有关计量资料。

③ 监理人对承包人提交的上述资料进行复核，以确定分阶段实际完成的工程量和工程形象目标。对其有异议的，可要求承包人进行共同复核和抽样复测。

④ 除变更外，总价子目的工程量是承包人用于结算的最终工程量。

（3）预付款（17.2）。

预付款用于承包人为合同工程施工购置材料、工程设备、施工设备、修建临时设施及组织施工队伍进场等。预付款的额度和预付办法在专用条款中约定。预付款必须专用于合同工程。除专用条款另有约定外，承包人应在收到预付款的同时向发包人提交预付款保函，预付款保函的担保金额应与预付款金额相同。保函的担保金额可根据预付款扣回的金额相应递减。预付款在进度付款中扣回，扣回办法在专用条款中约定。在颁发工程接收证书前，由于不可抗力或其他原因解除合同时，预付款尚未扣清的，尚未扣清的预付款余额应作为承包人的到期应付款。

（4）工程进度付款（17.4）。

① 付款周期。

付款周期同计量周期。

② 进度付款申请单。

承包人应在每个付款周期末，按监理人批准的格式和专用条款约定的份数，向监理人提交进度付款申请单，并附相应的支持性证明文件。除专用条款另有约定外，进度付款申请单应包括：截至本次付款周期末已实施工程的价款；变更金额；索赔金额；应支付的预付款和扣减的返还预付款；应扣减的质量保证金；应增加和扣减的其他金额。

③ 进度付款证书和支付时间。

监理人在收到承包人进度付款申请单及相应的支持性证明文件后的 14 天内完成核查，提出发包人到期应支付给承包人的金额及相应的支持性材料，经发包人审查同意后，由监理人向承包人出具经发包人签认的进度付款证书。监理人有权扣发承包人未能按照合同要求履行任何工作或义务的相应金额。发包人应在监理人收到进度付款申请单后的 28 天内，将进度应付款支付给承包人。发包人不按期支付的，按专用条款的约定支付逾期付款违约金。监理人出具进度付款证书，不应视为监理人已同意、批准或接受了承包人完成的该部分工作。进度付款涉及政府投资资金的，按照国库集中支付等国家相关规定和专用条款的约定办理。

④ 工程进度付款的修正。

在对以往历次已签发的进度付款证书进行汇总和复核中发现错、漏或重复的，监理人有权予以修正，承包人也有权提出修正申请。经双方复核同意的修正，应在本次进度付款中支付或扣除。

（5）质量保证金（17.4）。

① 监理人应从第一个付款周期开始，在发包人的进度付款中，按专用条款的约定扣留质量保证金，直至扣留的质量保证金总额达到专用条款约定的金额或比例为止。质量保证金的计算额度不包括预付款的支付、扣回及价格调整的金额。

② 在缺陷责任期满时，承包人向发包人申请到期应返还承包人剩余的质量保证金金额，发包人应在 14 天内会同承包人按照合同约定的内容核实承包人是否完成缺陷责任。如无异议，发包人应当在核实后将剩余质量保证金返还承包人。

③ 在约定的缺陷责任期满时，承包人没有完成缺陷责任的，发包人有权扣留与未履行责任剩余工作所需金额相应的质量保证金余额，并有权根据要求延长缺陷责任期，直至完成剩余工作为止。

（6）竣工结算（17.5）。

① 竣工付款申请单。

工程接收证书颁发后，承包人应按专用条款约定的份数和期限向监理人提交竣工付款申请单，并提供相关证明材料。除专用条款另有约定外，竣工付款申请单应包括下列内容：竣工结算合同总价、发包人已支付承包人的工程价款、应扣留的质量保证金、应支付的竣工付款金额。

监理人对竣工付款申请单有异议的，有权要求承包人进行修正和提供补充资料。经监理人和承包人协商后，由承包人向监理人提交修正后的竣工付款申请单。

② 竣工付款证书及支付时间。

a）监理人在收到承包人提交的竣工付款申请单后的 14 天内完成核查，提出发包人到期应支付给承包人的价款送发包人审核并抄送承包人。发包人应在收到后 14 天内审核完毕，由监理人向承包人出具经发包人签认的竣工付款证书。监理人未在约定时间内核查，又未提出具体意见的，视为承包人提交的竣工付款申请单已经监理人核查同意；发包人未在约定时间内审核又未提出具体意见的，监理人提出发包人到期应支付给承包人的价款视为已经发包人同意。

b）发包人应在监理人出具竣工付款证书后的 14 天内，将应支付款支付给承包人。发包人不按期支付的，按约定，应将逾期付款违约金支付给承包人。

c）承包人对发包人签认的竣工付款证书有异议的，发包人可出具竣工付款申请单中承包人已同意部分的临时付款证书。存在争议的部分，按《铁路文本》第 24 条的约定办理。

（7）最终结清。

① 最终结清申请单。

缺陷责任期终止证书签发后，承包人可按专用条款约定的份数和期限向监理人提交最终结清申请单，并提供相关证明材料。

发包人对最终结清申请单内容有异议的，有权要求承包人进行修正和提供补充资料，由承包人向监理人提交修正后的最终结清申请单。

② 最终结清证书和支付时间。

监理人收到承包人提交的最终结清申请单后的 14 天内，提出发包人应支付给承包人的价款送发包人审核并抄送承包人。发包人应在收到后 14 天内审核完毕，由监理人向承包人出具经发包人签认的最终结清证书。监理人未在约定时间内核查，又未提出具体意见的，视为承包人提交的最终结清申请已经监理人核查同意；发包人未在约定时间内审核又未提出具体意见的，监理人提出应支付给承包人的价款视为已经发包人同意。发包人应在监理人出具最终结清证书后的 14 天内，将应支付款支付给承包人。

发包人不按期支付的，应将逾期付款违约金支付给承包人。

7）竣工验收及缺陷保修

（1）竣工验收（18.1）。

① 竣工验收指承包人完成了全部合同工作后，发包人按合同要求进行的验收。

② 国家验收是政府有关部门根据法律、规范、规程和政策要求，针对发包人全面组织实施的整个工程正式交付投运前的验收。

③ 需要进行国家验收的，竣工验收是国家验收的一部分。竣工验收所采用的各项验收和评定标准应符合国家验收标准。发包人和承包人为竣工验收提供的各项竣工验收资料应符合国家验收的要求。

（2）竣工验收申请报告（18.2）。

当工程具备以下条件时，承包人即可向监理人报送竣工验收申请报告。

① 除监理人同意列入缺陷责任期内完成的尾工（甩项）工程和缺陷修补工作外，合同范围内的全部单位工程及有关工作，包括合同要求的试验、试运行及检验和验收均已完成，并符合合同要求；

② 已按合同约定的内容和份数备齐了符合要求的竣工资料；

③ 已按监理人的要求编制了在缺陷责任期内完成的尾工（甩项）工程和缺陷修补工作清单及相应施工计划；

④ 监理人要求在竣工验收前应完成的其他工作；

⑤ 监理人要求提交的竣工验收资料清单。

（3）验收（18.3）。

监理人收到承包人按约定提交的竣工验收申请报告后，应审查申请报告的各项内容，并按以下不同情况进行处理。

① 监理人审查后认为尚不具备竣工验收条件的，应在收到竣工验收申请报告后的28 天内通知承包人，指出在颁发接收证书前承包人还需进行的工作内容。承包人在完成监理人通知的全部工作内容后，应再次提交竣工验收申请报告，直至监理人同意为止。

② 监理人审查后认为已具备竣工验收条件的，应在收到竣工验收申请报告后的 28 天内提请发包人进行工程验收。

③ 发包人经过验收后同意接收工程的，应在监理人收到竣工验收申请报告后的 56 天内，由监理人向承包人出具经发包人签认的工程接收证书。发包人验收后同意接收工程但提出整修和完善要求的，限期修好，并缓发工程接收证书。整修和完善工作完成后，监理人复查达到要求的，经发包人同意后，再向承包人出具工程接收证书。

④ 发包人验收后不同意接收工程的，监理人应按照发包人的验收意见发出指示，要求承包人对不合格工程认真返工重做或进行补救处理，并承担由此产生的费用。承包人在完成不合格工程的返工重做或补救工作后，应重新提交竣工验收申请报告。

⑤ 除专用条款另有约定外，经验收合格工程的实际竣工日期，以提交竣工验收申请报告的日期为准，并在工程接收证书中写明。

⑥ 发包人在收到承包人竣工验收申请报告 56 天后未进行验收的，视为验收合格，实际竣工日期以提交竣工验收申请报告的日期为准，但发包人由于不可抗力不能进行

验收的除外。

（4）缺陷责任期的起算时间（19.1）。

缺陷责任期自实际竣工日期起计算。在全部工程竣工验收前，已经发包人提前验收的单位工程，其缺陷责任期的起算日期相应提前。

（5）保修责任。

合同当事人根据有关法律规定，在专用条款中约定工程质量保修范围、期限和责任。保修期自实际竣工日期起计算。在全部工程竣工验收前，已经发包人提前验收的单位工程，其保修期的起算日期相应提前。

#### 8）合同变更的管理

（1）变更的范围和内容（15.1）。

除专用条款另有约定外，在履行合同中发生以下情形，应按照本条规定进行变更。

① 取消合同中任何一项工作，但被取消的工作不能转由发包人或其他人实施；

② 改变合同中任何一项工作的质量或其他特性；改变合同工程的基线、标高、位置或尺寸；

③ 改变合同中任何一项工作的施工时间或改变已批准的施工工艺或顺序；

④ 为完成工程需要追加的额外工作。

（2）变更程序（15.3）。

① 在合同履行过程中，可能发生变更情形的，监理人可向承包人发出变更意向书。变更意向书应说明变更的具体内容和发包人对变更的时间要求，并附必要的图纸和相关资料。变更意向书应要求承包人提交包括拟实施变更工作的计划、措施和竣工时间等内容的实施方案。发包人同意承包人根据变更意向书要求提交变更实施方案的，由监理人发出变更指示。

② 承包人收到监理人按合同约定发出的图纸和文件，经检查认为其中存在需要变更情形的，可向监理人提出书面变更建议。变更建议应阐明要求变更的依据，并附必要的图纸和说明。监理人收到承包人书面建议后，应与发包人共同研究，确认存在变更的，应在收到承包人书面建议后的 14 天内作出变更指示。经研究后不同意变更的，应由监理人书面答复承包人。

③ 若承包人收到监理人的变更意向书后认为难以实施此项变更，应立即通知监理人，说明原因并附详细依据。监理人与承包人和发包人协商后确定撤销、改变或不改变原变更意向书。

（3）变更估价（15.3）。

① 除专用条款对期限另有约定外，承包人应在收到变更指示或变更意向书后的 14 天内，向监理人提交变更报价书，报价内容应根据约定的估价原则，详细开列变更工作的价格组成及其依据，并附必要的施工方法说明和有关图纸。

② 变更工作影响工期的，承包人应提出调整工期的具体细节。监理人认为有必要时，可要求承包人提交要求提前或延长工期的施工进度计划及相应施工措施等详细资料。

③ 除专用条款对期限另有约定外，监理人在收到承包人变更报价书后的 14 天内，根据约定的估价原则，商定或确定变更价格。

（4）变更的估价原则。

除专用条款另有约定外，因变更引起的价格调整按照本款约定处理。

① 已标价工程量清单中有适用于变更工作子目的，采用该子目的单价。

② 已标价工程量清单中无适用于变更工作子目的，但有类似子目的，可在合理范围内参照类似子目的单价，由监理人商定或确定变更工作的单价。

③ 已标价工程量清单中无适用或类似子目单价的，可按照成本加利润的原则，由监理人商定或确定变更工作的单价。

### 9）合同争议管理

（1）争议的解决方式（24.1）。

发包人和承包人在履行合同中发生争议的，可以友好协商解决或者提请争议评审组评审。合同当事人友好协商解决不成、不愿提请争议评审或者不接受争议评审组意见的，可在专用条款中约定下列一种方式解决。

① 向约定的仲裁委员会申请仲裁；

② 向有管辖权的人民法院提起诉讼。

（2）争议评审（24.3）。

① 采用争议评审的，发包人和承包人应在开工日后的 28 天内或在争议发生后，协商成立争议评审组。争议评审组由有合同管理和工程实践经验的专家组成。

② 合同双方的争议，应首先由申请人向争议评审组提交一份详细的评审申请报告，并附必要的文件、图纸和证明材料，申请人还应将上述报告的副本同时提交给被申请人和监理人。

③ 被申请人在收到申请人评审申请报告副本后的 28 天内，向争议评审组提交一份答辩报告，并附证明材料。被申请人应将答辩报告的副本同时提交给申请人和监理人。

④ 除专用条款另有约定外，争议评审组在收到合同双方报告后的 14 天内，邀请双方代表和有关人员举行调查会，向双方调查争议细节；必要时争议评审组可要求双方进一步提供补充材料。

⑤ 除专用条款另有约定外，在调查会结束后的 14 天内，争议评审组应在不受任何干扰的情况下进行独立、公正的评审，作出书面评审意见，并说明理由。在争议评审期间，争议双方暂按总监理工程师的决定执行。

⑥ 发包人和承包人接受评审意见的，由监理人根据评审意见拟定执行协议，经争议双方签字后作为合同的补充文件，并遵照执行。

⑦ 发包人或承包人不接受评审意见，并要求提交仲裁或提起诉讼的，应在收到评审意见后的 14 天内将仲裁或起诉意向书面通知另一方，并抄送监理人，但在仲裁或诉讼结束前应暂按总监理工程师的决定执行。

## 任务实施

### 任务实施单

<table>
<tr><td colspan="6">项目 7　高速铁路项目合同管理</td></tr>
<tr><td>任务 7.1</td><td colspan="5">高速铁路项目施工合同管理</td></tr>
<tr><td>班级</td><td></td><td>姓名</td><td></td><td>学号</td><td></td></tr>
<tr><td>任务分析</td><td colspan="5">实施方案</td></tr>
<tr><td>任务实施</td><td colspan="5">结合《铁路文本》分析施工合同管理过程中不合理的地方。</td></tr>
</table>

## 任务实施单

<table>
<tr><td colspan="7">项目 7　高速铁路项目合同管理</td></tr>
<tr><td>任务 7.1</td><td colspan="6">高速铁路项目施工合同管理</td></tr>
<tr><td>学习总结</td><td colspan="6">学习到的技能：<br><br><br><br>学习到的知识：<br><br><br><br>谈谈素质能力及思想意识方面的提升：<br><br><br><br></td></tr>
<tr><td rowspan="2">学生自评<br>（20 分）</td><td>课前学习</td><td>时间概念</td><td>实施方法</td><td>职业素养</td><td>成果质量</td><td>分值</td></tr>
<tr><td></td><td></td><td></td><td></td><td></td><td></td></tr>
<tr><td rowspan="2">小组互评<br>（20 分）</td><td>任务承担</td><td>时间概念</td><td>团队合作</td><td>能力素养</td><td>成果质量</td><td>分值</td></tr>
<tr><td></td><td></td><td></td><td></td><td></td><td></td></tr>
<tr><td>教师点评<br>（60 分）</td><td colspan="6"></td></tr>
<tr><td>反思提高</td><td colspan="6">通过完成本次任务，结合自评、互评结果，说说自己还有哪些需要加强的方面：<br><br><br><br><br><br><br></td></tr>
</table>

# 任务 7.2　高速铁路项目施工合同索赔管理

## 任务情境

拓展学习　思政园地

某高速铁路项目线下二标，发包人和承包人按《铁路文本》签订了合同，合同工期为 390 天，合同总价为 5 000 万元。

承包人为了避免今后可能支付延误赔偿金的风险，将路基的完工时间延长 6 周，承包商的理由如下：① 特别严重的降雨；② 现场劳务不足；③ 业主在原工地现场之外的另一个地方追加了一项额外工作；④ 无法遇见的恶劣土质条件，使路基施工难度加大；⑤ 施工场地使用权提供延误；⑥ 工程款不到位；⑦ 现场遇到发包人提供图纸中未注明管线。

## 任务要求

根据任务情境，确定上述事件中哪些事件构成索赔并根据《铁路文本》确定补偿内容。

## 知识链接

### 1. 承包人的索赔

#### 1）常见的索赔内容

（1）由不利的自然条件与人为障碍引起的索赔。

不利的自然条件是指施工中遭遇到的实际自然条件比招标文件中所描述的更为困难和恶劣，是一个有经验的承包商无法预测的不利的自然条件与人为障碍，导致了承包商必须花费更多的时间和费用，在这种情况下，承包商可以向业主提出索赔要求。

（2）由工程变更引起的索赔。

在工程施工过程中，由于工地上不可预见的情况及环境的改变，在监理工程师认为必要时，可以对工程或其任何部分的外形、质量或数量做出变更。任何此类变更，承包商均不应以任何方式使合同作废或无效。但如果监理工程师确定的工程变更单价或价格不合理，或缺乏说服承包商的依据，则承包商有权就此向业主进行索赔。

（3）工期延期的费用索赔。

工期延期的索赔通常包括两个方面：一是承包商要求延长工期；二是承包商要求偿付由于非承包商原因导致工程延期而造成的损失。一般这两方面的索赔报告要求分别编制，因为工期和费用索赔并不一定同时成立。

（4）加速施工费用的索赔。

一项工程可能遇到各种意外的情况或由于工程变更而必须延长工期，但由于业主的原因，坚持不允许延期，迫使承包商加班赶工来完成工程，从而导致工程成本增加，承包商可以提出索赔。

（5）由业主不正当地终止工程而引起的索赔。

由于业主不正当地终止工程，承包商有权要求补偿损失，其数额是承包商在被终止工程中的人工、材料、机械设备的全部支出，以及各项管理费用、保险费、贷款利息、保函费用的支出（减去已结算的工程款），并有权要求赔偿其盈利损失。

（6）由物价上涨引起的索赔。

物价上涨是各国市场的普遍现象，尤其在一些发展中国家。由于物价上涨，人工费和材料费不断增长，引起了工程成本的增加。如何处理物价上涨引起的合同价调整问题，常用的办法有以下 3 种：

① 对固定总价合同不予调整。这适用于工期短、规模小的工程。

② 按价差调整合同价。在工程结算时，对人工费及材料费的价差，即现行价格与基础价格的差值，由业主向承包商补偿。

③ 用调价公式调整合同价。在每月结算工程进度款时，利用合同文件中的调价公式，计算人工、材料等的调整数。

（7）由法律、货币及汇率变化引起的索赔。

① 由法律改变引起的索赔。如果在基准日期（投标截止日期前的 28 天）以后，由于业主国家或地方的任何法规、法令、政令或其他法律或规章发生了变更，导致了承包商成本增加。对承包商由此增加的开支，业主应予补偿。

② 由货币及汇率变化引起的索赔。如果在基准日期以后，工程施工所在国政府或其授权机构对支付合同价格的一种或几种货币实行货币限制或货币汇兑限制，则业主应补偿承包商因此而受到的损失。

如果合同规定将全部或部分款额以一种或几种外币支付给承包商，则这项支付不应受上述指定的一种或几种外币与工程施工所在国货币之间的汇率变化的影响。

（8）拖延支付工程款的索赔。

如果业主在规定的应付款时间内未能按工程进度付款证书向承包商支付应支付的款额，承包商可在提前通知业主的情况下，暂停工作或减缓工作进度，并有权获得任何误期的补偿和其他额外费用的补偿（如利息）。

（9）不可抗力的后果。

如果承包商因不可抗力妨碍其履行合同规定的任何义务，使其遭受延误和（或）招致增加费用，承包商有权根据“承包商的索赔”的规定要求索赔。

2）合同示范文本中规定的索赔条款

为了健康开展工程索赔工作，FIDIC 制定的《施工合同条件》和我国的《建设工程施工合同示范文本》《铁路文本》都列明了涉及索赔的条款，为开展索赔提供了条件。表 7-1 为国家铁路局发布的《铁路文本》中承包人可引用的索赔条款。

表 7–1 《铁路文本》中承包人可引用的索赔条款

<table>
<tr><th>序号</th><th>条款</th><th>索赔的基础、理由或权利</th><th>工期</th><th>费用</th><th>利润</th></tr>
<tr><td>1</td><td>1.10.1</td><td>文物、化石</td><td>√</td><td>√</td><td></td></tr>
<tr><td>2</td><td>3.4.5</td><td>监理人的指示延误或错误指示</td><td>√</td><td>√</td><td>√</td></tr>
<tr><td>3</td><td>4.11.2</td><td>不利的物质条件</td><td>√</td><td>√</td><td></td></tr>
<tr><td>4</td><td>5.2.4</td><td>发包人提供的材料或设备提前交货</td><td></td><td>√</td><td></td></tr>
<tr><td>5</td><td>5.2.6</td><td>发包人提供的材料或设备数量、质量不符合要求、延误交货</td><td>√</td><td>√</td><td>√</td></tr>
<tr><td>6</td><td>5.4.3</td><td>发包人提供的材料或设备不符合合同要求</td><td>√</td><td>√</td><td>√</td></tr>
<tr><td>7</td><td>8.3</td><td>发包人提供的基础资料错误</td><td>√</td><td>√</td><td>√</td></tr>
<tr><td rowspan="6">8</td><td rowspan="6">11.3</td><td>增加合同工作内容</td><td rowspan="6">√</td><td rowspan="6">√</td><td rowspan="6">√</td></tr>
<tr><td>改变合同中任何一项工作的质量要求或其他特性</td></tr>
<tr><td>发包人迟延提供材料、工程设备或变更交货地点的</td></tr>
<tr><td>因发包人原因导致的暂停施工</td></tr>
<tr><td>提供图纸延误</td></tr>
<tr><td>未按合同约定及时支付预付款、进度款</td></tr>
<tr><td>9</td><td>11.4</td><td>异常恶劣的气候条件</td><td>√</td><td></td><td></td></tr>
<tr><td>10</td><td>12.2</td><td>发包人暂停施工的责任</td><td>√</td><td>√</td><td>√</td></tr>
<tr><td>11</td><td>12.4.2</td><td>因发包人原因无法按时复工的</td><td>√</td><td>√</td><td>√</td></tr>
<tr><td>12</td><td>13.1.3</td><td>因发包人原因造成工程质量达不到合同约定验收标准</td><td>√</td><td>√</td><td>√</td></tr>
<tr><td>13</td><td>13.5.3</td><td>监理人重新检查合格</td><td>√</td><td>√</td><td>√</td></tr>
<tr><td>14</td><td>13.6.2</td><td>发包人提供的材料或设备不合格由承包人补救的</td><td>√</td><td>√</td><td>√</td></tr>
<tr><td>15</td><td>14.1.3</td><td>材料或设备重新试验证明符合合同要求</td><td>√</td><td>√</td><td>√</td></tr>
<tr><td>16</td><td>16.1</td><td>物价波动引起的价格调整</td><td></td><td>√</td><td></td></tr>
<tr><td>17</td><td>16.2</td><td>法律变化引起的价格调整</td><td></td><td>√</td><td></td></tr>
<tr><td>18</td><td>18.4.2</td><td>发包人在提前使用已接收的单位工程导致费用增加的</td><td>√</td><td>√</td><td>√</td></tr>
<tr><td>19</td><td>18.6.2</td><td>发包人原因造成试运行失败，承包人修复的</td><td></td><td>√</td><td>√</td></tr>
<tr><td>20</td><td>20.2.2</td><td>因发包人违约承包人暂停施工的</td><td>√</td><td>√</td><td>√</td></tr>
<tr><td rowspan="2">21</td><td rowspan="2">21.3</td><td>不可抗力停工期间的照管和后续管理</td><td></td><td>√</td><td></td></tr>
<tr><td>因不可抗力不能按期竣工</td><td>√</td><td></td><td></td></tr>
</table>

2. 发包人的索赔

当由于承包人不履行或不完全履行约定的义务，或者由于承包人的行为使业主受到损失时，发包人可向承包人提出索赔。《铁路文本》中也包括了业主向承包人索赔的内容和条件，主要有：

（1）承包人私自将合同的全部或部分权利转让给其他人，或私自将合同的全部或部分义务转移给其他人的；

（2）承包人违反约定，未经监理人批准，私自将已按合同约定进入施工场地的施工设备、临时设施或材料撤离施工场地的；

（3）监理人对承包人的试验和检验结果有疑问的，或为查清承包人试验和检验成果的可靠性要求承包人重新试验和检验的，可按合同约定重新试验和检验的结果证明该项材料、工程设备或工程的质量不符合合同要求的；

（4）承包人违反约定使用了不合格材料或工程设备，工程质量达不到标准要求，又拒绝清除不合格工程的；

（5）承包人未能按合同进度计划及时完成合同约定的工作，已造成或预期造成工期延误的；

（6）承包人未通知监理人到场检查，私自将工程隐蔽部位覆盖的，监理人有权指示承包人钻孔探测或揭开检查，检查不合格的；

（7）承包人在缺陷责任期内，未能对工程接收证书所列的缺陷清单的内容或缺陷责任期内发生的缺陷进行修复，而又拒绝按监理人指示再进行修补的。

### 3. 索赔程序

主要索赔程序包括提出索赔意向、调查干扰事件、寻找索赔理由和证据、计算索赔值、起草索赔报告、通过谈判最终解决索赔争议。《铁路文本》中规定的索赔的基本程序要求如下。

#### 1）承包人索赔的提出

根据合同约定，承包人认为有权得到追加付款和（或）延长工期的，应按以下程序向发包人提出索赔：

（1）承包人应在知道或应当知道索赔事件发生后 28 天内，向监理人递交索赔意向通知书，并说明发生索赔事件的事由。承包人未在前述 28 天内发出索赔意向通知书的，丧失要求追加付款和（或）延长工期的权利。

（2）承包人应在发出索赔意向通知书后 28 天内，向监理人正式递交索赔通知书。索赔通知书应详细说明索赔理由及要求追加的付款金额和（或）延长的工期，并附必要的记录和证明材料。

（3）索赔事件具有连续影响的，承包人应按合理时间间隔继续递交延续索赔通知，说明连续影响的实际情况和记录，列出累计的追加付款金额和（或）工期延长天数。

（4）在索赔事件影响结束后的 28 天内，承包人应向监理人递交最终索赔通知书，说明最终要求索赔的追加付款金额和延长的工期，并附必要的记录和证明材料。

#### 2）承包人索赔处理程序

（1）监理人收到承包人提交的索赔通知书后，应及时审查索赔通知书的内容、查验承包人的记录和证明材料，必要时监理人可要求承包人提交全部原始记录副本。

（2）监理人应按商定或确定追加的付款和（或）延长的工期，并在收到上述索赔通知书或有关索赔的进一步证明材料后的 42 天内，将索赔处理结果答复承包人。

（3）承包人接受索赔处理结果的，发包人应在做出索赔处理结果答复后 28 天内完成赔付。承包人不接受索赔处理结果的，按争议解决的约定办理。

3）承包人提出索赔的期限

（1）承包人接收了竣工付款证书后，应被认为已无权再提出在合同工程接收证书颁发前所发生的任何索赔。

（2）承包人按约定提交的最终结清申请单中，只限于提出工程接收证书颁发后发生的索赔。提出索赔的期限自接收最终结清证书时终止。

4）发包人的索赔

（1）发生索赔事件后，监理人应及时书面通知承包人，详细说明发包人有权得到的索赔金额和（或）延长缺陷责任期的细节和依据。发包人提出索赔的期限和要求与违约的约定相同，延长缺陷责任期的通知应在缺陷责任期届满前发出。

（2）监理人商定或确定发包人从承包人处得到赔付的金额和（或）缺陷责任期的延长期。承包人应付给发包人的金额可从拟支付给承包人的合同价款中扣除，或由承包人以其他方式支付给发包人。

## 任务实施

### 任务实施单

<table>
<tr><td colspan="6">项目 7 高速铁路项目合同管理</td></tr>
<tr><td>任务 7.2</td><td colspan="5">高速铁路项目施工合同索赔管理</td></tr>
<tr><td>班级</td><td></td><td>姓名</td><td></td><td>学号</td><td></td></tr>
<tr><td>任务分析</td><td colspan="5">实施方案</td></tr>
<tr><td>任务实施</td><td colspan="5">1. 根据任务情境，确定构成索赔的事件及依据。<br><br>2. 根据《铁路文本》确定补偿内容。</td></tr>
</table>

## 任务实施单

<table>
<tr><td colspan="7">项目 7　高速铁路项目合同管理</td></tr>
<tr><td>任务 7.2</td><td colspan="6">高速铁路项目施工合同索赔管理</td></tr>
<tr><td>学习总结</td><td colspan="6">学习到的技能：<br><br>学习到的知识：<br><br>谈谈素质能力及思想意识方面的提升：</td></tr>
<tr><td rowspan="2">学生自评<br>（20 分）</td><td>课前学习</td><td>时间概念</td><td>实施方法</td><td>职业素养</td><td>成果质量</td><td>分值</td></tr>
<tr><td></td><td></td><td></td><td></td><td></td><td></td></tr>
<tr><td rowspan="2">小组互评<br>（20 分）</td><td>任务承担</td><td>时间概念</td><td>团队合作</td><td>能力素养</td><td>成果质量</td><td>分值</td></tr>
<tr><td></td><td></td><td></td><td></td><td></td><td></td></tr>
<tr><td>教师点评<br>（60 分）</td><td colspan="6"></td></tr>
<tr><td>反思提高</td><td colspan="6">通过完成本次任务，结合自评、互评结果，说说自己还有哪些需要加强的方面：</td></tr>
</table>

# 任务 7.3　高速铁路项目材料设备采购合同管理

## 任务情境

某高速铁路项目施工企业为完成无砟轨道施工，提高施工效率，决定投资引进设备技术，欲通过某国际代理公司与国外某集团签订引进设备合同，合同拟采用《标准设备采购招标文件》中的标准合同文本。

拓展学习　思政园地

## 任务要求

根据任务情境，结合《标准设备采购招标文件》合同条款及格式内容，确定双方合同洽谈的重点内容及专用条款需要明确的内容。

## 知识链接

高速铁路项目材料设备采购合同，是出卖人转移建设工程材料设备的所有权于买受人，买受人支付货款的合同。

材料设备采购合同是高速铁路项目合同体系中的重要组成部分，与施工合同居于同样重要的地位。工程项目是一个特殊的产品，发包人购买的是工程实体的形成过程，而构成工程实体的过程中，最为重要的就是施工和材料设备采购。材料设备采购合同应依据工程承包合同的相关内容订立，在实践中，有的货物由发包人负责提供，也可以由承包人负责采购。无论是发包人自己采购的材料设备，还是承包人采购的材料设备，都应当由双方当事人在施工合同中做出明确约定，并符合施工合同对材料设备的质量要求和工程进度需要的安排。也就是说，材料设备采购合同的订立要以施工合同为依据，并且与其他工程建设事项互相衔接。

### 1. 标准材料设备采购合同文本

为进一步完善标准文件编制规则，构建覆盖主要采购对象、多种合同类型、不同项目规模的标准文件体系，提高招标文件编制质量，促进招标投标活动的公开、公平和公正，营造良好的市场竞争环境，2017 年 9 月 4 日，国家发展改革委会同工业和信息化部、住房城乡建设部、交通运输部、水利部、商务部、国家新闻出版广电总局、国家铁路局、中国民用航空局九部委联合发布了《关于印发〈标准设备采购招标文件〉等五个标准招标文件的通知》（发改法规〔2017〕1606 号），通知中发布了《标准设备采购招标文件》《标准材料采购招标文件》《标准勘察招标文件》《标准设计招标文件》《标准监理招标文件》（以下如无特别说明，统一简称为《标准文件》），《标准文件》自 2018 年 1 月 1 日起实施。该《标准文件》中包含合同条款格式。这里以《民法典》《标准设备采购招标文件》《标准材料采购招标文件》为依据，介绍高速铁路项目材料设备采购合同的内容及合同管理（以下简称材料采购合同文本、设备采购合同文本，合称材料设备采购合同文本）。

### 2. 材料设备采购合同文本

#### 1）材料设备合同文本的构成

材料设备采购合同文本均由通用条款、专用条款和合同附件格式构成。该合同文本适用于依法必须招标的与工程建设有关的材料设备采购项目。专用条款可对通用条款进行补充、细化，但除通用条款明确规定可以做出不同约定外，专用条款补充和细化的内容不得与通用条款相抵触，否则，抵触内容无效。材料设备采购合同文本合同附件包括合同协议书和履约保证金格式。

#### 2）材料设备合同文本的优先顺序

（1）材料采购合同文本。

组成合同的各项文件应互相解释，互为说明。除专用条款约定外，合同的解释合同文件的优先顺序如下：

① 合同协议书；② 中标通知书；③ 投标函；④ 商务和技术偏差表；⑤ 专用条款；⑥ 通用条款；⑦ 供货要求；⑧ 分项报价表；⑨ 中标材料质量标准的详细描述；⑩ 相关服务计划；⑪ 其他合同文件。

（2）设备采购合同文本。

组成合同的各项文件应互相解释，互为说明。除专用条款约定外，合同的解释合同文件的优先顺序如下：

① 合同协议书；② 中标通知书；③ 投标函；④ 商务和技术偏差表；⑤ 专用条款；⑥ 通用条款；⑦ 供货要求；⑧ 分项报价表；⑨ 中标设备技术性能指标的详细描述；⑩ 技术服务和质保期服务计划；⑪ 其他合同文件。

#### 3）材料设备采购合同的当事人

（1）采购人。

采购人也叫买受人，是指在合同中约定，具有购买材料、设备要求和支付材料、设备价款能力的当事人及取得该当事人资格的合法继承人。

（2）供货人。

供货人也叫出卖人，是指合同中约定，被采购人接受的具有卖出材料、设备能力的当事人及取得该当事人资格的合法继承人。

#### 4）材料设备采购合同的标的

材料设备采购合同的标的是材料或设备，包括工程建设所需要的供水供电管线和设备、消防设施、空调等设备、机械、仪表、配件、备件及水泥、砖瓦石料、钢筋、木料、玻璃等工程建设所必需的重要设备和材料。

#### 5）材料设备采购合同的主要内容

建筑工程材料设备采购合同视标的的特点，合同涉及的条款繁简程度差异较大。建筑材料采购合同的条款一般限于物质交货阶段，主要涉及交接程序、检验方式、质量要求和合同价款支付等。大型设备的采购，除了交货阶段的工作外，往往还需要包括设备生产制造阶段、设备安装调试阶段、设备试运行阶段、设备性能达标检验和保修等方面的条款的约定。

6）材料设备供应（交货）的时间

建设工程材料设备采购合同的履行与施工进度密切相关，供货人必须严格按照合同约定的时间交付订购的材料设备。延误交货将导致工程施工停工待料，延误工期。提前交货通常采购人也不同意接收，一方面货物将占用施工场地，另一方面增加了采购人的仓储保管费用。

## 任务实施

### 任务实施单

<table>
<tr><td colspan="6">项目 7　高速铁路项目合同管理</td></tr>
<tr><td>任务 7.3</td><td colspan="5">高速铁路项目材料设备采购合同管理</td></tr>
<tr><td>班级</td><td></td><td>姓名</td><td></td><td>学号</td><td></td></tr>
<tr><td>任务分析</td><td colspan="5">实施方案</td></tr>
<tr><td>任务实施</td><td colspan="5">1. 根据任务情境，确定双方合同洽谈的重点内容。<br><br>2. 确定合同专用条款需要明确的内容。</td></tr>
</table>

## 任务实施单

<table>
<tr><td colspan="7">项目 7　高速铁路项目合同管理</td></tr>
<tr><td>任务 7.3</td><td colspan="6">高速铁路项目材料设备采购合同管理</td></tr>
<tr><td>学习总结</td><td colspan="6">学习到的技能：<br><br><br>学习到的知识：<br><br><br>谈谈素质能力及思想意识反面的提升：<br><br><br></td></tr>
<tr><td rowspan="2">学生自评<br>（20 分）</td><td>课前学习</td><td>时间概念</td><td>实施方法</td><td>职业素养</td><td>成果质量</td><td>分值</td></tr>
<tr><td></td><td></td><td></td><td></td><td></td><td></td></tr>
<tr><td rowspan="2">小组互评<br>（20 分）</td><td>任务承担</td><td>时间概念</td><td>团队合作</td><td>能力素养</td><td>成果质量</td><td>分值</td></tr>
<tr><td></td><td></td><td></td><td></td><td></td><td></td></tr>
<tr><td>教师点评<br>（60 分）</td><td colspan="6"></td></tr>
<tr><td>反思提高</td><td colspan="6">通过完成本次任务，结合自评、互评结果，说说自己还有哪些需要加强的方面：<br><br><br></td></tr>
</table>

## 知识测试和能力训练

### 一、知识测试

1. 工程项目合同管理的法律依据、原则是什么？
2. 我国高速铁路项目施工合同示范文本的组成有哪些？
3. 合同工期指什么？合同价款是如何规定的？
4. 发包人的义务是什么？承包人的义务是什么？
5. 什么条件下的工期延误，经监理工程师批准，工期可以相应顺延？
6. 隐蔽工程如何验收？
7. 如何组织试车？
8. 工程进度款的支付方式有哪些？
9. 设计变更如何进行？变更价款如何确定？
10. 采购合同中，供货人和采购人的违约责任是什么？
11. 简述工程索赔的概念和分类。
12. 简述工程索赔的程序。
13. 简述索赔费用的组成。
14. 常见的工程索赔内容有哪些？

### 二、能力训练

某铁路桥梁工程，业主通过招标与某建筑公司签订了工程施工合同，合同工期为360天。合同中约定，由于施工单位原因造成工期延误，每延误一天罚款5 000元；由于业主和其他原因造成工程延期，每延误一天补偿施工单位5 000元。工期每提前一天，奖励施工单位8 000元。施工单位按时提交了单位工程施工组织设计，并得到了监理工程师的批准。

该工程施工过程中发生了以下几项事件：

事件一：基础工程施工中，在钎探后，发现局部有软弱下卧层。监理工程师指示施工单位配合勘察部门进行地质复查，配合用工为 8 个工日。随后，根据勘察设计部门提出的并经监理工程师批准的地基处理方案进行处理，增加工程费用 3 万元，因地基复查和处理使基础工程施工延长4天，人工窝工20个工日。

事件二：桥梁护栏施工中，因业主要求变更护栏形式，使部分工程重做。由此造成施工延长2天，工程费用增加1.5万元。

事件三：桥面及附属工程施工时，施工单位为保证合同工期，采取了加快施工的技术措施，使施工缩短4天，该项技术措施费为1.2万元。

其余各项工作持续时间和费用均与原计划相同。

**请根据事件回答：**

1. 在以上事件发生后，施工单位是否可以向监理工程师提出索赔要求？为什么？
2. 该工程可得到的工期补偿为多少天？
3. 如果工程所在地人工费标准为35元/工日，应由业主给予补偿的窝工人工费标准为20元/工日，其余不予补偿。则施工单位应得到的费用补偿为多少？

# 项目 8

# 高速铁路项目安全管理

## 项目描述

高速铁路项目安全管理是一项综合性管理，是高速铁路项目管理的重要组成部分，通过本项目的学习，了解安全生产管理体系、安全组织机构、管理措施、管理制度、安全事故的分类及处理，以及各责任主体的安全责任等内容。

## 学习目标

### 能力目标

- 能够按照高速铁路项目安全生产的特点，确定安全生产管理体系；
- 能够确定高速铁路项目安全管理的主要内容及措施；
- 能够进行安全事故的分类，明确安全事故处理程序；
- 能够判断各责任主体的安全责任。

### 知识目标

- 了解项目安全管理的概念、目标；
- 熟悉各责任主体的安全责任；
- 掌握安全事故的分类及处理；
- 掌握安全生产的管理制度、管理措施。

### 素质目标

- 培养学生安全意识、安全责任意识；
- 培养学生严肃认真的工作态度。

# 任务 8.1　高速铁路项目安全管理组织部署

## 任务情境

拓展学习　思政园地

某施工单位中标某高速铁路项目线下二标，标段里程范围为 DK10+156～DK14+200，全长为 4.044 km，主要工程为路基土石方 10 093 m$^3$；特大桥 1 座，长为 635.96 m；隧道 1 座，长为 935 m；涵洞 12 座，全长为 378 m。总投资为 30.689 6 亿元，项目工期为 3 年。

## 任务要求

根据任务情境，请完成：

（1）项目应该配备哪些安全管理人员？

（2）绘制符合本工程的标准化项目经理部安全组织机构图，并说明安全管理人员的主要职责。

## 知识链接

### 1. 安全管理的方针和原则

#### 1）安全管理的方针

高速铁路项目安全管理必须始终坚持“安全第一、预防为主、综合治理”的方针。

安全第一，就是在生产过程中把安全放在第一重要的位置上，切实保护劳动者的生命安全和身体健康。坚持安全第一，以人为本，珍爱生命，各项工作都必须坚定不移地服从安全生产要求。要坚持杜绝违章违纪作业，以及不顾安全、盲目赶工期等现象。这对于捍卫人的生命尊严、构建安全社会、促进社会和谐、实现安全发展具有十分重要的意义。

预防为主，就是把安全生产工作关口前移，超前防范，构建预教、预测、预报、预警、预防的递进式、立体化事故隐患预防体系，全员参与、全过程、全方位预防安全事故。预防为主体现了现代安全管理思想，即通过建设安全文化、健全安全法制、提高安全科技水平、落实安全责任、加大安全投入构筑坚固的安全防线。

综合治理，就是鉴于安全生产工作的长期性、艰巨性和复杂性，通过采取单一措施很难取得实效，必须综合运用经济、法律、行政等手段，人管、法治、技防多管齐下，并充分发挥政府、社会、职工和舆论的监督作用，才能有效解决安全生产领域的问题。

#### 2）安全管理的原则

（1）管生产同时管安全。

安全寓于生产之中，并对生产发挥促进与保证作用。管生产同时管安全，不仅是对各级领导人员明确安全管理责任，同时，也向一切与生产有关的机构、人员明确业务范围内的安全管理责任。

（2）安全一票否决原则。

高速铁路施工过程中，但凡有重大安全隐患无法确定和排除时，项目经理部应着重排查安全隐患，停止生产，在确保安全的情况下组织生产。安全生产是衡量工程项目管理的一项重要指标，应作为优先考虑要素，实行量化管理。

（3）坚持“四全”动态管理。

安全管理不是少数人和安全机构的事，而是一切与生产有关的人共同的事。安全管理涉及生产活动的各方面，涉及从开工到竣工交付的全部生产过程，涉及全部生产时间，涉及一切变化着的生产因素。因此，生产活动中必须坚持全员、全过程、全方位、全天候的动态安全管理。

（4）安全设施“三同时”原则。

安全设施“三同时”原则要求高速铁路项目安全设施必须与主体工程同时设计、同时施工、同时投入生产和使用。安全设施“三同时”原则是预防排除不安全因素和事故隐患的重要控制手段。

（5）“四不放过”原则。

“四不放过”原则是我国对安全事故处理的基本要求，是要坚持的安全管理的重要原则，指事故原因未查清不放过、责任人员未处理不放过、责任人员和群众未受教育不放过、整改措施未落实不放过。该原则要求对安全事故必须进行严肃认真的调查处理，接受教训，防止同类事故重复发生。

### 2. 构建安全管理组织，落实安全管理责任

#### 1）标准化项目经理部安全组织

根据《安全生产法》、《建设工程安全生产管理条例》和《建设工程项目管理规范》（GB/T 50326—2017）的规定，组织应建立专门的安全生产管理机构，配备合格的项目安全管理负责人和管理人员，进行教育培训并持证上岗。项目安全生产管理机构及管理人员应当恪尽职守、依法履行职责。配备合格的项目安全管理负责人和管理人员的关键是聘任具有合格资格的项目管理机构负责人。项目管理机构负责人是项目安全管理第一责任人，施工单位项目经理部负责人必须取得安全生产管理资格证书。施工单位项目经理部需设置专门的安全生产管理机构，并配备专职安全管理人员，各分包单位需配备专职安全员。

高速铁路项目施工单位应以企业法人或实际控制人为安全生产第一责任人，项目经理为项目安全第一责任人，配备项目安全总监、安全质量管理部，构建标准化项目经理部安全组织机构（见图 8–1）。标准化作业队应配备专职安全员（见图 8–2）。

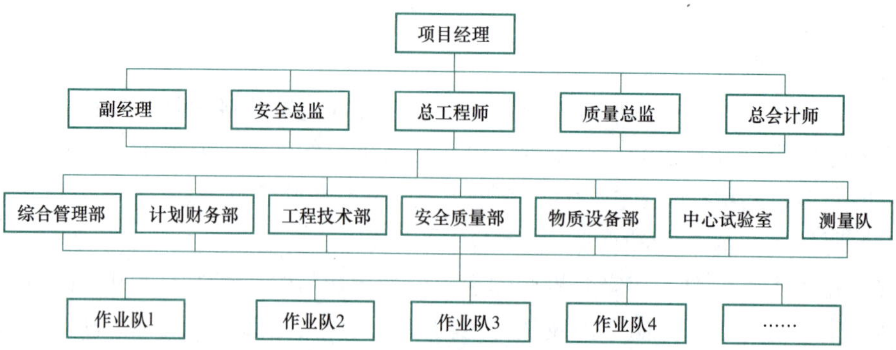


图 8-1 高速铁路项目施工项目经理部结构图

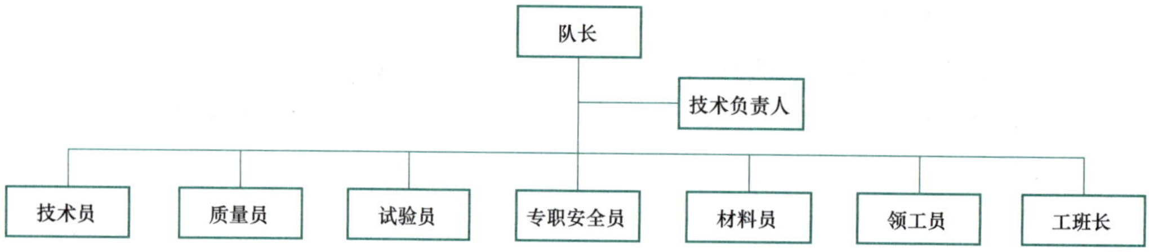


图 8-2 高速铁路项目作业队结构图

### 2）主要人员及部门安全管理职责

（1）主要人员的安全职责。

① 企业主要负责人。

《铁路建设工程安全生产管理办法》中明确规定，施工单位主要负责人依法对本单位的安全生产工作全面负责，包括：建立、健全本单位的安全生产责任制，组织制订安全生产规章制度和操作规程，保证单位安全生产投入的有效实施，做好安全检查记录，组织制订本单位安全事故应急救援预案等工作。

② 项目经理。

项目经理对铁路建设工程项目的安全施工负责。项目负责人负责落实安全生产责任制度、安全生产规章制度和操作规程，根据工程的特点组织制订安全施工措施，消除安全事故隐患，确保安全生产费用的有效使用，并组织制订本项目安全事故应急救援预案，及时、如实报告安全事故。

③ 总工程师。

总工程师对本单位的安全生产负技术责任，组织编制施工组织设计和重要工程的安全技术方案，并监督检查其实施情况；组织开展安全技术交底工作，对职工进行安全技术培训，及时解决施工中的安全技术问题；主持安全防护设施和设备的验收。

④ 安全总监。

专职安全生产管理人员应督促和指导其他部门和人员认真执行相关安全管理规定，落实生产安全职责，组织实施现场生产安全检查，及时制止并纠正违规行为，发现安全事故隐患应及时向项目负责人和安全生产管理机构报告。

⑤ 作业队队长。

a）指导和督促职工遵守各项安全生产规章制度，按规定标准及时发放劳动保护用品，并指导职工正确使用，随时进行现场安全检查，纠正违章作业现象，及时消除事故隐患。

b）组织开展安全活动，对特种作业人员的持证上岗严格把关。

c）当发生工伤事故时，应立即组织抢救，保护现场，立即如实报告。

⑥ 作业队技术负责人。

向作业人员进行安全技术措施交底，严格执行本工种安全技术操作规程，拒绝违章指挥。对作业人员进行安全操作规程教育培训，提高作业人员的安全意识。

⑦ 工班长。

a）学习安全技术规章制度，严格遵守劳动纪律，按章作业，检查督促班组人员正确使用各种防护用品。

b）认真落实安全生产措施，对所用机具、装置负责检查验收，合格后交工人使用。

c）对不具备生产条件的工作项目有权拒绝施工，对违章指挥有权抵制，充分发挥工班义务安全员的作用，支持他们的工作。

d）发生事故后，及时组织抢救，并及时向上级报告，研究分析事故原因，提出并落实改进措施。

⑧ 专职安全员。

专职安全员的主要职责是负责日常的安全管理和教育，配合有关部门进行安全检查，排除安全隐患。

（2）项目部各部门的安全职责。

在高速铁路建设项目中，各部门要相互协调、相互合作，共同履行安全责任，实现项目的安全目标。

① 安全质量部。

对贯彻执行国家和企业有关安全生产法规和规定的情况进行监督检查，负责监督管理劳动安全，监督施工生产安全、消防安全、特种设备安全等工作；制订安全生产管理办法；制订易燃、易爆、危险品安全管理制度；进行安全检查，制止违章指挥和违章作业，遇有紧急情况有权暂停生产，并向上级报告；组织对新职工开展“三级”安全教育；组织专（兼）职安全员的业务培训和管理人员安全培训；负责职工施工伤亡的统计报告工作，组织或参与调查、分析、处理安全事故。

② 工程技术部。

负责编制施工组织设计中的安全技术措施，进行安全生产技术的改进和研究工作；对技术交底，并检查执行情况。

③ 物质设备部。

保证所供应的设备安全技术性能可靠，具有必要的安全防护装置，确保安全运行；负责车辆的验收、使用、检查、维修等过程的安全管理工作；参加汽车交通事故的调查；参加由于机械设备原因造成的伤亡事故的调查和分析，并提出防范措施；组织对变配电设备及线路、起重设备、行驶机械等特种设备进行安全技术检验及对操作人员进行安全教育培训。

④ 计划财务部。

保证安全生产的资金专款专用，切实落实安全生产措施、安全教育培训和宣传的经费，并监督其合理使用。

⑤ 综合管理部。

参与全体职工安全技术和劳动纪律教育培训，开展群众监督检查活动，搞好安全生产。

## 任务实施

### 任务实施单

<table>
<tr><td colspan="6">项目 8　高速铁路项目安全管理</td></tr>
<tr><td>任务 8.1</td><td colspan="5">高速铁路项目安全管理组织部署</td></tr>
<tr><td>班级</td><td></td><td>姓名</td><td></td><td>学号</td><td></td></tr>
<tr><td>任务分析</td><td colspan="5">实施方案</td></tr>
<tr><td>任务实施</td><td colspan="5">1. 项目应该配备哪些安全管理人员？<br><br>2. 绘制符合本工程的标准化项目经理部安全组织机构图。<br><br>3. 说明安全管理人员的主要职责。</td></tr>
</table>

## 任务实施单

<table>
<tr><td colspan="7">项目 8　高速铁路项目安全管理</td></tr>
<tr><td>任务 8.1</td><td colspan="6">高速铁路项目安全管理组织部署</td></tr>
<tr><td>学习总结</td><td colspan="6">学习到的技能：<br><br><br><br>学习到的知识：<br><br><br><br>谈谈素质能力及思想意识方面的提升：<br><br><br><br></td></tr>
<tr><td rowspan="2">学生自评<br>（20 分）</td><td>课前学习</td><td>时间概念</td><td>实施方法</td><td>职业素养</td><td>成果质量</td><td>分值</td></tr>
<tr><td></td><td></td><td></td><td></td><td></td><td></td></tr>
<tr><td rowspan="2">小组互评<br>（20 分）</td><td>任务承担</td><td>时间概念</td><td>团队合作</td><td>能力素养</td><td>成果质量</td><td>分值</td></tr>
<tr><td></td><td></td><td></td><td></td><td></td><td></td></tr>
<tr><td>教师点评<br>（60 分）</td><td colspan="6"></td></tr>
<tr><td>反思提高</td><td colspan="6">通过完成本次任务，结合自评、互评结果，说说自己还有哪些需要加强的方面：<br><br><br><br><br><br><br></td></tr>
</table>

# 任务 8.2　高速铁路项目安全控制

## 任务情境

拓展学习　思政园地

某铁路桥位于陡峭山谷间，该地区雨量充沛。桥跨布置为 6×32 m+（45+70+45）m+6×32 m。主跨跨越湍急河流。其桥墩基础设计为钻孔桩，其他桥墩基础设计为挖孔桩，桥墩墩身高 6～35 m。

施工过程中，因通视条件差发生了一起混凝土罐撞击作业平台的事故，致使平台上的两名作业人员因站立不稳冲出平台，一人抓住平台梁悬吊半空获救，另一人受重伤；与此同时，信号工毫无察觉，从作业平台上坠落身亡。

## 任务要求

根据任务情境，指出信号工和混凝土起吊人员有哪几项错误行为，违反了哪些安全制度？上述作业平台上的安全设施有哪些缺陷？

## 知识链接

### 1. 高速铁路项目施工安全控制

#### 1）安全控制目标

安全控制的目标是减少和消除生产过程中的事故，保证人员健康安全和财产免受损失，具体应包括：

（1）减少或消除人的不安全行为的目标；

（2）减少或消除设备、材料的不安全状态的目标；

（3）改善生产环境和保护自然环境的目标。

#### 2）安全控制程序

高速铁路项目安全控制程序如图 8-3 所示。

（1）确定每项具体建设工程项目的安全目标。

按“目标管理”方法在以项目经理为首的项目管理系统内进行分解，从而确定每个岗位的安全目标，实现全员安全控制。

（2）编制建设工程项目安全技术措施计划。

工程施工安全技术措施计划是对生产过程中的不安全因素，用技术手段加以消除和控制的文件，是落实“预防为主”方针的具体体现，是进行工程项目安全控制的指导性文件。

（3）安全技术措施计划的落实和实施。

安全技术措施计划的落实和实施包括建立健全安全生产责任制，设置安全生产设施，采用安全技术和应急措施，进行安全教育和培训、安全检查、伤亡事故处理、沟通和交流信息，通过一系列安全措施的贯彻使生产作业的安全状况处于受控状态。

（4）安全技术措施计划的验证。

安全技术措施计划的验证是指通过施工过程中对安全技术措施计划实施情况的安全检查，纠正不符合安全技术措施计划的情况，保证安全技术措施的贯彻和实施。

（5）持续改进。

应用 PDCA 循环原理，即以计划、实施、检查和处置不断循环的方式展开安全管理，不断寻求改进机会、研究改进措施，保证项目安全管理系统的不断完善和持续改进，不断提高安全管理能力和管理水平。

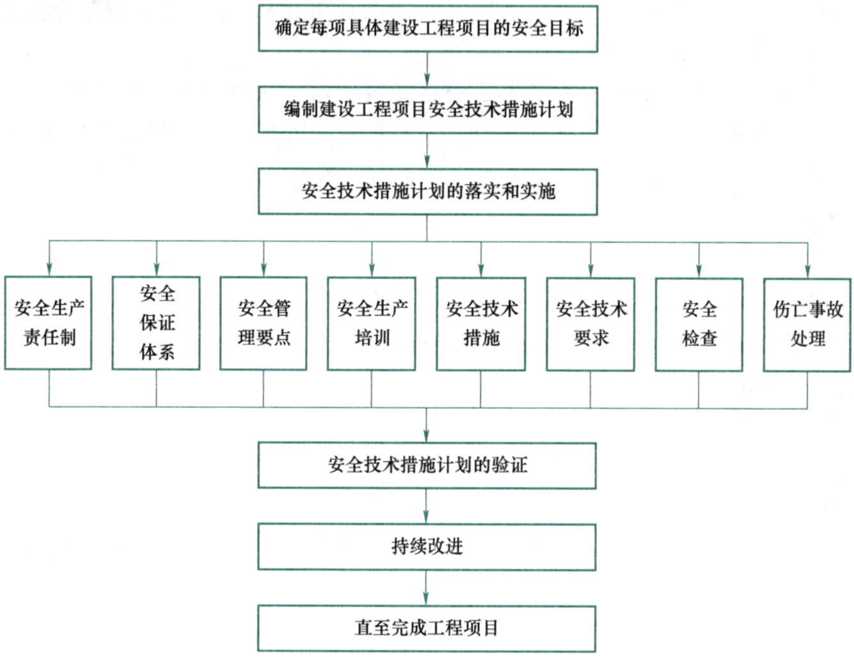


图 8-3　高速铁路项目安全控制程序

### 2. 高速铁路项目施工安全技术措施计划一般要求

#### 1）安全技术措施计划必须在工程开工前制定

施工安全技术措施是施工组织设计的重要组成部分，应在工程开工前与施工组织设计一同编制。为保证各项安全设施的落实，在工程图纸会审时，就应特别注意考虑安全施工的问题，并在开工前制定好安全技术措施，使得用于该工程的各种安全设施有较充分的时间进行采购、制作和维护等准备工作。

#### 2）安全技术措施计划要有全面性

按照有关法律法规的要求，在编制工程施工组织设计时，应当根据工程特点制定相应的安全技术措施计划。对于大中型工程项目、结构复杂的重点工程，除必须在施工组织设计中编制安全技术措施计划外，还应编制专项工程施工安全技术措施计划，详细说明有关安全方面的防护要求和措施，确保单位工程或分部分项工程的施工安全。对爆破、拆除、起重吊装、水下、基坑支护和降水、土方开挖、脚手架、模板等危险性较大的作业，必须编制专项安全施工技术方案。

3）安全技术措施计划要有针对性

安全技术措施计划是针对每项工程的特点制定的，编制安全技术措施计划的技术人员必须掌握工程概况、施工方法、施工环境、条件等一手资料，并熟悉安全法规、标准等，只有这样才能制定出有针对性的安全技术措施计划。

4）安全技术措施计划应力求全面、具体、可靠

安全技术措施计划应把可能出现的各种不安全因素考虑周全，制定的对策措施方案应力求全面、具体、可靠，这样才能真正做到预防事故的发生。但是，全面具体不等于罗列一般通常的操作工艺、施工方法及日常安全工作制度、安全纪律等。这些制度性规定，安全技术措施计划中不需要再做抄录，但必须严格执行。

5）安全技术措施计划必须包括应急预案

由于安全技术措施计划是在相应的工程施工实施之前制定的，所涉及的施工条件和危险情况大都建立在可预测的基础上，而建设工程施工过程是开放的过程，在施工期间的变化是经常发生的，还可能出现预测不到的突发事件或灾害（如地震、火灾、台风、洪水等）。所以，安全技术措施计划必须包括面对突发事件或紧急状态的各种应急设施、人员逃生和救援预案，以便在紧急情况下能及时启动应急预案，减少损失，保护人员安全。

6）安全技术措施计划要有可行性和可操作性

安全技术措施计划应能够在每个施工工序之中得到贯彻实施，既要考虑保证安全要求，又要考虑现场环境条件和施工技术条件能够做得到。

### 3. 主要的工程施工安全技术措施简介

建设工程结构复杂多变，工程施工涉及的专业和工种很多，安全技术措施计划的内容很广泛，但归结起来，可以分为一般工程安全技术措施、特殊工程安全技术措施、季节性安全技术措施和应急措施等。

1）一般工程安全技术措施

一般工程是指结构共性较多的工程，其施工生产作业既有共性，也有不同之处。由于施工条件、环境等不同，同类工程的不同之处在共性措施中无法得到解决。应根据有关法规的规定，结合以往的施工经验与教训，制定安全技术措施。一般工程安全技术措施主要有以下几个方面：

（1）土石方开挖工程，应根据开挖深度、土质类别，选择开挖方法，确定保证边坡稳定或采取的支护结构措施，防止边坡滑动和塌方；

（2）脚手架、吊篮等选用及设计搭设方案和安全防护措施；

（3）高处作业的上下安全通道；

（4）爆破作业的安全防护；

（5）施工洞口的防护方法和主体交叉施工作业区的隔离措施；

（6）场内运输道路及人行通道的布置；

（7）编制临时用电的施工组织设计和绘制临时用电图纸，在建工程（包括脚手架具）的外侧边缘与外电架空线路的间距达到最小安全距离时应采取的防护措施方案；

（8）防火、防毒、防爆、防雷等安全措施；

（9）混凝土与砌体工程的浇筑要求；

（10）起重机回转半径达到项目现场范围以外的，要设置安全隔离设施。

2）特殊工程安全技术措施

结构比较复杂、技术含量高的工程称为特殊工程。对于结构复杂、危险性大的桥梁、隧道工程，应编制单项的安全技术措施。例如，对于爆破、大型吊装、沉箱、沉井、特殊架设和拆除工程，必须制定专项施工安全技术措施，并注明设计依据，做到有计算、有详图、有文字说明。

3）季节性安全技术措施

季节性安全技术措施是考虑不同季节的气候条件对施工生产带来的不安全因素可能造成的各种突发性事件，从技术上、管理上采取的各种预防措施。一般工程的施工组织设计或施工方案的安全技术措施计划中，都需要编制季节性安全措施。对危险性大、高温时间长的高速铁路建设工程，应单独编制季节性安全技术措施。季节性主要指夏季、雨季和冬季。各季节性施工安全的主要内容是：

（1）夏季气候炎热，高温时间持续较长，主要做好防暑降温工作，避免员工中暑和因长时间暴晒造成的职业病；

（2）雨季进行作业，主要应做好防触电、防雷击、防水淹泡、防塌方、防台风和防洪等工作；

（3）冬季进行作业，主要应做好防冻、防风、防火、防滑、防煤气中毒等工作。

4）应急措施

应急措施是在事故发生或各种自然灾害发生的情况下的应对措施。为了在最短的时间内达到救援、逃生、防护的目的，必须在平时就准备好各种应急措施和预案，并进行模拟训练，尽量使损失减小到最低限度。应急措施可包括：

（1）应急指挥和组织机构；

（2）施工场内应急计划、事故应急处理程序和措施；

（3）施工场外应急计划和向外报警程序及方式；

（4）安全装置、报警装置、疏散口装置、避难场所等；

（5）有足够数量并符合规定的安全进、出通道；

（6）急救设备（担架、氧气瓶、防护用品、冲洗设施等）；

（7）通信联络与报警系统；

（8）与应急服务机构（医院、消防等）建立联系渠道；

（9）定期进行事故应急训练和演习。

### 4. 高速铁路项目现场安全制度

1）“三同时”制度

“三同时”制度是指我国境内新建、改建、扩建的基本建设项目（工程）、技术改建项目（工程）和引进的建设项目，其安全生产设施必须符合国家规定的标准，必须与主体工程同时设计、同时施工、同时投入使用。安全生产设施主要是指安全技术方面的设施、职业卫生方面的设施、生产辅助性设施。

根据我国《劳动法》第六章第五十三条明确要求，劳动安全卫生设施必须符合国家规定的标准。新建、改建、扩建工程的劳动安全卫生设施必须与主体工程同时设计、同时施工、同时投入生产和使用。

根据我国《安全生产法》第三十一条规定，生产经营单位新建、改建、扩建工程项目的安全设施，必须与主体工程同时设计、同时施工、同时投入生产和使用，安全设施投资应当纳入建设项目概算。

根据我国《职业病防治法》第十六条规定，建设项目的职业病防护设施所需要费用应当纳入建设项目工程预算，并与主体工程同时设计、同时施工、同时投入生产和使用。

新建、改建、扩建工程完成后，必须经过主管部门、安全管理行政部门、卫生部门和工会的竣工检验；项目投产后，不得将安全设施闲置不用。

#### 2）施工生产安全事故应急救援预案制定制度

《安全生产法》第二十一条规定生产经营单位的主要负责人组织制定并实施本单位的生产安全事故应急救援预案；第四十条规定生产经营单位对重大危险源应当登记建档，进行定期检测、评估、监控，并制定应急预案，告知从业人员和相关人员在紧急情况下应当采取的应急措施。《建设工程安全生产管理条例》第四十八条规定施工单位应当制订本单位生产安全事故应急救援预案，建立应急救援组织或者配备应急救援人员，配备必要的应急救援器材、设备，并定期组织演练；第四十九条规定施工单位应当根据建设工程施工的特点、范围，对施工现场易发生重大事故的部位、环节进行监控，制订施工现场生产安全事故应急救援预案；《铁路建设项目安全生产管理办法》第三十四条也明确规定建设单位应督促施工单位根据所承担铁路建设工程的危险源状况、风险类型和等级、可能发生的事故等，有针对性地制定综合应急预案和专项应急预案，以及危险性较大的重点工作岗位的现场处置方案。现场处置方案应包括危险性分析、可能发生的事故特征、应急处置程序、应急处置要点和注意事项等内容。

事故应急预案应本着“保护人员安全优先，防止和控制事故蔓延优先，预防为主、常备不懈，统一指挥、高效协调”的原则，对危险源与不利因素进行识别，确定可能发生的事故时或紧急情况时所采取的应急救援行动。

#### 3）特种作业人员管理制度

铁路建设项目的特种作业人员主要包括架子工、爆破工、锅炉工、起重工、电气（焊）工、电工、场内机动车辆驾驶员等，按照国家规定，生产经营单位的特种作业人员必须按照国家有关规定经专门的安全作业培训，取得特种作业操作资格证书，方可上岗作业。

#### 4）安全交底制度

在项目开工前由工点安全员对有关安全施工的技术要求进行书面安全交底，交底内容要细致全面。施工中严格执行安全规则，关键工序技术人员、安全员应跟班作业，现场监督。

#### 5）安全生产检查制度

铁路建设项目应建立定期安全生产检查制度，安全生产检查由单位领导带队，以查管理、查制度、查纪律、查隐患为主要内容。第一，检查各级领导的安全责任意识，是否真正树立了“安全第一”的思想；第二，检查施工现场标准化管理是否到位；第三，检查规章制度是否健全，重点查在施工现场落实情况；第四，检查职工和劳务工的劳动纪律；第五，检查施工现场事故易发点的隐患，重点是制订有效措施，认真整改，特别要做好对隧道安全施工、高空坠落、机械伤害、淹溺、触电、火灾等易发事故场所的检查，做到边查边改。

### 5. 高速铁路项目施工现场的安全管理

#### 1）积极推进工地建设安全管理标准化

近年来，国家铁路局等铁路建设主管部门先后制定了《铁路建设工程工法管理办法》（国铁工程监〔2017〕9号）等一系列制度，逐步建立了一系列规范、先进、适用、统一的施工作业标准。这些施工作业标准在全路铁路建设项目上通用，有利于作业的标准化，确保工序的正确，减少了操作失误，降低了安全风险。“让标准成为习惯，习惯符合标准，结果达到标准”成为发展新时代铁路建设文化新的载体，为又好又快地推进大规模、高标准的铁路建设提供保障，增强动力。

#### 2）坚持首件评估引领，规范过程管理

《铁路建设项目工程质量管理办法》（铁总建设〔2014〕292号）规定，组织做好路基、无砟轨道、高速道岔、连续梁、四电工程及高风险隧道施工等首件评估工作，依据首件评估结果对作业指导书进行调整完善，改进相关工艺工法后在全线推广应用。首件工程评估是以“试验先行，样本开路”的质量管理理念为指导，以保证工程安全为核心，以特定的评估标准为依据，对被评估项目重要、关键的首个单位工程的管理行为、实体质量、过程记录与资源配置的专业化检查评估，并将通过评估的成果在同类工程中推广。

#### 3）坚持安全红线管理

安全红线管理，就是针对一些关键环节的安全条件、安全措施等做出的一些不允许逾越的硬性规定，通俗地称为“红线”。

《铁路建设项目工程质量管理办法》（铁总建设〔2014〕292号）及《铁路建设项目质量安全红线管理规定》（铁总建设〔2017〕310号）等文件中规定，在铁路建设系统实行安全红线管理。安全红线管理是切实强化铁路建设项目质量安全意识和关键环节控制。

#### 4）安全施工条件评估

安全施工条件评估是针对高风险隧道、运架梁等安全风险较大的分部分项工程进行的施工安全条件确认的管理活动。其目的是进一步明确管理标准，规范作业或施工方法，促进安全防护等保障条件到位，有效降低施工风险。对首座高风险隧道的施工条件评估，由国铁集团工程管理中心组织，具体参建《新建铁路高风险隧道安全施工条件评估实施细则》（工管质〔2011〕36号）规定。其他安全条件评估由建设单位或施工单位组织。

## 任务实施

### 任务实施单

<table>
<tr><td colspan="6">项目 8　高速铁路项目安全管理</td></tr>
<tr><td>任务 8.2</td><td colspan="5">高速铁路项目安全控制</td></tr>
<tr><td>班级</td><td></td><td>姓名</td><td></td><td>学号</td><td></td></tr>
<tr><td>任务分析</td><td colspan="5">实施方案</td></tr>
<tr><td>任务实施</td><td colspan="5">1. 指出信号工和混凝土起吊人员有哪几项错误行为。<br><br><br>2. 信号工和混凝土起吊人员违反了哪些安全制度？<br><br><br>3. 上述作业平台上的安全设施有哪些缺陷？</td></tr>
</table>

## 任务实施单

<table>
<tr><td colspan="7">项目 8　高速铁路项目安全管理</td></tr>
<tr><td>任务 8.2</td><td colspan="6">高速铁路项目安全控制</td></tr>
<tr><td>学习总结</td><td colspan="6">学习到的技能：<br><br><br><br>学习到的知识：<br><br><br><br>谈谈素质能力及思想意识方面的提升：<br><br><br></td></tr>
<tr><td rowspan="2">学生自评<br>（20 分）</td><td>课前学习</td><td>时间概念</td><td>实施方法</td><td>职业素养</td><td>成果质量</td><td>分值</td></tr>
<tr><td></td><td></td><td></td><td></td><td></td><td></td></tr>
<tr><td rowspan="2">小组互评<br>（20 分）</td><td>任务承担</td><td>时间概念</td><td>团队合作</td><td>能力素养</td><td>成果质量</td><td>分值</td></tr>
<tr><td></td><td></td><td></td><td></td><td></td><td></td></tr>
<tr><td>教师点评<br>（60 分）</td><td colspan="6"></td></tr>
<tr><td>反思提高</td><td colspan="6">通过完成本次任务，结合自评、互评结果，说说自己还有哪些需要加强的方面：<br><br><br></td></tr>
</table>

# 任务 8.3　高速铁路项目安全事故处理

拓展学习　思政园地

## 任务情境

某施工单位中标某高速铁路施工项目线下二标，在该项目实施过程中，隧道突然发生塌方，12 名工作人员被困其中。经过 87 h 的生死救援，被困人员 9 人被成功获救，3 人死亡。调查发现，隧道地质勘察与现场实际不符。施工图中没有提出对隧道进口部位及其下部采取有效的工程措施；隧道仰拱与二衬安全步距不满足规范要求；隧道进口超前地质探测工作不到位；未报批方案即由只有实习技术员组织爆破施工。

## 任务要求

根据任务情境，请你确定案例的事故级别，列出在事故发生后施工单位事故处理程序；分析判定各方安全责任。

## 知识链接

### 1. 安全事故的分类

#### 1）按事故造成的人员伤亡或者直接经济损失分类

依据 2007 年 6 月 1 日实施的《生产安全事故报告和调查处理条例》（国务院令第 493 号）规定，根据生产安全事故（以下简称事故）造成的人员伤亡或者直接经济损失，事故一般分为以下等级：

（1）特别重大事故，是指造成 30 人以上死亡，或者 100 人以上重伤（包括急性工业中毒，下同），或者 1 亿元以上直接经济损失的事故；

（2）重大事故，是指造成 10 人以上 30 人以下死亡，或者 50 人以上 100 人以下重伤，或者 5 000 万元以上 1 亿元以下直接经济损失的事故；

（3）较大事故，是指造成 3 人以上 10 人以下死亡，或者 10 人以上 50 人以下重伤，或者 1 000 万元以上 5 000 万元以下直接经济损失的事故；

（4）一般事故，是指造成 3 人以下死亡，或者 10 人以下重伤，或者 1 000 万元以下直接经济损失的事故。

其中，所称的“以上”包括本数，所称的“以下”不包括本数，下同。

#### 2）铁路交通事故的分类

依据《铁路交通事故应急救援和调查处理条例》（国务院令 628 号），根据事故造成的人员伤亡、直接经济损失、列车脱轨辆数、中断铁路行车时间等情形，事故等级分为特别重大事故、重大事故、较大事故和一般事故。

（1）有下列情形之一的，为特别重大事故：

① 造成 30 人以上死亡，或者 100 人以上重伤（包括急性工业中毒，下同），或者 1 亿元以上直接经济损失的；

② 繁忙干线客运列车脱轨 18 辆以上并中断铁路行车 48 h 以上的；

③ 繁忙干线货运列车脱轨 60 辆以上并中断铁路行车 48 h 以上的。

（2）有下列情形之一的，为重大事故：

① 造成 10 人以上 30 人以下死亡，或者 50 人以上 100 人以下重伤，或者 5 000 万元以上 1 亿元以下直接经济损失的；

② 客运列车脱轨 18 辆以上的；

③ 货运列车脱轨 60 辆以上的；

④ 客运列车脱轨 2 辆以上 18 辆以下，并中断繁忙干线铁路行车 24 h 以上或者中断其他线路铁路行车 48 h 以上的；

⑤ 货运列车脱轨 6 辆以上 60 辆以下，并中断繁忙干线铁路行车 24 h 以上或者中断其他线路铁路行车 48 h 以上的。

（3）有下列情形之一的，为较大事故：

① 造成 3 人以上 10 人以下死亡，或者 10 人以上 50 人以下重伤，或者 1 000 万元以上 5 000 万元以下直接经济损失的；

② 客运列车脱轨 2 辆以上 18 辆以下的；

③ 货运列车脱轨 6 辆以上 60 辆以下的；

④ 中断繁忙干线铁路行车 6 h 以上的；

⑤ 中断其他线路铁路行车 10 h 以上的。

（4）造成 3 人以下死亡，或者 10 人以下重伤，或者 1 000 万元以下直接经济损失的，为一般事故。

#### 3）铁路安全生产事故执行标准

目前，在高速铁路建设工程项目领域中，发生安全生产事故，应当依据国家相关规定调查处理。因安全生产造成经济损失和人员伤亡的事故，执行《生产安全事故报告和调查处理条例》；因安全生产造成铁路交通事故的，执行《铁路交通事故应急救援和调查处理条例》。

### 2. 安全事故的处理

#### 1）安全事故处理原则（“四不放过”原则）

强化安全生产监管监察行政执法。各级安全生产监管监察机构要增强执法意识，做到严格、公正、文明执法。依法对生产经营单位安全生产情况进行监督检查，指导督促生产经营单位建立健全安全生产责任制，落实各项防范措施。组织开展好企业安全评估，搞好分类指导和重点监管。对严重忽视安全生产的企业及其负责人或业主，要依法加大行政执法和经济处罚的力度。认真查处各类事故，坚持事故原因未查清不放过、责任人员未处理不放过、整改措施未落实不放过、有关人员未受到教育不放过的“四不放过”原则，不仅要追究事故直接责任人的责任，同时要追究有关负责人的领导责任。

#### 2）安全事故处理程序

依据《生产安全事故报告和调查处理条例》，安全事故的报告和处理应遵循以下规定程序。

（1）事故报告。

① 事故发生后，事故现场有关人员应当立即向本单位负责人报告；单位负责人接

到报告后，应当于 1 h 内向事故发生地县级以上人民政府安全生产监督管理部门和负有安全生产监督管理职责的有关部门报告。情况紧急时，事故现场有关人员可以直接向事故发生地县级以上人民政府安全生产监督管理部门和负有安全生产监督管理职责的有关部门报告。

② 安全生产监督管理部门和负有安全生产监督管理职责的有关部门接到事故报告后，应当依照下列规定上报事故情况，并通知公安机关、劳动保障行政部门、工会和人民检察院：

a）特别重大事故、重大事故逐级上报至国务院安全生产监督管理部门和负有安全生产监督管理职责的有关部门；

b）较大事故逐级上报至省、自治区、直辖市人民政府安全生产监督管理部门和负有安全生产监督管理职责的有关部门；

c）一般事故上报至设区的市级人民政府安全生产监督管理部门和负有安全生产监督管理职责的有关部门。安全生产监督管理部门和负有安全生产监督管理职责的有关部门依照前款规定上报事故情况，应当同时报告本级人民政府。国务院安全生产监督管理部门和负有安全生产监督管理职责的有关部门及省级人民政府接到发生特别重大事故、重大事故的报告后，应当立即报告国务院。必要时，安全生产监督管理部门和负有安全生产监督管理职责的有关部门可以越级上报事故情况。

③ 安全生产监督管理部门和负有安全生产监督管理职责的有关部门逐级上报事故情况，每级上报的时间不得超过 2 h。

④ 事故报告后出现新情况的，应当及时补报。

自事故发生之日起 30 日内，事故造成的伤亡人数发生变化的，应当及时补报。道路交通事故、火灾事故自发生之日起 7 日内，事故造成的伤亡人数发生变化的，应当及时补报。

⑤ 报告事故应当包括下列内容：

a）事故发生单位概况；

b）事故发生的时间、地点及事故现场情况；

c）事故的简要经过；

d）事故已经造成或者可能造成的伤亡人数（包括下落不明的人数）和初步估计的直接经济损失；

e）已经采取的措施；

f）其他应当报告的情况。

（2）安全事故调查。

① 特别重大事故由国务院或者国务院授权有关部门组织事故调查组进行调查。

重大事故、较大事故、一般事故分别由事故发生地省级人民政府、设区的市级人民政府、县级人民政府负责调查。省级人民政府、设区的市级人民政府、县级人民政府可以直接组织事故调查组进行调查，也可以授权或者委托有关部门组织事故调查组进行调查。未造成人员伤亡的一般事故，县级人民政府也可以委托事故发生单位组织事故调查组进行调查。

② 上级人民政府认为必要时，可以调查由下级人民政府负责调查的事故。

自事故发生之日起 30 日内（道路交通事故、火灾事故自发生之日起 7 日内），因事故伤亡人数变化导致事故等级发生变化，依照相关规定应当由上级人民政府负责调查的，上级人民政府可以另行组织事故调查组进行调查。

③ 特别重大事故以下等级事故，事故发生地与事故发生单位不在同一个县级以上行政区域的，由事故发生地人民政府负责调查，事故发生单位所在地人民政府应当派人参加。

④ 事故调查组的组成应当遵循精简、效能的原则。

根据事故的具体情况，事故调查组由有关人民政府、安全生产监督管理部门、负有安全生产监督管理职责的有关部门、监察机关、公安机关及工会派人组成，并应当邀请人民检察院派人参加。事故调查组可以聘请有关专家参与调查。

⑤ 事故调查组成员应当具有事故调查所需要的知识和专长，并与所调查的事故没有直接利害关系。

⑥ 事故调查组组长由负责事故调查的人民政府指定。事故调查组组长主持事故调查组的工作。

⑦ 事故调查组履行下列职责：

a）查明事故发生的经过、原因、人员伤亡情况及直接经济损失；

b）认定事故的性质和事故责任；

c）提出对事故责任者的处理建议；

d）总结事故教训，提出防范和整改措施；

e）提交事故调查报告。

⑧ 事故调查组应当自事故发生之日起 60 日内提交事故调查报告；特殊情况下，经负责事故调查的人民政府批准，提交事故调查报告的期限可以适当延长，但延长的期限最长不超过 60 日。

⑨ 事故调查报告应当包括下列内容：

a）事故发生单位概况；

b）事故发生的经过和事故救援情况；

c）事故造成的人员伤亡和直接经济损失；

d）事故发生的原因和事故性质；

e）事故责任的认定及对事故责任者的处理建议；

f）事故防范和整改措施。

（3）安全事故处理。

① 事故发生单位负责人在接到事故报告后，应当立即启动事故相应应急预案，或者采取有效措施，组织抢救，防止事故扩大，减少人员伤亡和财产损失。

② 事故发生地有关地方人民政府、安全生产监督管理部门和负有安全生产监督管理职责的有关部门接到事故报告后，其负责人应当立即赶赴事故现场，组织事故救援。

③ 事故发生后，有关单位和人员应当妥善保护事故现场及相关证据，任何单位和个人不得破坏事故现场、毁灭相关证据。

因抢救人员、防止事故扩大及疏通交通等原因，需要移动事故现场物件的，应当做出标志，绘制现场简图并做出书面记录，妥善保存现场重要痕迹、物证。

④ 事故发生地公安机关根据事故的情况，对涉嫌犯罪的，应当依法立案侦查，采取强制措施和侦查措施。犯罪嫌疑人逃匿的，公安机关应当迅速追捕归案。

⑤ 重大事故、较大事故、一般事故，负责事故调查的人民政府应当自收到事故调查报告之日起 15 日内做出批复；特别重大事故，30 日内做出批复，特殊情况下，批复时间可以适当延长，但延长的时间最长不超过 30 日。有关机关应当按照人民政府的批复，依照法律、行政法规规定的权限和程序，对事故发生单位和有关人员进行行政处罚，对负有事故责任的国家工作人员进行处分。事故发生单位应当按照负责事故调查的人民政府的批复，对本单位负有事故责任的人员进行处理。负有事故责任的人员涉嫌犯罪的，依法追究刑事责任。

⑥ 事故处理的情况由负责事故调查的人民政府或者其授权的有关部门、机构向社会公布，依法应当保密的除外。

## 任务实施

### 任务实施单

<table>
<tr><td colspan="6">项目 8　高速铁路项目安全管理</td></tr>
<tr><td>任务 8.3</td><td colspan="5">高速铁路项目安全事故处理</td></tr>
<tr><td>班级</td><td></td><td>姓名</td><td></td><td>学号</td><td></td></tr>
<tr><td>任务分析</td><td colspan="5">实施方案</td></tr>
<tr><td>任务实施</td><td colspan="5">1. 请根据任务情境，确定案例的事故级别。<br><br>2. 列出在事故发生后施工单位事故处理程序。<br><br>3. 分析判定各方安全责任。</td></tr>
</table>

## 任务实施单

<table>
<tr><td colspan="7">项目 8 高速铁路项目安全管理</td></tr>
<tr><td>任务 8.3</td><td colspan="6">高速铁路项目安全事故处理</td></tr>
<tr><td>学习总结</td><td colspan="6">学习到的技能：<br><br>学习到的知识：<br><br>谈谈素质能力及思想意识方面的提升：</td></tr>
<tr><td rowspan="2">学生自评<br>（20 分）</td><td>课前学习</td><td>时间概念</td><td>实施方法</td><td>职业素养</td><td>成果质量</td><td>分值</td></tr>
<tr><td></td><td></td><td></td><td></td><td></td><td></td></tr>
<tr><td rowspan="2">小组互评<br>（20 分）</td><td>任务承担</td><td>时间概念</td><td>团队合作</td><td>能力素养</td><td>成果质量</td><td>分值</td></tr>
<tr><td></td><td></td><td></td><td></td><td></td><td></td></tr>
<tr><td>教师点评<br>（60 分）</td><td colspan="6"></td></tr>
<tr><td>反思提高</td><td colspan="6">通过完成本次任务，结合自评、互评结果，说说自己还有哪些需要加强的方面：</td></tr>
</table>

## 知识测试和能力训练

### 一、知识测试

1. 安全生产管理的原则、主要内容有哪些?
2.《安全生产法》中如何规定企业法定代表人是企业安全生产第一责任人的?
3.《安全生产法》中如何规定政府的安全领导管理职能的?
4. 施工安全控制的目的、特点有哪些?
5. 安全技术措施计划的一般要求是什么?
6. 主要的安全技术措施有哪些?
7. 安全教育的主要内容有哪些?
8. 安全检查的形式、主要内容是什么?如何组织?
9. 建设单位的安全责任有哪些?
10. 施工单位的安全责任有哪些?

### 二、能力训练

在某高速铁路工程施工中，新建线路有一段石方路堑临近既有线，施工期间既有线正常运营，附近有电杆及通信信号设施。为保证营业线的安全，施工队提出以下安全控制方案：铁路营业线施工必须把施工设备和人员的安全放在首位；对路堑石方采取控制爆破，控制爆破应解决好控制爆破的作业时间、控制抛掷方向和飞石及地震波破坏等问题。由于爆破工程师未经培训上岗，爆破时破坏既有线路，造成列车脱轨事故，导致重伤5人、死亡1人。

问题：

1. 请问施工队提出的把施工设备和人员的安全放在首位是否正确？若不正确，请改正。

2. 施工单位提出的控制爆破应主要解决的问题是否全面？若不全面，请补充。

3. 针对本工程的情况，分析该项目安全管理存在的问题。

4. 确认安全事故等级，判定安全事故责任。

# 项目9

# 高速铁路项目竣工验收

## 项目描述

高速铁路项目竣工验收是高速铁路项目实施阶段的最后一道程序，是建设投资成果转入生产和使用的标志，也是全面考核投资收益、检验设计和施工质量的重要环节。通过本项目的学习，了解高速铁路项目竣工验收的内容和组织机构、竣工验收各阶段的条件和程序、竣工文件的编制和交接管理等内容。

## 学习目标

### 能力目标

- 能够叙述高速铁路项目竣工验收的标准和条件；
- 能够应用相关知识进行高速铁路项目的竣工验收；
- 能够对竣工文件进行编制和整理。

### 知识目标

- 了解高速铁路项目竣工验收的意义；
- 了解竣工文件的组成；
- 掌握高速铁路项目竣工验收的内容、竣工验收的组织机构；
- 掌握高速铁路项目竣工验收各阶段的条件及程序；
- 掌握高速铁路项目竣工文件的编制与交接等内容。

### 素质目标

- 培养学生分析问题、解决问题的能力；
- 培养学生精益求精的工作精神。

# 任务 9.1 高速铁路项目竣工验收管理

## 任务情境

拓展学习 思政园地

某施工单位中标某高速铁路施工项目线下二标，标段里程范围为 DK10+156～DK14+200，全长 4.044 km，主要工程为路基土石方 10 093 $m^3$；特大桥 1 座，长为 635.96 m；隧道 1 座，长为 935 m；涵洞 12 座，全长为 378 m。总投资为 30.689 6 亿元。项目工期为 3 年。该项目经过施工单位的实施活动，已完成了项目承包合同规定的全部内容，并符合发包单位的意图，达到了使用的要求。施工单位提供了下列资料：工程竣工验收报告；竣工图；质量检验评定资料；分项分部工程、隐蔽工程验收记录和施工日志；变更设计通知单。

## 任务要求

根据任务情境，请你结合高速铁路项目竣工验收管理办法和规范，以施工单位为视角，分组核查各阶段验收条件资料的完整性。

## 知识链接

### 1. 高速铁路项目竣工验收的依据

#### 1）国家有关法律、法规

《中华人民共和国建筑法》规定，建设工程项目竣工验收合格后，方可交付使用。在《中华人民共和国铁路法》和《铁路安全管理条例》（国务院令第 639 号）中也对竣工验收明确规定，铁路建设工程竣工，应当按照国家有关规定组织验收，并由铁路运输企业进行运营安全评估。经验收、评估合格，符合运营安全要求的，方可投入运营。在《建设工程质量管理条例》（国务院令第 279 号）、《国务院关于投资体制改革的决定》（国发〔2004〕20 号）、《高速铁路竣工验收办法》（铁建设〔2012〕107 号）等法律法规中，对竣工验收的条件和实施细则进一步具体规定。

#### 2）经批准的可行性研究报告

根据经批准的可行性研究报告确定验收工程规模及工程技术标准。

#### 3）经批准的初步设计（含变更设计）文件

将经批准的初步设计文件作为确定竣工验收的建设总规模和总概算的依据。

#### 4）经审核合格的施工图

经审核合格的施工图是确定单项工程的技术标准、工程规模等竣工验收的重要依据。

#### 5）设备技术说明书

依据设备技术说明书确定验收设备是否符合设计要求，是否满足工程运营阶段的使用要求。

6）国家和国家铁路局颁布的设计规范、工程施工质量验收标准

主要有《高速铁路设计规范》（TB 10621—2014）、《高速铁路××工程施工质量验收标准》（TB 10751—10758）、《高速铁路工程静态验收技术规范》（TB 10760—2021）、《高速铁路工程动态验收技术规范》（TB 10761—2013）等规范标准。

## 2. 高速铁路项目竣工验收程序

根据《高速铁路竣工验收办法》（铁建设〔2012〕107 号）规定，高速铁路项目竣工验收分为静态验收、动态验收、初步验收、安全评估、国家验收等五个阶段。初步验收合格后进行安全评估，安全评估通过后可开通初期运营，国家验收合格后投入正式运营。

### 1）静态验收

（1）概念。

静态验收是对建设项目的工程按设计完成且质量合格、设备安装调试完毕且质量合格进行检查确认的过程。

（2）验收组织。

静态验收由铁路局集团公司组织，建设单位配合，在施工单位自检合格、监理单位确认的基础上进行。铁路局集团公司牵头成立以铁路局集团公司负责人为组长，以建设单位负责人为副组长，铁路局集团公司和建设单位处室（部门）负责人、监理、勘察设计、施工单位负责人参加的静态验收领导小组，负责静态验收工作。静态验收领导小组下设工务、通信、信号、信息、电力、牵引供电、房建、客服设施、土地、环水保等专业验收组；专业验收组由铁路局集团公司处室（部门）负责人任组长，以建设单位部门负责人为副组长，铁路局集团公司处室（部门）人员及勘察设计、施工、监理单位现场或专业负责人参加。

（3）验收条件。

① 主体工程及其配套工程、辅助工程已按设计文件建成。

② 环境保护设施、水土保持设施与主体工程同步建成。

③ 劳动、安全、卫生及消防设施与主体工程同步建成。

④ 承包单位按有关规范、标准对工程质量和系统功能自检合格。

⑤ 精测网复测已经完成，复测资料完备，复测成果已移交。

⑥ 辅助工程（含公路立交桥）已经移交完毕。

⑦ 监理单位对工程质量评定合格。

⑧ 建设用地经依法批准。

⑨ 竣工文件已按规定的编制内容和标准基本完成。

（4）验收内容。

静态验收的内容包括内业检查和外业检查两部分。内业检查应对内业资料的完整性、全面性进行检查，并对有关内业资料进行重点抽查；外业检查应包括观感质量检查、主要功能和实体质量抽查等，并符合相应专业标准的要求。

静态验收主要功能和实体质量抽查的项目、数量应有可操作性，应根据内业检查的观感质量的结果确定。

静态验收前，建设单位提供或组织有关单位提供下列资料：设计文件；各阶段设

计审查批复文件；环境、水土保持等单项评估报告；工程日志；设备、材料出厂合格证；进厂试验资料；施工记录；检验批、分项工程、分部工程、单位工程质量评定记录；自检自验记录；设计变更执行记录等。

静态验收涉及的指标很多，如桥涵工程静态验收指标见表 9–1，其他专业指标详见《高速铁路工程静态验收技术规范》（TB 10760—2021）相关要求。

**表 9–1　桥涵工程静态验收主要指标和实体质量抽查记录**

| 工程名称/里程 | | | |
|---|---|---|---|
| 施工单位 | | | |
| 序号 | 项目 | 存在问题 | 核查意见 |
| 1 | 混凝土表面裂缝 | | |
| 2 | 钢筋的混凝土保护层厚度 | | |
| 3 | 混凝土强度无损检测 | | |
| 4 | 渡槽、倒虹吸允许偏差 | | |
| 5 | 桥台、涵洞排水功能 | | |
| 6 | 梁与桥台胸墙、梁与梁间实测最小梁缝值 | | |
| 7 | 梁端防落梁装置与支承垫石侧面缝隙宽度 | | |
| 8 | 支座安装实测偏差 | | |
| 9 | 桥上救援疏散设施功能 | | |
| ⋮ | | | |
| 综合意见：<br>专业验收组组员：<br>专业验收组组长：<br>年　月　日 | | | |

（5）验收程序。

① 施工单位按照施工图和合同约定完成除零星土建工程和少数非行车设备尚未完成，其余均按设计规定的内容全部完成施工和设备安装、调试并经自检合格，经监理单位同意后，向建设单位申请验收，并报送“工程验收申请表”。

② 静态验收领导小组审查达到验收条件后，铁路局集团公司和建设单位向工程管理中心申请开展静态验收；申请报告内容包括项目完成情况、验收方案、验收组织（根据建设情况，可分段分专业安排验收），以及零星土建工程和少数非行车设备未完成施工情况等；工程管理中心审查后向建设单位下达开始静态验收通知，通知抄送建设管

理部、运输统筹监督局。

③ 接到同意验收通知后，静态验收领导小组组织专业验收组按照有关规定进行验收。

④ 专业验收组应在确定的时间内完成检查，对检查发现的问题提出处理意见、整改期限、复检时间等，建设单位组织相关责任单位进行整改，专业验收组对整改问题进行复查，复查合格后填写专业工程验收记录。静态验收领导小组协调专业间接口验收。

⑤ 静态验收领导小组完成验收工作后编制静态验收报告。静态验收报告报建设管理部，抄送发展和改革部、安全监督管理局、运输统筹监督局、科技和信息化部、工程管理中心。

静态验收报告应包括静态验收过程、验收人员组成、验收程序、存在问题及整改情况、遗留的零星土建工程和少数非行车设备、验收结论等内容，并附相关数据和试验报告。

建设司将静态验收报告分送部专业专家组正副组长单位。专业专家组对静态验收情况及报告进行审查，审查意见送铁路局集团公司和建设单位，抄送建设管理部、工程管理中心。

铁路局集团公司和建设单位按照审查意见进行整改。整改结束后，铁路局集团公司和建设单位编写整改报告，整改报告报建设管理部，抄送发展和改革部、安全监督管理局、运输统筹监督局、科技和信息化部、工程管理中心。

2）动态验收

（1）概念。

动态验收是在静态验收合格后，通过联调联试、动态检测对列车运行状态下工程质量进行全面检查和确认，并通过运行试验对整体系统在正常和非正常运行条件下的行车组织、客运服务及应急救援等进行检验的过程。

联调联试是指通过采用检测列车、综合检测列车、试验列车及相关检测设备，对各系统的功能、性能、状态和系统间匹配关系进行综合检测、验证、调整和优化，使整体系统达到设计要求。

动态检测是指通过采用检测列车、综合检测列车、试验列车及相关检测设备，根据设计和相关技术标准对正常运行条件下的系统功能、动态性能和系统状态进行检测。

运行试验是指按试验或实际运行图组织列车运行，对整体系统在正常和非正常运行条件下的行车组织、客运服务及应急救援等进行演练，验证是否具备运营条件。

（2）验收组织。

动态验收由铁路局集团公司组织、建设单位配合，在静态验收合格后进行。铁路局集团公司牵头成立以铁路局集团公司负责人为组长，以建设单位、检测单位负责人为副组长，铁路局集团公司和建设单位部门负责人、检测单位部门负责人参加的动态验收领导小组，负责动态验收工作。

（3）验收条件。

① 联调联试工作开展的基本条件。

a）各专业涉及联调联试的主体及配套工程完成，工程竣工图纸和牵引供电、电力、通信、信号系统技术文件、运用维护手册齐全，完成系统检测、调试、动态测试和分系统集成试验，并提供测试报告。

b）静态验收合格，影响联调联试的问题已整改完毕，并由铁路局集团公司会同建设单位复检合格。采用综合检测列车上线进行实车试验前，工务、供电、电务各专业应完成工程静态验收，且静态验收报告通过国铁集团专业专家组审查，专家意见认定具备联调联试条件，或提出的影响联调联试的问题已整改完毕，并由铁路局集团公司会同建设单位复检合格。其他专业，铁路局集团公司已牵头确认不存在影响综合检测列车上线试验的问题。

c）建设单位已分别与铁路局集团公司和检测测试单位签订联调联试、运行试验工作组织及检测测试委托协议。试验大纲已经国铁集团批复，实施方案及有关制度、办法、细则制定完毕并发布。

d）联调联试现场组织机构组建完毕，参试人员到位，工作机制已经建立，安全防护、治安措施到位。试验用机车车辆、综合检测列车和其他试验动车组调配，以及现场测试仪器设备安装调试等准备工作完成。

e）铁路局集团公司已组织开行由轨道、接触网、电务等专业检测车组成的检测列车，对轨道、接触网、GSM−R 等主要行车设备状态进行动态检查，确认具备综合检测列车上线试验条件。

② 综合检验车上线实车试验的条件。

a）各专业影响联调联试行车安全的工程全部完成。

b）轨道表面无可动物体；轨道精调完成；钢轨原则上完成预打磨；道岔工电联调完成，正常运转。

c）各车站到发线达速，具备接发试验列车条件。

d）线路标识按规定全部安装完毕；车站和区间线路两侧防护栅栏、疏散通道等安全设施按设计安装完毕。

e）区间和车站站台、雨棚等设备设施满足铁路建筑限界标准要求。

f）牵引供电系统满足联调联试负荷需求。接触网按设计要求安装调整到位，完成冷热滑试验。

g）通信系统开通，具备信号安全数据网通信条件。

h）信号安全数据网工作正常、稳定。应答器安装位置正确。列控中心及轨道电路载频、码序正确，工作稳定。信号集中监测系统功能正常。

i）现场指挥部及临时调度台组建完成，办公设备到位，具备工作条件。

（4）验收内容。

① 联调联测主要包括对高速铁路相关系统性能、功能和系统间匹配关系进行综合测试和验证，通过对问题的整改及系统的调整和优化，使相关系统和整体系统性能、功能达到设计要求。

② 动态检测主要包括对牵引供电、接触网、通信、信号、信息、自然灾害及异物侵限监测等系统，对轨道、路基、道岔、桥梁、隧道等结构工程，以及振动噪声、综合接地、电磁环境等进行综合检测。验证工程的主要功能和性能是否符合相关标准（指

标参见《高速铁路工程动态验收技术规范》（TB 10761—2013））和实际运营列车的运行稳定性、平稳性要求。

③ 运行试验主要包括通过运行图参数测试、故障模拟、应急救援演练、模拟列车运行图行车，检验各系统在正常和非正常条件下的适应性，验证是否符合运营要求；检验设备故障、突发事件和自然灾害条件下的应急处理能力。

动态验收前，建设单位提供或组织有关单位提供下列资料：设计文件（初步设计文件、施工图文件及环境等单项评估报告等）；工程承包合同技术条款及相关技术文件；各专业建筑安装阶段所应完成的检测、检验、试验、评估报告；相关专业竣工图纸，电力、电力牵引供电、通信、信号、信息、自然灾害及异物侵限监测等系统的设备技术文件；静态验收报告（含静态测试报告）及审查意见、不合格项目的整改情况及复测报告；动态验收所需的其他资料。

（5）验收程序。

① 建设单位组织编写联调联试、动态检测和运行试验大纲，在静态验收完成 30 日前报铁路局集团公司；铁路局集团公司组织初审，初审后报工程管理中心；跨铁路局项目，工程管理中心要指定一个铁路局集团公司作为牵头单位，牵头铁路局集团公司会同其他铁路局集团公司对大纲联合初审后上报工程管理中心。工程管理中心牵头、有关部门参加，对大纲进行集中审查，由国铁集团总工程师签发批复。

② 铁路局集团公司根据批准的大纲、既有线和高速铁路管理相关规定，组织编制动态验收期间的行车和施工作业管理细则。跨铁路局的建设项目，由牵头铁路局集团公司组织编制。

③ 铁路局集团公司确认具备动态验收条件后，动态验收领导小组按照批准的大纲和管理细则启动动态验收。跨铁路局的建设项目，各铁路局集团公司分别负责管内部分的动态验收工作，牵头铁路局集团公司负责组织全线拉通调试和运行试验等工作。工程管理中心牵头、运输统筹监督局等相关部门参加，对动态验收工作进行协调指导。

④ 动态验收领导小组就动态检测中发现的问题进行研究，由建设单位组织整改；整改问题经复查合格后，填写“动态验收记录表”，检测单位编制动态检测试验报告。

⑤ 动态验收完成后，铁路局和建设单位编制动态验收报告；动态验收报告报建设管理部、发展和改革部、安全监督管理局、运输统筹监督局、科技和信息化部、工程管理中心。“动态验收报告”应包括动态验收组织及人员、存在问题及整改情况、验收结论等内容，并附相关数据和检测试验报告。

建设管理部将动态验收报告分送专业专家组正副组长单位，专业专家组对动态验收情况及报告进行审查，审查意见送铁路局集团公司和建设单位，抄送建设管理部、工程管理中心。

铁路局集团公司和建设单位按照审查意见进行整改，工程管理中心对整改工作进行监督；整改结束后，铁路局集团公司和建设单位编制整改报告，整改报告报建设管理部，抄送发展和改革部、安全监督管理局、运输统筹监督局、科技和信息化部、工程管理中心。

3）初步验收

（1）概念。

初步验收是在动态验收合格后，对工程建设情况及静态验收、动态验收情况进行确认的过程。

（2）验收组织。

初步验收由国铁集团初步验收委员会组织，在动态验收合格后进行。初步验收委员会由国铁集团领导，有关业务部门负责人，质量监督机构负责人，验收专家组及专业验收组正副组长，建设单位、运营单位负责人及其他专家组成。国铁集团也可以委托铁路局集团公司对建设项目的单位工程先行组织初步验收，“初步验收报告”报国铁集团备案。

（3）验收条件。

① 静态验收、动态验收合格。

② 环境保护设施、水土保持设施经主管部门检查认可。

③ 劳动、安全、卫生及消防设施经相关部门检查认可。

④ 竣工文件按规定编制达到档案验收标准。

（4）验收内容。

① 对静态验收、动态验收及专家组审查意见和落实情况进行确认。

② 对工程质量监督机构提交的“建设项目工程质量监督报告”进行核对。

③ 检查专项验收是否完成并合格，按国家或行业有关规定取得试运行许可、合格意见书、使用标志等，包括环境和水土保持设施、劳动卫生安全设施、消防设施、工程档案、建设用地等。

④ 检查资料和确认工程现场，研究是否达到初步验收条件。

⑤ 审查“初步验收报告”，明确验收结论。

（5）验收程序。

① 动态验收合格并达到初步验收条件后，建设单位会同铁路局集团公司向建设管理部报送“初步验收申请报告”（附初步验收申请表）。

② 工程质量监督机构向建设管理部提交“建设项目工程质量监督报告”。

③ 建设管理部组织部内相关部门进行研究，认为达到初步验收条件的，向国铁集团提出初步验收建议及初步验收委员会组成建议。

④ 初步验收委员会组织检查资料和现场确认，召开初步验收会议，提出“初步验收报告”，明确验收结论。

4）安全评估

（1）概念。

安全评估是经初步验收合格，且初步验收发现的影响运营安全的问题得到解决后，对安全管理、设备设施、规章制度、人员素质等是否具备开通安全运营条件进行检查评价的过程。

（2）验收组织。

安全评估在初步验收合格后进行，安全评估由国铁集团组织，由安全监督管理局牵头，由发展和改革部、科技和信息化部、建设管理司、运输统筹监督局等有关部门组成安全评估组。

（3）验收条件。

① 基础工程设备设施经初步验收合格，达到安全运营标准。

② 初步验收存在的影响安全的问题全部得到解决。

③ 运营的各项准备工作已经完成。

④ 铁路局集团公司组织的安全评估合格。

（4）评估内容。

① 新建铁路安全管理、设备设施、规章制度、人员素质等是否符合《安全生产法》《铁路法》《铁路运输安全保护条例》《铁路交通事故应急救援和调查处理条例》《铁路技术管理规程》《铁路交通事故调查处理规则》等法律法规和规章要求。

② 安全管理机构是否健全完备，安全管理人员是否齐全到位，安全管理和检查考核制度等办法是否建立健全；职工技术业务培训、考试和人员素质是否达标。

③ 运输组织、行车组织办法、设备管理制度、技术标准和作业标准等规章制度是否建立健全，各项制度、办法、标准是否符合现场安全要求。

④ 固定设备、移动设备、安全设施、客货运服务设备设施和信息系统等主要行车设备设施是否满足运营安全需要。

⑤ 路外安全、道口安全、看守监护人员等管理制度是否建立健全，防护设备设施是否齐全有效，路外安全宣传机构、宣传队伍和铁路沿线宣传等工作是否到位。

⑥ 劳动安全管理、劳动保护用品等是否到位。

⑦ 治安消防机构、装备器材、工作制度及线路巡护、长大桥隧守护等是否满足安全需要。

⑧ 各种突发事件应急预案是否建立健全。

⑨ 其他满足运营安全的条件是否具备。

（5）评估程序。

评估程序一般包括：提出安全评估申请、编制安全评估方案、现场实地安全评估检查、形成安全评估报告等四个阶段。

① 提出安全评估申请。新建铁路具备安全评估条件后，由建设单位向建设项目所在区域的铁路局集团公司提出进行安全预评估的申请。铁路局集团公司依据规定进行安全预评估，预评估合格后，向国铁集团提出安全评估申请，同时提报“安全预评估报告”“初步验收报告”“初步验收中影响运营安全问题解决情况的报告”“运营（临管运营、试运营）各项准备工作完成报告”等有关基础资料。

② 编制安全评估方案。国铁集团接到铁路局集团公司安全评估的申请报告后，经国铁集团批准，由安全监督管理局牵头组织编制安全评估方案，各评估小组根据安全评估方案和评估主要内容，编制本小组评估细化方案。

③ 现场实地安全评估检查。各评估小组依照法律法规和有关标准，按照安全评估方案和确定的评估内容，对照“安全评估检查细化表”，对评估对象进行现场检查，逐项评估评定。安全评估组应对现场检查及评估中发现的隐患或存在的问题提出改进措施及建议，责成建设单位、接管运营单位进行整改，完善安全措施。

④ 形成安全评估报告。各评估小组形成安全评估分报告，提出评估意见。由综合

组汇总提出评估结论和意见，形成“安全评估报告”，作为新建铁路开通运营的依据之一上报国铁集团。

5）国家验收

（1）概念。

国家验收也称正式验收，是在开通初期运营1年以上由国家主管部门或委托国家铁路局组织对建设项目整体情况进行检查和评价的过程。

（2）验收组织。

国家发展改革委同意开展国家验收的铁路建设项目，委托国家铁路局组织验收，其中特别重大项目由国家发展改革委组织验收。委托组织国家验收的，采取按项目委托的方式办理委托手续并指导验收工作。高速铁路项目国家验收应组建国家验收委员会。验收委员会一般由国家发展改革委、工业和信息化部、公安部、财政部、国土资源部、环境保护部、水利部、总后军交运输部、国家档案局、国家铁路局、中国国际工程咨询有限公司及国家铁路局地区铁路监管局、建设项目管理部门等组成。验收委员会组成可根据建设项目情况适当调整。验收委员会设主任委员1名，国家发展改革委组织验收的，验收委员会主任由国家发展改革委人员担任；委托国家铁路局等组织验收的，验收委员会主任由国家铁路局等部门人员担任；验收委员会副主任委员2～3名，由国家发展改革委、国家铁路局等部门人员担任；验收委员会委员由国家验收委员会组成部门人员担任。

（3）验收条件。

① 批准可行性研究报告（含补充报告）确定的工程全部建成且质量合格。

② 初步验收合格且初期运营1年以上（初期运营满5年应申报国家验收），状态良好，发现问题整改完毕。

③ 环境保护、水土保持、消防、档案等专项验收经相应行政主管部门验收合格。

④ 建设用地手续齐全并领取“国有土地使用证”，铁路线路安全保护区标桩设立完毕。

⑤ 铁路与道路立体交叉设施及其附属安全设施已移交完毕。

⑥ 竣工决算已经社会中介机构审计或经项目管理部门内审，无遗留问题。

⑦ 档案移交工作已经完成。

（4）验收内容。

① 检查有关资料和文件，确认是否具备国家验收条件。

② 检查项目工程完成、初期运营情况，检查静态、动态、初步验收和安全评估发现问题整改情况，检查环保、水保、消防、档案等专项验收情况及问题整改情况。

③ 对工程质量、初步验收结论及初期运营情况进行整体评价，形成国家验收结论，出具“国家验收证书”。

国家验收需提供资料：批准可行性研究报告（含补充报告）复印件；批准可行性研究报告（含补充报告）执行情况；初步验收报告；初步验收问题整改和遗留工程完成及验收情况；动态验收报告及最近一次动态检测资料；安全评估结论及问题整改情况；初期运营及安全情况；环保、水保、消防、档案等专项验收完成情况；铁路与道路立体交叉设施及其附属安全设施移交情况，安全保护区设立情况；建设用地手续办理及“国有土地使用证”领取情况；辅助工程及文件移交情况；工程概算执行、竣工决算审查情况；档案移交情况；其他需要说明的情况。

（5）验收程序。

① 召开验收委员会第一次会议。验收委员会主任主持会议，宣布铁路建设项目国家验收委员会组成、验收范围、验收程序和验收要求，根据项目情况和部门职责确定验收分组；集中听取建设项目建设及国家验收准备情况、初期运营情况汇报。

② 现场检查。验收委员会赴现场进行检查，查看建设情况，检查环保、水保、消防、档案等专项验收整改情况。

③ 分组查看验收资料。验收委员会分组审查建设项目管理部门提供的验收资料。

④ 召开验收委员会第二次会议。验收委员会主任主持会议，对建设项目进行总体评价，讨论并决定是否通过“国家验收证书”，对存在问题在验收证书中载明并责成建设单位或建设项目管理部门整改，验收委员会成员在审定通过的“国家验收证书”上签字。

对影响国家验收正常进行的问题，验收委员会应研究提出处理意见，必要时可中止验收。

## 任务实施

### 任务实施单

<table>
<tr><td colspan="6">项目 9　高速铁路项目竣工验收</td></tr>
<tr><td>任务 9.1</td><td colspan="5">高速铁路项目竣工验收管理</td></tr>
<tr><td>班级</td><td></td><td>姓名</td><td></td><td>学号</td><td></td></tr>
<tr><td>任务分析</td><td colspan="5">实施方案</td></tr>
<tr><td>任务实施</td><td colspan="5">高速铁路项目竣工验收的材料清单：<br>1. 静态验收<br>2. 动态验收<br>3. 初步验收<br>4. 安全评估<br>5. 国家验收</td></tr>
</table>

## 任务实施单

<table>
<tr><td colspan="7">项目 9　高速铁路项目竣工验收</td></tr>
<tr><td>任务 9.1</td><td colspan="6">高速铁路项目竣工验收管理</td></tr>
<tr><td>学习总结</td><td colspan="6">学习到的技能：<br><br><br><br>学习到的知识：<br><br><br><br>谈谈素质能力及思想意识方面的提升：<br><br><br><br></td></tr>
<tr><td rowspan="2">学生自评<br>（20 分）</td><td>课前学习</td><td>时间概念</td><td>实施方法</td><td>职业素养</td><td>成果质量</td><td>分值</td></tr>
<tr><td></td><td></td><td></td><td></td><td></td><td></td></tr>
<tr><td rowspan="2">小组互评<br>（20 分）</td><td>任务承担</td><td>时间概念</td><td>团队合作</td><td>能力素养</td><td>成果质量</td><td>分值</td></tr>
<tr><td></td><td></td><td></td><td></td><td></td><td></td></tr>
<tr><td>教师点评<br>（60 分）</td><td colspan="6"></td></tr>
<tr><td>反思提高</td><td colspan="6">通过完成本次任务，结合自评、互评结果，说说自己还有哪些需要加强的方面：<br><br><br><br><br><br><br></td></tr>
</table>

# 任务 9.2　高速铁路项目竣工文件编制

## 任务情境

拓展学习　思政园地

某施工单位中标某高速铁路施工项目线下二标，标段里程范围为 DK10+156～DK14+200，全长 4.044 km，主要工程为路基土石方 10 093 $m^3$；特大桥 1 座，长为 635.96 m；隧道 1 座，长为 935 m；涵洞 12 座，全长为 378 m。总投资为 30.689 6 亿元。项目工期为 3 年。该项目经过施工单位的实施活动，已完成了项目承包合同规定的全部内容，并符合发包单位的意图、达到了使用的要求。施工单位整理了竣工文件。

## 任务要求

根据任务情境，请分组讨论项目工程内容的组卷方式及排列顺序，并模拟交接过程，检查组卷方式和排列顺序是否正确。

## 知识链接

高速铁路项目竣工文件是建设工程档案的重要组成部分，是竣工验收的重要条件，也是工程项目养护维修、事故缺陷责任判定等的可靠依据，对整个施工来说起着至关重要的作用。它不但能使工程按时完成，而且还能提高施工效率，为企业经济效益带来益处，是企业实现经济效益最大化的有效手段和技术。

### 1. 竣工文件的收集

#### 1）基本要求

（1）项目建设过程中形成的、具有查考利用价值的各种形式和载体的项目文件均应收集齐全。项目归档文件的收集、整理工作要与项目建设同步进行。

（2）应在项目开工前遵循相关法律法规、规章制度和标准规范，建立覆盖项目各类文件的管理制度。明确项目文件的管理流程、编制程序、编制要求和格式（模板）、分类编号、归档范围、保管期限和归档要求等。竣工图要明确编制程序、编制要求、审查流程和责任等。照片和音频文件要明确编制程序、报录主体、阶段、内容、范围、节点、部位、技术参数、归档要求等。

（3）应依据《中国铁路总公司铁路建设项目档案管理办法》（铁总档史〔2018〕29号），结合项目建设内容、管理模式等特征，制定符合项目实际的归档范围和保管期限表。

（4）项目文件在办理完毕后，应及时收集，并实行预立卷制度。归档的项目文件应为原件，因故使用复制件归档时，应加盖复制件提供单位公章或档案证明章，确保与原件一致无误。已实施电子施工日志、隐蔽工程影像资料等信息化管理的建设项目应按照国铁集团有关要求办理。

#### 2）收集文件中存在的常见问题

（1）验收表单表名填写记录不规范不完整，漏填竣工里程、质量结果、签字日期等。

（2）施工技术总结缺变更设计内容或说明不充分，文件叙述过于简单，缺“两签一章”。

（3）单位工程质量验收记录表不全，表间数字不一致，如表间的分部工程数量不一致等，漏签字或盖章。

（4）单位工程资料、综合文件、变更设计资料不全且非原件，缺竣工测量、系统检测或调试资料。

（5）应归档竣工文件原件，需要向多个单位移交，常会出现部分文件原件没有按要求做够份数，个别文件没有原件或只有一份原件，且又不可能或难以补充等。

（6）关键工序、重点部位施工过程记录，隐蔽工程和交叉工程的施工资料不全。

（7）单位工程竣工文件的组卷协调问题：如车站电梯（甲供物资设备等）工程、消防工程、智能工程、客服工程等分包的部分文件没有纳入车站单位工程资料等。

### 2. 竣工文件的整理

#### 1）基本原则

（1）遵循项目文件的形成规律和成套性特点，保持项目文件之间的有机联系，科学分类，合理组卷，便于保管和利用。

（2）项目文件应格式规范、内容准确、清晰整洁、编号规范、签字及盖章手续完备并满足耐久性要求。

（3）竣工图应完整、准确、规范、清晰、修改到位，施工里程已变更为竣工后的统一里程，真实反映项目竣工时的实际情况。

#### 2）组卷方法

（1）施工文件各专业组卷要求。

施工文件在组卷时首先区分专业，再按《高速铁路工程施工质量验收标准》划分的单位工程、分部工程、分项工程、检验批组卷。

① 综合专业反映各标段总体情况，按内容–时间组卷。包括标段的开工报告、施工组织设计、工程总结、工程竣工验收文件、各专业单位工程汇总表、标段工程竣工数量汇总表等。

② 线路专业按线路综合、轨道工程、线路其他三个部分组卷，其中轨道工程按正线轨道和站场轨道两部分组卷。线路综合包含路基、轨道、附属、配套等工程的节点和交集的内容。

③ 路基专业按路基及路基附属两个部分组卷，卷内文件自下而上分层顺序排列。

④ 桥梁专业按座组卷。每座桥梁按墩台排序，每个墩台再按桥基础、承台、墩台身、架梁、桥面系等自下而上顺序排列。梁预制、轨道板、声屏障单独组卷。小桥单位工程的综合性文件集中放入第一卷。复线桥错位时，如基础分开，文件应分左右线分开组卷。桥面系和架梁由铺架单位施工时，由铺架单位组卷后交线下施工单位。

⑤ 涵洞专业按座组卷。单位工程的综合性文件集中放入第一卷。

⑥ 隧道专业按座组卷。按工序顺序排列，斜井、平行导坑、竖井或独立明洞（或

棚洞）单独组卷。长隧道和特长隧道在施工标段内，按工序顺序排列组卷。隧道施工采用盾构 TBM 施工方式的按起止里程组卷，盾构设备采购安装、调试单独组卷，管片制作由厂家单独组卷。

⑦ 站场专业按站场路基、站场道路、站场构筑物等分别组卷。

⑧ 机务、车辆、动车专业按土建和动力机械设备安装分别组卷。

⑨ 通信专业按光电缆线路、通信站、站场通信、区间通信、无线通信、车站客运管理信息系统、三电迁改等分别组卷，通信专用塔单独组卷。

⑩ 信号专业按区间信号、站场信号、驼峰信号、调度集中、调度指挥管理信息系统、信号微机监测系统、三电迁改等分别组卷。

⑪ 电力专业按变电所、配电所、区间电力、站场电力、电源线路、电力远动系统安装工程、三电迁改分别组卷。

⑫ 电气化专业按区间接触网工程、站场接触网工程、三电迁改分别组卷，牵引变电按变电所、分区所、开闭所分别组卷。

⑬ 信息专业按系统组卷。

⑭ 给排水专业应区分给水、排水，按水井、泵房、水塔、给水管道等分别组卷。

⑮ 房建专业按座组卷。区间红外线机房、清扫房等使用同一套图纸的功能性房屋可按区间集中组卷。

⑯ 环境保护与水土保持专业按施工过程组卷。

⑰ 地亩（铁路用地）专业依据《铁路建设项目竣工建设用地验收交接办法》组卷，按统一里程前后顺序排列，难以按里程顺序排列的，可按站序或时间先后排列。

（2）其他文件要求。

① 根据《铁路归档文件整理规范》按专业组卷；变更设计及联系单先区分Ⅰ、Ⅱ类变更，再按专业、时间进行组卷。

② 竣工验收文件按照静态验收、动态验收、初步验收、安全评估、国家验收分别组卷。

③ 科研文件按项目或课题组卷。

④ 设备仪器文件按设备台、套组卷。设备随机文件单独组卷。

⑤ 项目建设形成的会计资料按《中国铁路总公司会计档案管理实施办法》执行。

（3）施工文件组卷时需要注意的问题。

① 按照运营维管单位维修管辖区段组卷。

② 各标段内使用的原材料、构配件、成品、设备仪器、材料出厂合格证及复试报告等，单位工程专用的，与该单位工程施工文件一同组卷。标段内各单位工程共用的，单独组卷放在该标段综合专业，各单位工程编制一览表，注明原件位置。

3）卷内文件的排列

（1）卷内文件一般文字在前，图样在后；译文在前，原文在后；正件在前，附件在后；印件在前，定稿在后；复文在前，来文在后。

（2）施工文件单位工程卷内文件的排列。

① 单位工程开工报告（含批复及附件）；

② 施工方案（施组）、作业指导书及技术交底；

③ 单位工程竣工验收申请报告和验收报告；

④ 施工小结；

⑤ 单位工程竣工数量表；

⑥ 单位工程原材料台账（主要建材、机械、设备、成品、半成品）；

⑦ 变更设计及相关文件；

⑧ 单位工程质量验收文件（“单位工程质量验收记录”“单位工程质量控制资料核查记录”“单位工程实体质量和主要功能核查记录”“单位工程观感质量检查资料”）及专项验收记录；

⑨ 工程测量资料（数量较多时可单独组卷）；

⑩ 施工过程记录及附件；

⑪ 隐蔽工程检查记录及照片；

⑫ 原材料、成品、半成品出厂合格证、质量证明及试验、测试、检测报告；

⑬ 施工过程各种试验、测试、检测报告；

⑭ 分部、分项质量验收记录及检验批；

⑮ 鉴定报告、排污、取水水质鉴定报告等；

⑯ 施工日志（单独组卷）；

⑰ 竣工图（按单位工程图号排列）。

（3）信息系统文件按需求、设计、实施、测试、运行、验收排列。

（4）验收文件按工作程序排列。

（5）科研项目文件按开题、方案论证、研究实验、阶段成果、结题验收排列。

（6）设备仪器文件按照质量证明、开箱验收、安装调试、检测试验、随机文件和运行维护等阶段或工作程序排列。

#### 4）案卷编目

（1）案卷内项目文件编写页号以有效内容的页面为一页。

（2）施工里程：施工设计时采用的里程，一般以 DK 表示。

（3）竣工里程：建设项目竣工后统一丈量的里程，一般以 K 表示。

（4）档案号由种类、分类、属类、案卷流水号四部分组成，编写方法按照《铁路科学技术档案分类与代码》（TB/T 1588—2005）执行。

#### 5）竣工图整理

（1）竣工图应配有编制说明和竣工图目录，按单位工程组卷。

（2）用设计图修改成竣工图时，由竣工图编制单位在原设计图上加盖并签署竣工图章。竣工图章应使用红色印泥加盖在图标上方。

（3）重新绘制的竣工图，设计图标应变更为竣工图标。

（4）采用同一标准图、通用图进行施工和安装的不同的建（构）筑物且没有发生变更的，可归档保存一套图纸，在图纸目录中列出图号，指明该图所在的位置并在编制说明中注明。

#### 6）照片档案的整理

纸质照片档案整理要求按照《铁路声像档案管理暂行办法》执行。照片说明应包括事由、时间、地点、人物、摄影者、参见号等内容。数码照片应存储在耐久性好的载体上，归档整理应符合《数码照片归档与管理规范》（DA/ZT 50—2014）的规定。数码照片应同时印制一套纸质照片整理归档。

### 3. 竣工电子文件的编制

（1）项目档案管理应积极采用信息技术强化管理。项目电子文件归档、电子档案管理和项目档案数字化应符合国家及行业有关标准规范要求。

（2）项目电子文件归档范围应参照纸质项目文件归档范围并结合项目实际确定。项目电子档案分类应参照纸质档案进行分类。

（3）项目电子文件形成部门负责电子文件的归档工作，负责对完成整理的项目电子文件信息包进行鉴定和检查，包括内容是否齐全完整、格式是否符合要求、与纸质或其他载体文件内容的一致性等。档案部门负责电子文件归档的指导、协调和电子档案接收、保管、利用等工作。

（4）项目电子文件归档一般采用物理归档。在纸质项目文件归档时，经过整理的项目电子文件，采取在线归档或离线归档的方式向档案部门移交，并在内容、格式、相关说明及描述上与纸质项目档案保持一致，且二者应建立关联。

（5）采用电子签名等技术手段时，电子签名资格的注册和认证应当符合《中华人民共和国电子签名法》的规定，并经建设单位认可。

## 任务实施

### 任务实施单

<table>
<tr><td colspan="5">项目 9　高速铁路项目竣工验收</td></tr>
<tr><td>任务 9.2</td><td colspan="4">高速铁路项目竣工文件编制</td></tr>
<tr><td>班级</td><td></td><td>姓名</td><td></td><td>学号</td></tr>
<tr><td>任务分析</td><td colspan="5">实施方案</td></tr>
<tr><td>任务实施</td><td colspan="5">1. 根据任务情境，分组讨论项目工程内容的组卷方式及排列顺序。<br><br>2. 模拟交接过程，检查组卷方式和排列顺序是否正确。</td></tr>
</table>

## 任务实施单

<table>
<tr><td colspan="7">项目 9 高速铁路项目竣工验收</td></tr>
<tr><td>任务 9.2</td><td colspan="6">高速铁路项目竣工文件编制</td></tr>
<tr><td>学习总结</td><td colspan="6">学习到的技能：<br><br>学习到的知识：<br><br>谈谈素质能力及思想意识方面的提升：</td></tr>
<tr><td rowspan="2">学生自评<br>（20 分）</td><td>课前学习</td><td>时间概念</td><td>实施方法</td><td>职业素养</td><td>成果质量</td><td>分值</td></tr>
<tr><td></td><td></td><td></td><td></td><td></td><td></td></tr>
<tr><td rowspan="2">小组互评<br>（20 分）</td><td>任务承担</td><td>时间概念</td><td>团队合作</td><td>能力素养</td><td>成果质量</td><td>分值</td></tr>
<tr><td></td><td></td><td></td><td></td><td></td><td></td></tr>
<tr><td>教师点评<br>（60 分）</td><td colspan="6"></td></tr>
<tr><td>反思提高</td><td colspan="6">通过完成本次任务，结合自评、互评结果，说说自己还有哪些需要加强的方面：</td></tr>
</table>

## 知识测试和能力训练

### 一、知识测试

1. 竣工验收的静态验收、动态验收、初步验收、国家验收是指什么？
2. 静态验收阶段应具备的条件是什么？验收程序如何？
3. 动态验收阶段应具备的条件是什么？验收程序如何？
4. 初步验收阶段应具备的条件是什么？验收程序如何？
5. 国家验收阶段应具备的条件是什么？验收程序如何？
6. 如何进行安全评估？
7. 竣工文件的组成有哪些？
8. 竣工文件如何进行交接？

### 二、能力训练

由国铁集团审批、某铁路施工单位施工总承包的××高速铁路已建成，现需要进行竣工验收。该项目已具备以下条件：

（1）主体工程及其配套工程（包括外部配套工程和设备）已按设计要求建成、设备安装调试完成且试运转合格，具备临管运营条件；

（2）环保设施与其主体工程同步建成实施，并经审批本项目环境保护影响报告书的环境保护行政主管部门验收合格；

（3）建设征地使用检查、报审、发证工作基本完成；

（4）工程质量达到合格标准。

该项目技术主管在一次讲话中说：“……，竣工文件的形成积累应做到与进度、质量、成本同步的原则，……”

**请分析回答：**

1. 按铁路建设项目竣工验收等级划分的标准，该铁路应由谁进行验收？
2. 该项目达到初步验收的条件了吗？如果没有，还缺少什么？
3. 根据高速铁路项目竣工验收交接程序，初步验收后还有哪些程序？
4. 竣工文件编制的组织管理程序是怎样的？
5. 该项目技术主管的说法是否正确？为什么？竣工文件的编制主要由施工单位的什么人负责？
6. 该项目竣工文件的交接手续是怎样的？

# 参 考 文 献


[1] 宋怡. 建设工程招投标与合同管理[M]. 北京：北京理工大学出版社，2018.
[2] 刘树红. 建设工程招投标与合同管理[M]. 2 版. 北京：北京理工大学出版社，2021.
[3] 王晓. 建设工程招投标与合同管理[M]. 2 版. 北京：北京理工大学出版社，2022.
[4] 住房和城乡建设部标准定额研究所，四川省建设工程造价管理总站. 建设工程工程量清单计价规范：GB 50500—2013[S]. 北京：中国计划出版社，2013.
[5] 国家铁路局. 铁路工程工程量清单规范[M]. 北京：中国铁道出版社有限公司，2020.
[6] 顾伟红. 高速铁路施工组织与计价[M]. 成都：西南交通大学出版社，2021.
[7] 中国建设监理协会. 建设工程进度控制[M]. 北京：中国建筑出版社，2022.
[8] 中国建设监理协会. 建设工程投资控制[M]. 北京：中国建筑出版社，2022.
[9] 中国建设监理协会. 建设工程质量控制[M]. 北京：中国建筑出版社，2022.
[10] 中国建设监理协会. 建设工程合同管理[M]. 北京：中国建筑出版社，2022.
[11] 全国一级建造师执业资格考试用书编写委员会. 建设工程项目管理[M]. 北京：中国建筑工业出版社，2021.
[12] 全国一级建造师执业资格考试用书编写委员会. 铁路工程管理与实务[M]. 北京：中国建筑工业出版社，2021.
[13] 全国一级建造师执业资格考试用书编写委员会. 建设工程法规及相关知识[M]. 北京：中国建筑工业出版社，2021.
[14] 孙永福，宇德明，张飞涟. 高速铁路项目建设管理[M]. 北京：中国铁道出版社，2021.
[15] 卢春房. 铁路建设项目标准化管理[M]. 北京：中国铁道出版社，2013.
[16] 刘涛，王涛. 高速铁路概论[M]. 北京：北京交通大学出版社，2021.
[17] 潘炳玉，付国永. 建设工程项目管理[M]. 北京：化学工业出版社，2020.
[18] 邹勇，邹伟. 高速铁路施工组织与管理[M]. 成都：西南交通大学出版社，2020.
[19] 中国建筑业协会，北京城建亚泰建设集团有限公司. 建设工程项目管理规范：GB/T 50326—2017[S]. 北京：中国建筑工业出版社，2017.